底色

上海都市崛起亲历

周永平 著

文汇出版社

序言

当我们的祖国强大起来时,当我们的物质条件丰富起来时,过去那段物资短缺、眼界受限日子的记忆似乎在慢慢模糊,甚至被很多人慢慢淡忘,一些人甚至以为今天的富足无忧、自由自在的生活是现成的。但是,那些远去的奋斗历史是不应该被忘记的。

三十多年前,时任市长朱镕基甫一上任,面对处于困境中的上海率先发出呐喊,号召全体市民要重振上海雄风!多少上海人为新市长这一声呐喊流下了热泪,雄心谱写了三十余个奋斗不止的春秋,才有了今天浦东、浦西的美轮美奂。

2018年,中共上海市委党史研究室出版了《破冰:上海土地批租试点亲历者说》。上海四十年的改革开放史有数不清的开创性的重大历史事件,市委党史研究室选择了上海城市发展中的"破冰"事件——土地批租,突破了城市建设和浦东开放缺少资金的瓶颈。在该书的一次出版座谈会上,与会者纷纷提出,上海改革开放四十年有许多重大历史事件,建议采用"口述上海"方式留下回忆。是啊,中国改革开放四十年了,发生了这么了不起的变化,许多在中国改革开放中冲破重重阻力、大展宏图的人物故事非常精彩动人。中国今天在改革开放中取得的巨大成就,离不开这些人的不懈奋斗。但作为亲历者的很多老人、老党员随着时间的推移，也一个一个离开了我们，上海这段重要的历史文化需要保护。

我在场听了深受震撼，我们一边前进，一边需要回首审视这几十年中华民族伟大复兴的历史，此事刻不容缓，要抓紧做了。我也萌发了写一些我所知道的点点滴滴的上海改革开放历史的想法。朱镕基在上海先后担任市长、市委书记期间，我有幸在他身边工作，那个时期正是上海从困局中突破，从谷底崛起的阶段。后来我又下海，在香港著名企业家罗康瑞身边工作，亲身经历了上海新天地这样能影响上海城市化进程的重大项目建设过程。几十年一晃而过，我感到我有责任、有义务把我的所想所感写出来，留给后人。我永远难忘二十世纪八十年代末九十年代初上海的落后与穷困，连第三世界国家的印度尼西亚也看不起中国（见本书《雅加达没有冬天》一文），我的一个在上海远洋轮上担任随船医生的朋友曾向我讲述，他们的货轮途经海盗出没的海域，唯一自我保护的办法是打开探照灯，照着自己船上的国徽，海盗一看是中国船就不上来了，都知道中国穷，没什么可抢的。我和我的朋友交谈时真是百感交集又十分无奈。于是，我们这代人有了一个无法阻挡的梦想，一定要让我们的国家在我们这代人手中富强起来，不但富起来，还要强起来。千难万险也挡不住我们，白天大干，晚上加班干，狂风暴雨接着干，没有星期天只有"星期七"地拼命干，打拼出一个世界第二大经济体的中国，让世界刮目相看，让傲慢的西方人由衷地敬佩，刮目相看（见本书《干杯，巴黎》一文）。

三十年后的今天，我们国家富起来了，比如，在欧洲旅游，小偷就会盯上中国游客的钱包，中国的远洋货轮也会被海盗瞄上。但中国更需要强起来。中国近年有一部热映的电影，剧情中有一句最霸气的台词"犯我中华者，虽远必诛"，让我看了热泪盈眶，声音哽咽。幸运的是，国家的强大让每个中国人感到安全，中国军舰护航的"长臂"已经到了索马里海域。

鲁迅先生曾经说过，许多史书对人物的评价是靠不住的。在鲁迅先生所处的时代，秉笔直书历史总会带来麻烦。但我只是一名普通的上海市民，我想把我一生中最钦佩的人物和亲身经历的事件及国外游历的感触写出来，从侧面反映上海三十年天翻地覆的巨变，权当个人记忆的保存。

是为序。

周永平

2023 年 8 月

目录

序言

第一章
我的"新闻官"生涯 /001

第二章
黄浦江上架"桥"记 /025

第三章
"上海姑爷"罗康瑞 /030

第四章
一段视频带来的改变 /076

第五章
请普京总统回"家"吃饭 /081

第六章
上海新天地幕后的故事 /094

第七章
新天地倒计时迎新记事 /132

第八章
上海大学路创始记 /145

第九章
救树传奇 /180

第十章
雅加达没有冬天 /197

第十一章
干杯，巴黎 /221

第十二章
走进一个美国家庭 /238

第十三章
带着好奇去越南 /265

第十四章
年少不知父恩重 /284

后记 /301

第一章

我的"新闻官"生涯

彼时的上海，还没有像当下互联网时代的新闻媒介这么发达，市政府办公厅新闻处（对外称"市政府新闻处"）是政府的喉舌部门，也算是市领导的新闻"大秘"。

我进市政府新闻处工作第一天，我的处长就是这么给我介绍新闻处工作性质的，并借用市领导一段评语告诉我新闻处的重要地位：市政府办公厅不下十个处室，市领导抓的两个关键处：综合处是"进口"，每天汇总全市发生的大事，可以对全市大致情况了然于心；新闻处是"出口"，市领导要说的话通过一个口子出去，防止几张嘴发出不同的声音。那年，恰逢朱镕基市长上任，不同的市长工作风格不同，他在与上海主流新闻媒体总编、台长第一次见面会上就宣布：今后他在报刊电视等媒体上的讲话，只通过新闻处发出，想采访他也必须通过新闻处。在场的一家晚报的总编一听这新规就急了，强调晚报的特殊性，每天中午十二点截稿，傍晚上市发行，市长上午开会的讲话，若等市长审稿恐怕来不及，今后无法第一时间刊登市长讲话，可否给点特殊对待？谁料朱镕基市长当场一口回绝：我有权对我自己的讲话负责。新市长一改历任市长对审稿宽松的做法，无形中提升了新闻处的地位。若干年后，我才理解朱市长的做法。他上任后大刀阔斧地推出一系列国内首开先例的改革措施，而中国改革正处在关键时期，从农村承包制改革成功后向城市改革推进，若新闻记者仅凭自己的眼界和理解解读市长的讲话精神，可能会把真经给念歪了，一着不慎，全盘皆输，会在上海乃至全国造成"覆水难收"的负面结果。

朱市长上任后很重视发挥新闻处的作用。市长一重视，新闻处的工作量和压力倍增。只有区区三人的新闻处几乎每天要分出一人跟随新市长活动，参加他每天的会议和活动。他的讲话第二天是否见报由朱市长当场决定，我们所做的事就是现场快速记录他的讲话内容，并在他即将结束讲话前迅速捕捉到市长想对全社会公开讲的话，写出新闻稿中的"市长说……""市长强调……"。过程简直就像打仗，紧张快捷又不能出差错。

新闻处办公桌上有一部红色电话机，电话机一响，大多数情况是朱市长打来的。所以，红机一响，全处人的精神立即紧张了起来，进入冲锋状态。为了更好地为朱市长服务，我们也逐步摸索出他的工作规律。市政府早上八点半上班，我们常常刚踏进办公室，桌上的红机就响了，一准是朱市长打来的。对媒体揭露的问题，朱市长会通过新闻处给予充分肯定，同时，批示相关部门查个水落石出。各委办局的领导一上班若还不清楚他所管辖部门发生的问题，就会遭到市里面严厉的批评。

相当多的局级干部也就主动养成了每天早上起床就听电台广播，一进办公室就浏览两报的习惯，察看媒体上是否刊登和播出了与本单位相关的新闻报道。

上海市政府新闻处诞生于二十世纪八十年代中期，创立之初只有两个人，一个处长，一个主任科员。处长敬元勋原是《解放日报》评论部主任，市委机关报的"一支笔"，许多重要社论出自他的手，政治成熟文笔好。主任科员是邹昔民，入职前曾是某街道办主任的秘书，他长期向《解放日报》投稿，锻炼成"笔杆子"，因工作出色，被选到上海外国语学院深造，能说一口流利的英语。1986年英国女王伊丽莎白二世访问上海时，邹昔民与女王新闻发言人共同主持中外记者新闻发布会，全部用的是英语，让邹昔民风光了一番。我是加入这个处的第三人。

说起我能跻身市政府这么重要的岗位，还有一段耐人寻味的小故事。1985年3月，邓小平在会见日本商工会议所访华团时认为，"世界大战并非不可避免和迫在眉睫"，提出了"和平与发展是当代世界的两大问题"的重要论断。中国改革开放的总设计师大胆做出了中国单方面裁军一百万的重大决策，省下庞大的军费开支用于发展经济。时间是最公正的，我国和平崛起的四十余年历史证明了总设计师的高瞻远瞩。当时的大裁军分为三批，我是最后一批裁军时转业回上海的，时间已经到了1987年，中国经济仍处在发展的"谷底"，政府部门"粥少僧多",转业干部会玩枪不懂经济,难以安排到合适的岗位。鉴于前两批干部转业的经验教训,部队让第三批转业干部提前半年回家乡"自谋出路"找工作,"组织安排"只是走走程序。

我在转业时心中有个目标,到上海新闻单位当个记者,继续拿好笔杆子,发挥我的一技之长。入伍后我就是连队的业余新闻报道骨干,曾任飞行师政治部专职新闻干事,带领全师的新闻队伍笔耕不辍,一年见报达四百篇,夺得当时的南京军区空军新闻报道师级单位第一名,荣立三等功一次。军区空军宣传部与上海的《解放日报》关系良好,他们专门为我写了封推荐信给《解放日报》的领导。回上海后我满怀信心地直奔报社拜访社领导。当年的《解放日报》,办公地点位于汉口路的一幢老房子里,出乎我意料的是堂堂社领导的办公室却非常局促,屋子里堆满了资料,还是与另一位社领导合用的办公之地。社领导的话更让我意外:"解放日报编制人数已超额,连复旦大学新闻系的毕业生也进不来。这个楼里真是再加一张办公桌的空地方也没有了。"社领导的话说得客客气气,我的心却被说冷了,其实是婉拒。大报进不去,去专业性小报撞撞运气?一个老干部给我介绍了《上海科技报》,推荐者还曾是这张报的老社长哩。可现任的主编仍是客客气气地回绝了我,编制满员。我发动了我的全家,包括父亲、弟弟帮我托人找单位,基本状况均是希望与失望的交替重复。四处碰壁时,有一位老战友提醒我,把自己历年发表稿件的剪报送给"军转办",碰碰运气。当年复印机没普及,这一沓靠剪贴积累起来的"剪报"是孤本,给了"军转办",人家不一定当回事。但为了前途,我只能孤注一掷。

巧的是那一年市政府办公厅决定从"军转办"招一个进新闻处的转业干部，这是我后来才知道的。这恐怕就属于天意！所谓的"天意"就是机缘巧合，撞在一起，改变了一个人的命运。上海市政府办公厅的干部构成，基本是三个三分之一：三分之一来自基层优秀干部，有丰富的实际工作经验；三分之一来自大专院校，文化程度高；三分之一来自转业军人，对党忠诚，组织纪律性强。往年办公厅会从"军转办"挑几个转业军人，那一年只招一个，除了"忠诚"还有一个条件，必须会写新闻。我送去"军转办"的那一沓新闻稿剪报让我时来运转。当时人事处共挑选了三个会写新闻的转业军人，分别叫到办公厅由人事处处长亲自面试，看面相、举止、谈吐、表达能力。面试结果是只留下我一个，可能看我面善，这是我的猜测。据"军转办"的干部透露，看中我的还不止市政府办公厅，复旦大学党委办公室、住宅建设总公司都抢着要我。这就是命运！为找"门路"踏破铁鞋无觅处，最后却"得来全不费工夫"。

最戏剧性的事情发生在朱市长上任后召开的第一次市长办公会的扩大会议上。所有的局级单位领导出席，处长让我也参加，坐在第二排。刚入座不久，突然有人从背后拍我肩膀，回头一看，竟是《解放日报》的社领导。天下竟有这么巧的事！我赶紧起身与他握手，他目光惊奇地盯住我："你怎么会在这里？！"我脱口而出："我现在市政府新闻处上班了。"

人生的路啊，奇妙无比。倘若当时《解放日报》录用我当记者，我个人的历史就是另一种写法了，不可能日后成为市政府新闻处副处长，也不可能下海去参与创立上海新天地。

市政府新闻处是市里面发声的重要渠道,"高处不胜寒",对我这个来自军队的"外行"转业干部,一不懂经济,二不懂政府事务,写出的新闻"统发稿"要能让市长满意,那真叫压力"山"大。

刚到新闻处,处长敬元勋说了三句话就把我给镇住了。第一句话,新闻处发给各报、电台、电视台的文稿,他们一个字也不能改动,改一个字要向我们报告,那是市长的声音。所以,发出的文稿内容不能错,文字不能错,语法不能错,标点符号不能错,错了会让报社的文化人当笑话传。第二句话,新闻处无小事。哪怕召开新闻发布会写个会议通知这样看上去的"小事",也要慎之又慎,我们处是有教训的。有一年,元旦后,召开中外记者招待会,会议通知是上一年十二月下旬写的,习惯性地写了上一年的年份,处长也疏忽了,没有发现错误就寄出了。收到会议通知的许多新闻单位纷纷打电话来纠正和确认一下。美国驻沪记者就没那么客气了,把会议通知直接退回新闻处并讥讽地写了一行字:贵处的记者招待会早已开完了,无法参加。当然,新闻处更正会议通知后美国记者还是来出席的。第三句话是告诫我个人的私事别用办公室电话。

到了新闻处才体会到什么叫"口风要紧",市政府的重大信息都归口新闻处把关和发布,红色电话机直通市长及各位副市长。新闻处的人肚子里的"干货"很多,一不小心说漏了嘴,记者摸点去就是一则重要新闻。敬元勋是个很老练成熟的处长,他时时提醒我们要谦虚谨慎,不可因为知道"内幕"消息多、地位高而盛气凌人,与新闻记者交往时胆子要大,口气要小;

新闻处人少不等于能量小，要以一当十，在社会上要活跃得像条龙，生龙活虎，倒海翻江；回到厅里要像只羊，低调再低调，温顺如羔羊。这段话成为新闻处做人做事的座右铭。

我刚进新闻处，又是个经济上的外行，还不具备直接为市长工作的能力，只能跟在敬处长和邹昔民后面当学徒。市长每天活动多、会议多，是否需要报道，由市长定，难以预先知道。我们能做的便是先做文字记录，光靠笔记还不行，行政处专门给我们处配备了一个微型录音机。在许多重要活动现场，为了能录下市长随时发表的看法，以备写新闻稿用，警卫处特许新闻处的人可以站在市长身边录音。一年之后，我能独立为市长写稿了，上海的电视台播出镜头中，我常常"沾光"站在市长身边。当然，我尽量避让电视台记者拍摄的镜头，牢牢掌握一条原则：市长需要的时候赶紧出现，市长不需要的时候马上消失。有一回，我晚上下班在公交站等待回家的车，车站旁有个小饮食店，正在播出市长讲上海"房改问题"，电视机里有我站在市长身边的镜头，公交车还未到，我闲着没事就站在店门口看电视，饮食店老板看看电视又看看我，迟疑地问我："市长身边那个人好像是你吗？！"我微笑一下不置可否，但内心还挺自豪的。

现在回首往事，若为上海崛起成为今天的国际大都市的历史画个坐标的话，有几个重大的历史节点。

二十世纪八十年代末，是一个历史节点，那是上海崛起的前夜。如同地壳下运行的板块崛起顶出地面，大地产生裂开的阵痛。这种阵痛刺激着一千万市民的心扉，有人兴奋有人忧愁，有人支持有人挡道。上海这艘"计划经济标杆城市"的巨轮开始向市场经济转向航行，"让一部分人先富起来"的新政策激发了市民劳动致富的积极性。

上海的食品市场是从开放水果市场尝试性地走出一步，市政府做出决策时，内部争论得非常激烈，一些旧观念的干部担心一旦运行了几十年的水果"三级批发"模式瓦解，由市场配置，上海市民会不会吃不上水果？"放开"后的结果证明，上海市民由此告别了吃烂苹果、发黑香蕉，夏天买西瓜排长队，甚至病人发高烧38.5℃才能买一个西瓜的时代。新鲜水果经不起"三级批发"的长时间反复折腾，到了终端的水果店已经香蕉过熟皮发黑，红苹果摔成烂苹果。市场化后，私营水果摊卖的都是新鲜水果，还有外国进口水果卖。尝到了甜头，市政府再放开粮食市场，市民告别了吃库存两三年的"战备米"时代，吃上了当年收割下的新稻米。

上海的开放市场是稳步推进的，但同时出现的问题是物价稳不住，政府又不能过度干预物价，走回头路。国家采取了商品价格"双轨制"，即国营商店卖的是"计划价"，用以稳定老百姓基本生活水平；民营市场实行"市场价"，满足一部分先富起来的人提升生活品质的需求。"双轨制"虽有利于计划经济向市场经济平稳过渡，逐步减少政府计划干预手段，让市场配置调节物资价格，逐步取消粮票、油票、布票、煤球票等各种票证，但不利因素是全社会的心态失衡，毕竟先富起来的是少数人，在"双轨制"过渡期遭遇到最尖锐的矛盾是有人钻

"双轨制"的政策空子，成立了空手套白狼的"皮包公司"，他们倒卖国家"红头"批文，把计划价的物资"倒"到市场去，以远远高于"计划价"的"市场价"出售物资牟取暴利迅速致富，这对绝大多数凭双手劳动致富的人群是极大的不公平，引起了市民的反感。老百姓称这帮人为"倒爷"。甚至有些党政干部成为皮包公司的"后台老板"，或兼职或当"顾问"，拿双份收入，被老百姓斥为"官倒"。这些人及其亲属的腐败引起了人民群众极大的反感和愤怒，甚至还造成了严重的后果。

对此，我是亲历者。记得有一个晚上，我在市政府值班，收到一份电报说上海发电厂的燃煤存量不足，原因是国家调拨给上海的"计划煤"在秦皇岛码头被"倒爷"拿着批文"倒"了一下，坐地起价，成为"市场价"出售。码头上"市场价"的煤堆积如山，上海买不起。上海的运煤船靠在码头上等了一周，市供电局找国家煤炭部协调没结果，也不敢空船返回，请市领导出面协调。有"不夜城"之称的上海若因为缺煤出现一片漆黑，那将成为世界各大报头版新闻。当时我也联系了分管工业、电力的市领导反映了情况。后来听说经市领导协调，在兄弟省市的支持下才解了发电厂的燃眉之急。

虽然市场经济成效初显，人们可以在自由市场上买到国营菜场看不到的新鲜蔬果、鸡鸭鱼肉，生活水平逐步提高，但人们对贫富不均有气，"端起碗来吃肉，放下筷子骂娘"。从1949年新中国成立之后的几十年"均贫富"时代走过来的千百万市民，对"一部分人先富起来"的新事物看不惯，心理不平衡，牢骚怪话满天飞，"搞导弹的不如卖茶叶蛋的""拿手术刀的不如拿杀猪刀的"。过去抓"投机倒把"的政策废除了,但规范市场经济的新法规严重滞后,治不了那些"倒爷"。老百姓不满的情绪也不断在积累。改革在推进,新事物在萌芽,旧体制在颓塌,触犯了一部分人的既得利益,各种矛盾交叉,社会动荡不安。新上任的朱镕基市长以大无畏气概推进改革,又十分慎重地抓社会稳定。尤其狠抓市政府干部的廉政为民,要求市政府干部一定要秉公办事,不准吃喝收礼,这是社会稳定的基础。

上海崛起的第二个坐标节点是1990年的"浦东开发开放"。当时国际形势严峻,国内错综复杂的社会矛盾依然存在,朱市长抓了三件大事来清除改革开放的"路障"。一是发展经济保障供应,稳住"菜篮子""米袋子"的物价,赢得民心。二是惩治腐败,清理"倒爷"们的皮包公司,平息老百姓的不满情绪。对在公司兼职的党政干部"不留尾巴一刀切",要么留在政府,要么下海离开政府办企业,别想两头占好处。三是扩大开放,引进外资,拉高了上海工业化、城市化的起点,站在欧美发达国家的"肩膀"上起步,"跟跑""并跑",最终实现"领跑"。三件大事既雄心勃勃又十分务实。在国际上,以美国为首的西方国家宣布对中国实施经济制裁,目的想压垮中国,结果倒是帮了上海一个大忙。上海酝酿多年未得到中央政府最后批准的浦东开发的报告终于找到了突破的机会。为中国巨轮把舵的邓小平同志向全世界发出一个最强音:中国坚持改革开放不动摇,绝不走"左"的回头路。这不能只是一句空话,中国一定要有大动作。邓小平说:"抓上海就算一个大措施,上海是我们的王牌,把上海搞起来是一条捷径。"邓小平一锤定音,打出"浦东开发"的王牌，化解对我国不利的国际形势。他的决策非常具体，开发浦东还应加上"开放"二字，上海浦东开发开放横空出世了，顿时世界为之一震，出乎西方国家意料。1990年4月18日，国务院总理李鹏专程到上海宣布浦东开发开放。李鹏总理在上海所有的新闻报道安排，我是"新闻协调小组"成员之一。"浦东开发开放"的决定让中国迅速摆脱国内外困境，重新走上大发展的轨道。

那时起，我个人也从新闻处"内勤"岗位走到了直接为市长、副市长服务的第一线。

"浦东开发开放"对上海不是天上掉馅饼，而是一场艰难崛起的大决战。其一，要化解以美国为首的西方国家对我国的经济制裁。国际舆论称"浦东开放"是一句政治口号，一个广告，一个招牌，不可信！国际舆论大气候造成外国投资商不敢来上海，浦东开发开放举步维艰。其二，上海人的开放意识有待提高。上海曾经是中国工业中心，共和国的"长子"。但当时"老大"的经济地位不断下降，广东、深圳步步紧逼，欲取而代之，上海"老大"的架子却放不下来，与外商谈生意往往"十谈九不成"，外商说上海人过于"精明"。市长一语中的，精明不高明！患了"红眼病"，不让外商赚些钱自己怎能赚到钱？其三，浦东开发的钱从哪里来？有人计算过，开发浦东的基础设施建设少说也要投入一万亿。不蹚出一条新路子就找不到开发浦东的资金。

1990年4月30日，市政府新闻处按照朱镕基市长的要求

1990年，浦东还是一马平川的郊外田野。

2018年，浦东新区已是高楼林立的现代化新城区。

1990年4月30日，上海市政府新闻处在锦江小礼堂举行新闻发布会，新市长朱镕基发表讲话，回答记者提问。

安排了一场中外记者新闻发布会，宣告浦东开发开放的新政策并回答中外记者的提问。令人印象最深的是市长答美国《时代》周刊记者的提问。美国记者抓过话筒开口就抛出几个尖锐的问题：浦东开发是不是中国政府应付当前国际形势打出的一张"政治牌"？上海的官僚主义像长城的石头一样坚硬，审批一个项目要盖一百多个图章，你们如何来改变这种状况？如何使浦东新区对外商更有吸引力？

朱镕基市长喜欢记者的提问具有挑战性，问得越尖锐越能激发他的灵感，让他借题发挥，把想说的话通过外国通讯社传播到国际上去。他抓住美国记者的问题，借机把浦东开发开放的新政策有针对性地说了一遍，给与会者深刻印象。他说，我要告诉大家的是，我们在中央宣布浦东开发开放后这么短的时间里，把九项法规制定出来，都译成了英文和日文，而且举行这么一个隆重的新闻发布会，这不是官僚主义而是高效率。至于你说的官僚主义，这个我不否认，我跟你一样痛恨官僚主义。但也可以说，官僚主义是世界流行病。我们已成立了只盖"一个图章"的外国投资委员会来治理官僚主义。结束时也没忘了回敬那位美国记者"长城石头"的比喻。市长说，他这次访问美国也了解了一些那里的情况，纽约市市长说，美国政府的官僚主义也很严重。如果说上海的官僚主义像石头一样硬，那在他看来，美国有些地方的官僚主义像不锈钢一样硬。朱市长话音一落，就赢得了全场雷鸣般的掌声。

1990年5月3日下午三点，我随朱市长等市领导一行到了浦东大道114号文化馆的小楼，举行"上海市人民政府浦东开发办公室"挂牌仪式，在二楼的浦东开发开放总体概念规划模型前，由浦东开发规划研究设计院院长汇报情况。市政府浦东开发办揭牌标志着伟大的浦东开发正式启动运行，在这一重要的历史时刻，我因为工作需要，手持录音机站在市长身边，尽量把录音机靠近市长，录下他的历史性讲话，新华社和上海几大报的摄影记者按下照相机快门，定格重大历史的瞬间。这张珍贵的历史照片刊登在第二天的《解放日报》上，所有参加浦东开发开放的决策者、执行者和参与者都将定格成历史人物，作为档案资料进入上海档案馆、图书馆保存，我有幸成为上海重大历史事件照片中的人物之一。

我还见证和参与了中央政府对浦东开发开放决策的前期在上海调研的过程。中央做决策前，首先派国家计委副主任叶青视察调研浦东，紧接着派国家计委主任邹家华视察浦东，最后是国务院副总理姚依林亲自率国务院特区办、计委、财政部、中国人民银行、经贸部负责人来上海做专题调研。最后的调研结果是上海的浦东开发开放，如邓小平所言，完全属于机不可失，时不再来的重大战略措施。我作为新闻处工作人员陪在市长身边，负责撰写中央领导调研浦东开发的新闻报道。

南浦大桥被市长誉为浦东开发的标志和旗帜，在整个建设期间，朱市长逢会必讲："南浦大桥建成，将标志着伟大的浦东开发开始了。"新闻处命我牵头组织《解放日报》《文汇报》《新民晚报》及上海电台、电视台记者成立一个"南浦大桥建设"专题报道组，对大桥整个建设过程进行跟踪报道，不断地发出新闻稿告知全市人民，让一千万上海人的脉搏随着南浦大桥工程的进展一起跳动。我当时还满怀激情地写了篇散文《南浦大桥落成的那一天》，发表在《上海文艺》1991年第十期上。文章里这么憧憬大桥建成的时刻："那一天，登桥四顾，江风习习，八面而来，长江的风，东海的风，太平洋的风，吹得人心潮激荡……我们仿佛听见沉睡的浦东大地舒展骨骼的轻响，我们仿佛看见一个新上海的曙光射出了云层……那一天的太阳一定很圆很亮，让我们踏着阳光，去拥抱滔滔不绝的大海。"

南浦大桥决策背后也有一段鲜为人知的故事。上海为如何跨越黄浦江开发浦东有两套方案，造越江大桥和造江底隧道。造桥要保证五万吨级巨轮通过，桥的净高要达到四十六米。桥越高，引桥越长，主桥长八百四十六米，浦西引桥长三千七百五十四米，浦东引桥长三千七百四十六米，整个预算八点二五亿元，建引桥还要拆迁大量民房。若从江底通过隧道越江，不需要拆迁大量民房，但有漏水的风险，各有利弊。专家们对"桥""隧"之争旗鼓相当，谁也说服不了谁，市政府对此工程很慎重，论证了几年一直没下决心，用今天时髦的话说，就是想明白了再做！浦东开发的大方向确定后，朱市长下决心拍板造桥，他认为越江隧道在江底，人们看不到，大桥耸立在江面上，像一面旗帜，具有浦东开发的象征意义，可以起到鼓舞人心的作用。南浦大桥的前期启动资金由市政府承担，工程费向日本的亚洲开发银行贷款。但在当时西方国家经济制裁的背景下，亚洲开发银行的贷款迟迟不到位，但也没挡住上海人造桥的决心。1991年11月19日大桥建成，庆典由时任国务院总理李鹏亲自剪彩。由于桥面剪彩的场地限制，负责安全保卫的中央警卫局、上海警卫处只给了八个进入管制区域的记者名额，作为剪彩现场的新闻记者总协调，我被发到八个袖章，警卫局只认袖章不认人。哪些记者可以进入由新闻处决定。新闻处给了《解放日报》《文汇报》《新民晚报》及上海广播电台、新华社、上海电视台各一个袖章。外国记者就给了日本NHK电视台。当然，这个待遇不是白给的，是通过日本媒体传播给日本政府看的。剪彩现场还发生过一段惊险的小插曲，上海电视台新闻部副主任林如华架好了摄像机，镜头对准了主席台。在庆典主持人喊剪彩开始，国务院总理和上海市领导拿起剪子时，林如华的摄像机镜头突然出现"黑屏"，机器突发故障！上海电视台当天还承担着为中央电视台晚间七点重要新闻供稿的拍摄任务，林如华心往下一沉，脑子高速旋转，迅速判断摄影机应该不会有问题，是电池板没电了！他在两秒内更换了电池板，"黑屏"现象马上消失。这时总理手中的剪刀已把红丝彩带剪了一大半，千钧一发之际，剪彩的镜头终于被抓住了，他大大地松了口气。

不久，亚洲开发银行行长一行专程访问上海，想亲眼看一下上海在造桥资金没有到位的困难下如何把南浦大桥建成的。他们在主桥桥面上走了很长一段路，这位日本银行家对陪同参观考察的大桥建设总指挥朱自豪由衷地感慨道："上海真是不得了，我们的钱没到，你们的桥已建成了。"亚行行长参观大桥的新闻报道是由新闻处撰写交上海各报刊登的。

浦东开发的钱从哪里来？这是一个很现实的问题。

上海筹措浦东开发资金的高招，不是向中央要钱，而是向中央要政策，让上海先试先行先走一步，用深化改革开放的办法来解决资金来源的问题。

上海一直在研究"亚洲四小龙"中的中国台湾地区和中国香港地区经济快速发展的门道，发现中国香港地区百分之三十的财政来自土地出让制度。

浦东虽然没有钱，但富有的是土地，"地"可以生"钱"，我们别端着"金饭碗"讨饭！

上海向中央要两个政策：其一是土地批租政策和土地级差

地租政策；其二是金融政策，建立现代资本市场的政策，允许上海开办新中国第一家证券交易所，全国想上市的企业在上海证交所上市。这两个高招使上海走出了建设缺钱的困境。土地批租是把土地所有权和经营权分离，土地经营权可以通过级差地租获得超额利润。这项新政策不改变土地的公有属性，又为国家和政府带来巨大财源。但这项改革的落地对上海的老百姓无异于一次"小地震"。在中央政府的支持下，上海坚定地先行先试迈出了第一步。1988年批租了虹桥第一块土地，给了日本华侨孙忠利先生的孙氏集团，他参照的是日本东京的地价，一下子把上海的土地价值拉到国际市场价格。土地批租破冰后，一发而不可收，为浦东开发带来了源源不断的资金。上海浦西和浦东日新月异的变化打消了市民的疑虑，大大地转变了上海干部和市民几十年形成的传统观念。

上海证券交易所开业是另一桩震撼上海和全国的大事件，标志着中国形成了统一的证券市场。但上海人永远忘不了1949年新中国成立后第一任市长陈毅动用军警查封上海证交所的历史。四十年后，第九任市长重开上海证交所。真可谓三十年河东，四十年河西，沧桑巨变。市政府要召开新闻发布会，向全市人民介绍情况，解决认识问题。市长让市政府新闻处组织安排，我们新闻处的干部自己也没弄懂，赶紧去中国人民银行的相关部门"恶补"一下证券交易的知识，接待我们的是尉文渊（上海证交所第一任总经理）。记得当时上海证交所的股票认购证，一张认购证价格三十元。如果买五张认购证，就需要一百五十元，那基本占了我月工资的大部分。我问，如果认购证中不了股票呢？回答是"那就作废，等于捐给社会了"。我怕失去一次机会，分别给几个政府机关的好朋友打电话咨询，当时很多人都保持谨慎态度，认为这个新玩意儿谁也弄不懂，弄不好钱就打水漂了。反倒是街头一些已经在商海里"游"过的卖鱼卖肉的小商小贩大胆购买了认购证。上海证交所为了推销认购证，通过总工会把认购证发到各个单位，鼓励职工购买，文化程度高的"聪明人"都不买，一些平时被认为"傻乎乎"的人掏了腰包赌一把。市场真奇妙，认购证在市场上的行情不断看涨，从三十元涨到一百元、五百元一张，一直涨到一千元一张。当时没有买认购证的人把肠子都悔青了。也有幸运者，我朋友的太太是一个单位的财务，工会让她推销认购证，没推销出去就锁在抽屉里。当认购证开始涨价时，她突然想起扔在抽屉角落里的认购证，一数整整二十七张。当时认购证已经涨到了一百元一张，而且还在看涨。买下二十七张认购证需要二千七百元，对于每月几十元收入的她是笔不小的数目，她就向亲戚朋友借钱，并答应支付高过银行的利息。她凑钱买下二十七张认购证，没有一下子出手，等到行情涨到一千元一张时才抛出，挖到了人生"第一桶金"。这个真实的故事说明上海这个城市在改变，上海人也在改变自己，上海证券交易所的出现唤醒了一座城市，它把上海人深埋在血脉中的商业基因唤醒了。当然，浦东开发多了一条来自民间的融资渠道。浦东开发由此与千百万个上海人丝丝相扣地连接在了一起，上海人看到了希望，看到了未来。

股票这一新生事物的出现牵动了上海千家万户的心，股票可以致富，股票可以改变人的命运。民间形成了炒股大军。有些市民把退休金都放进了股市，结果全部赔光了，跑到市政府上访，要求政府赔偿。若干年后，市民才对"股市有风险，投资须谨慎"这句话有了切身的体会。于是著名剧作家贾鸿源、关静雯写了《股疯》的电影剧本，而我不但与这部电影结下了缘分，还与电影女主角潘虹成为好朋友。

新闻处的人怎么会与电影明星搭界呢？这事说来话长。当时上海的电话还没有普及进入百姓家，市民打电话都是靠弄堂口的公用电话，许多公用电话是设在弄堂的烟杂店里，而店铺晚上九点半就关门了，上海市民夜间打电话非常不方便。改革开放后的上海，一大批上海留学生去了日本、美国、澳大利亚和英国等，时差给市民与海外子女通电话带来诸多不便，市民对上海设立夜间公用电话呼声很高。民有所呼，我有所应，市政府副秘书长施惠群提出一个想法：上海每个弄堂口设立个夜间电话房。施副秘书长分管新闻处，就让新闻处去落实。夜间电话房的专职工作人员是要付工资的，资金哪里来？我们找了生产霞飞化妆品的工厂作为市政府便民项目的赞助商。于是，上海每个夜间电话房装一个灯箱标识，用的是霞飞化妆品的形象代言人女明星潘虹的头像。这件事成为老上海抹不去的记忆。

霞飞品牌夜间电话房创建一周年时举行了庆祝晚会，我作为新闻处的代表出席活动。大明星潘虹也来了，她听霞飞化妆品厂的厂长说我是市政府办公厅的，就让她朋友林先生过来找我认识一下。几天后，潘虹、林先生特地打电话约我在扬子江大酒店共进晚餐。我还是头一回与女明星同桌用餐，席间才知道她已答应出演电影《股疯》女一号的角色。这回她要演的是一个电车售票员,她需要在上海找一家公交公司体验生活。对于演员的她,这是件挺难的事,我热心帮忙,通过联系市公交总公司,很快把潘虹安排在公交四场体验生活。后来,这家分公司还授予潘虹"荣誉职工"称号。在《股疯》电影拍摄过程中,导演又遇到麻烦了。电影有一段是实景拍摄,按剧情要求,在徐家汇十字路口的警察指挥塔附近,上班早高峰时段,潘虹这辆电车"翘辫子"(电车顶上两根搭电的电杆脱线,电车断电)造成徐家汇路口交通堵塞,一片混乱,乘客骂售票员潘虹,售票员与乘客吵架……摄制组去徐汇区交警队商量能否在上午八点时,让徐家汇的交通真实地"乱"十分钟,完成他们的镜头拍摄,被区交警支队的警官训斥了出来:"亏你们想得出来,每天上班早高峰,我们维护正常的交通秩序还来不及呢!"林先生打来电话,潘虹在通话中请我帮忙。考虑到这部作品的价值,我也只有想办法跟市交警总队做充足的沟通和解释,在不影响正常交通秩序的情况下,做了妥善的安排。几天后,电影摄制组的感谢电话来了,他们很顺利地拍完了这条片子。

上海最困难的还不是市民上下班"交通难",是住房难,难于上青天!人均住房面积三平方米。家庭人均二点五平方米才有资格列入"困难户"排进优先分配房子的行列。当时,上海祖孙三代同居一室的比比皆是。新婚夫妻与公公婆婆同居一室,中间隔一道塑料帘子,翻个身彼此都听得见,没有个人隐私而言。无论是石库门里弄还是花园洋房,到处是见缝插针的违章建筑。当时谁会料到这个"住房难"到了二十年之后的2014年,上海户籍人均居住面积上升到三十平方米以上,上海市民的人均商业面积超过欧洲国家，上海的高楼拥有量远远超过欧、美、日发达国家的很多城市。上海如此巨变从哪里开始的呢？追溯历史的起点可能就是从1991年开始的。

改革开放是上海发展的动力，是上海崛起的能量来源。上海崛起的第三个历史节点是1991年的住房制度改革，其深远的意义不仅是彻底解决了上海市民住房难的大问题，还为全国的城市化开拓出一条新路。

住房制度改革是实现住房商品化，即市场化，彻底改变了几十年市民住房由国家（包括国企）全部包下来建设，而且无偿分配，每月租金很低的"福利分房"制度。这项重大改革不是拍脑袋想出来的，而是经过调查研究，包括借鉴新加坡及中国香港地区的经验。早在1990年6月，朱市长率上海代表团访问中国香港地区和新加坡（它们是二十世纪九十年代"亚洲四小龙"中的两条龙），除了借鉴他们大力发展现代服务业和城市基础设施的经验外，代表团也非常关注他们住房建设和管理的经验。代表团回到上海成立了一个研究小组，研究了三个月，拿出了一个房改方案：一是实行住房公积金制度，这是参考新加坡的经验，每个人从工资中交百分之五，企业拿百分之五，存入国家银行，专门用于购房和建房；二是认购住宅建设债券；三是提租发补贴。1990年9月，《上海市住房制度改革实施方案》先交十七个单位内部讨论；同年12月，在《解放日报》《文汇报》《新民晚报》全文刊登房改方案的讨论稿，供全市市民大讨论。

上海住房制度改革方案最后经国务院批准，于1991年5月1日实施。上海过去每年建四百万平方米住宅都十分吃力，之后每年按一千五百万平方米的速度建住房。从1988年上海人均住房面积三平方米发展到2014年市民人均居住面积达三十平方米以上。今天听来真像"天方夜谭"，但它的确真实地发生了。上海人告别了一个物资短缺贫乏的时代，迎来繁荣昌盛的新时代。

三十年弹指一挥间，上海现在已成为世界公认的国际大都市，有集装箱年吞吐量全球第一的洋山深水港，有全球最大的空地交通枢纽，也是地铁里程最长的城市……回首往事，上海在二十世纪八十年代末起步时的艰难，九十年代从封闭的经济困境下突围，赢得涅槃重生。许多往事历历在目，就像发生在昨天。我的书橱里一直保存着两件"宝贝"：一是市政府新闻处在1990年5月为上海市市长出访中国香港地区和新加坡赶制的《上海浦东开发简介》，里面有一幅跨页大照片，浦东还是一马平川的农田原野，没有一幢高楼却充满希望。如今浦东陆家嘴地区已高楼林立，展示着全球最新潮的城市风光，这张历史照片就显得十分珍贵了。二是我的老朋友，"华达号"远洋船的随船医生沈宏文先生于1991年在茫茫大海上写给我的几封信。他讲述的如何横渡太平洋的艰险，过巴拿马运河的好奇之事，我已淡忘了，唯有一件事曾刺痛过我的心。他说船过马六甲海峡，需要穿越东南亚海盗出没的海域，海盗杀人越货十分残忍，"华达号"没有防护设施，唯一的办法是打开探照灯照着自己国家的国徽，海盗一看是中国船就不上来了，因为中国太穷，没有什么可抢的。三十年后的今天，全世界都知道中国发展起来了，在欧洲、亚洲、美洲，还有小偷会专门盗窃中国游客的钱财。今天，海盗们即便面对中国的远洋货轮也不敢轻举妄动，是因为国家强大了，有中国军舰保卫护航，这一切抚平了我心中曾经的痛。

历史是条无限的长河，个人的生命出现在历史长河的哪一段是无法选择的，那是爹妈给的。我有幸在上海崛起的那一刻，在市政府工作，并且在市长身边做新闻"大秘"，亲历了无数个重大的历史时刻，参与了改变上海的许多工作。我感到要把这份记忆留给后人。上海的今天来之不易，千万请珍惜。

第二章

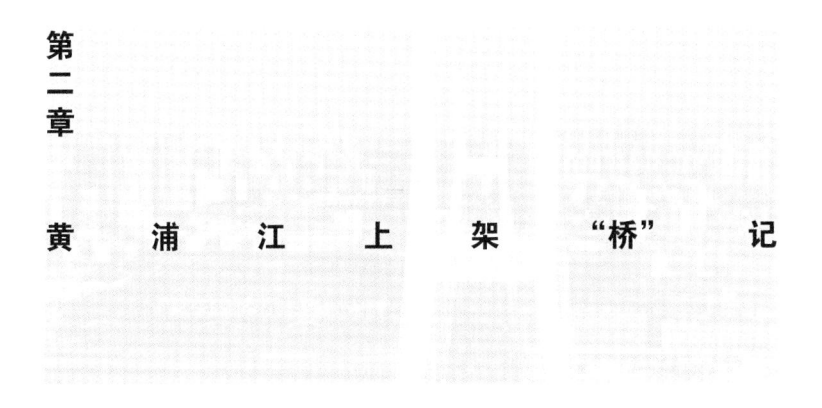

黄浦江上架"桥"记

举世瞩目的上海南浦大桥从它打下第一根钢管柱时,就牵动着一千三百万市民的心。经过七千名建设者一千零六十五天的奋力拼搏,上海人翘首以盼的世纪之梦终于变成了现实。从此,车轮将隆隆滚过上海建城七百年来一直阻隔两岸的黄浦江。大桥通车庆典逼近之日,市民争相上桥、先睹为快的热情日益升温,如何使庆典报道不落俗套,气势跌宕,与市民的激情合拍,给上海人乃至全国、世界一个想忘也忘不掉的效果?说者容易做者难,我与几家报社记者通气,希望他们能显山露水地施展一番,但电话里尽是叫"难"声:我们何不这样想,可大桥建了三年报道了三年,素材该用的都用过了,巧妇难为无米之炊呀!

我说:"报纸版面在那两天对你难得慷慨,眼巴巴地失去机会，你别后悔！"

"你们新闻处准备给我们送多少货呢？"

踢过来的球只好接住，作为市政府与新闻单位"桥梁"的市政府新闻处，我们当然义不容辞。

12月16日清晨，我随同现场指挥上桥组织庆典彩排，为新闻记者们划定站立的位置。车近大桥，已能感受到热气腾腾的喜庆气氛，到处彩旗招展，花团锦簇；大桥入口处人头攒动，振奋、自豪的目光热辣辣地扑面而来。这是上海人的盛大节日，我仿佛全身每一个细胞都沐浴在金色的阳光里。

光环旋转起来，车子绕上引桥的环形道路。抬头望去，蓝天白云下，似巨大竖琴的叠合梁斜拉桥横贯江面，气势恢宏；低头一看，我惊诧了，十天前，引桥下那片酷似古罗马斗兽场遗址的建筑物堆场，转眼间竟成了宽广的"桥心"公园，那里草坪如茵，不锈钢雕塑坐落其中，新建的汽车站，新铺的大道……经人介绍我才知道，这十天中，无数的工人、机关干部、学生、街道居民、解放军战士自觉到大桥来义务劳动。从早到晚，这批走了那批来，川流不息，人山人海，像当年打淮海战役似的。成吨成吨的建筑垃圾就是被这千千万万双手清除干净的，绿茵茵的大草坪就是经这万万千千双手铺开的，没人提报酬，连干粮和饮料都是自备的，还备了一颗爱心，一团火样的热情，为这盛大的节日添一份热力。在那一瞬间，人与人的心沟通了，没有单位之分、利益之分，感情交融了，精神升华了，一个多么有滋有味的人生，一个任何人都不敢轻视的凝聚起来的力量！

我扼腕感慨，有眼力的新闻记者，还不赶快"抓拍"这一有思想深度的历史瞬间！

彩排结束时，有人聊起某些大桥参建单位为了参加庆典代表名额争执之事，指挥部的同志插了一句嘴："争什么呀，想想张介望就什么都想通了。"

人们一下都缄默了。

张介望，大桥的主桥总设计师。五年来，他为大桥超负荷奔波主持设计，累垮了身体，肝纤维化演变成肝硬化。就在大桥竣工接近尾声时，他再也支持不住，倒下去再没醒过来。

"还差两个月，他就能看到成果，可他什么也没看见，再也看不见了。我们活着的人还有什么可争的。"

我的心弦颤动了："这样好的工程师，真应该在桥上为他立碑，让后人永远记住他。"我突然萌发一个念头："张介望的爱人在哪儿？为何不安排她代表张介望上桥出席庆典活动？"

"指挥部已经想到了,就让她站在张介望原先该站的位置上。"

我大声叫好："让电视台《新闻透视》记者现场采访她，以庆典、大桥为背景，请她对着电视镜头在具有历史意义的时刻谈感想。这将是一个多么感人的场面，一条多么动情的好新闻啊！"

我坐不住了，赶紧回到办公室，要通了电视台新闻部主任办公室的电话,向他们建议,采访的主题思想就是:我们在热热闹闹地欢庆大桥落成时,没有忘记为大桥工程献出生命的人们,我们要永远记住他们!副主任林如华似乎也被我的激动所感染,一个劲地说:"你就等着看电视吧,我们一定能搞个好新闻。"

办公桌上三个电话机此起彼伏地响着,不用问,都是记者打来的。拿起一个电话,我就谈采访张介望爱人的设想,谈自我奉献的义务劳动大军……我的目光移向窗外,夜色匆匆奔来,浦江两岸已是万家灯火,听说当晚大桥试灯,可以想见,全桥灯光唰的一下通亮,多像一根璀璨的项链挂在上海母亲河美丽的脖颈上。

庆典之日的上午,在建设者代表和八方来宾等待跨越浦江的庄严时刻来临之前,记者们走到了张介望的妻子徐为华面前。她是一位端庄的知识分子型妇女,敏感的记者注意到了她的发上佩着悼念亡夫的白色发夹。一提张介望,徐为华的眼圈就红了,她强忍悲痛地述说着。当她接到上桥参加庆典的请柬后十分激动,彻夜难眠。人生无法"假如",假如这张请柬早来两个月,假如张介望晚走两个月……但不管怎样,这张请柬是属于张介望的,她把它恭恭敬敬地放到丈夫遗像前……

"本该是他来的呀!"徐为华令人心碎的一语,刺痛了昔日与之共事的人们的心。人间惜悲伤,尤为中年时,逝者才五十出头,正是有为时!然而……时间在这一刻仿佛凝固了,天地、大桥、江河、人群,都能感受到这种异乎寻常的沉重与永恒。

电视台记者李培红满含深情地说："张介望不在了，您今天只能代他看一眼大桥，此时此刻您的心情是怎样的，请谈谈。"

徐为华缓缓道："我今天和我父亲来参加这个典礼，代表我们祖孙三代来看大桥通车，百感交集。张介望走得太急，没能亲眼看到他日盼夜想的大桥通车。如果他知道我能来参加通车典礼，九泉之下也会含笑，在天之灵一定能得以宽慰。"说到此，她已泪如雨下，泪珠溅碎在衣襟上，溅落在坚实的桥面上，但她坚强地昂起头："我为他感到自豪。他为这座桥鞠躬尽瘁，死而后已，他的业绩已留在祖国大地上了。我和我的同济大学桥梁系毕业的女儿会沿着他走过的路，继续为社会主义事业增砖添瓦。"

话语句句掷地有声。人们在领受这个知识分子家庭为我们社会所奉献的这份深情之时，是否能得到一个启示：上海的明天是美好的，但它并非唾手可得，需要我们几代人具备自我牺牲精神，去奉献，去奋斗。

在第二天上班的公共汽车里，我无意中听到几个乘客议论大桥通车典礼的电视新闻。一位中年妇女很真诚地对同事说："大桥通车真热闹，最感人的是那位工程师爱人讲的话，讲得真好，我都快落眼泪了。真要谢谢电视台，真亏他们想到这些人。"一旁不相识的乘客也忍不住插嘴道："是啊，这座桥造起来确实不容易！"

"桥"架通了！我心中默默道。

第三章

"上海姑爷"罗康瑞

一

罗康瑞先生在上海的名气很大，超过了他在香港地区的声望，虽然他的身份是香港地区永久居民。

罗康瑞的名气是靠口碑积累的。一个人的口碑比那石板刻的碑更难立！罗康瑞的口碑似乎还很特别，像块多个棱角的钻石。在阳光的照射下转着看，那块钻石的每个面闪着不同的光。

在很多上海政府官员的印象中，罗康瑞代表着有理想、有追求、有社会担当的企业家，是个有胆、有识，能做大事的精英。他为人大气，不同于一般的港商。上海市政府曾经授予他"上海荣誉市民"称号，国家给予他的头衔是"全国政协委员"

立领中装是罗康瑞的服装标配

（1998—2018年），参政议政。

在很多人眼里，罗康瑞还是个"全球通"，人脉广泛，尤其美国政界、工商界上层都有好朋友。他主动把美国的企业带到中国来，又把中国地方政府带到美国去招商。记得在2007年，罗先生还与后来曾当过美国总统的特朗普"打过交道"，在四年的法庭较量中，特朗普最终落得一个"全部败诉"的判决结果。若干年后，特朗普还托记者带信向对手罗康瑞表示尊重。

在外国企业家那里，Vincent Lo（罗康瑞的英文名）是个"中国通"，很擅长与中国政府打交道。想知道如何与中国官员打交道吗？就找他！罗康瑞因此成了西方主要国家企业家与上海政府沟通和高层次联系的桥梁，双方都信任他。

罗康瑞在瑞安公司员工眼中，是温文儒雅，说话算数，不发火，不骂人，不怒自威的，员工打心眼里深深信服他。罗康瑞是强者，怎会没有脾气，把脾气拿出来是本能，把脾气压下去是本事。他经常自省，包容对方。他认为，当你用一根手指指住别人的时候，其实会有三根手指是对准自己的，这提示我们要自我检讨。

罗康瑞是个相貌堂堂、很帅气的老板，立领中装是罗康瑞的标配，在西装、领带的企业家行列中显得卓尔不群。他的办公室里挂着中国书法的"围棋十诀"，家里的客厅、书房、走廊上悬挂出自名家之手的中国画，几乎没有西洋画，中国情结深植他的内心深处。当然，他的中国文化情结与他的家教和青年时代求学的经历有关。

罗康瑞身边有三个秘书，香港两个，上海一个。每个秘书手边来往的文件如雪片，忙得手脚不停，而老板罗康瑞硕大的办公桌上除了电脑和文件夹，永远是简单整洁的。秘书递进来的一沓文件，他半个小时就签完送出来了，件件有回音，批示很简洁，句句点在穴位上，保持了公司高速运转的效率。罗康瑞开会，从不迟到，踩着点准时到，数十年如一日。老板严谨的工作作风和追求完美的做事方式，一层一层地影响到每一个员工，这也成为瑞安的企业文化。

在上海市民看来，罗康瑞的名字就叫"新天地"，提到新天地，就会提到罗康瑞。这代表着时尚、创新，引领潮流。

上海地方志办公室副主任生键红女士感慨道,罗康瑞为上海做的事,十页纸也写不完。

口碑这东西很神奇,求之不得,不求反倒自己找上门。罗康瑞的口碑完全靠他在上海三十多年的奋斗,是一件事一件事做出来的。每件事的一笔一画又似乎都与上海当代城市发展的历程紧密相连。

上海当代城市化的发展,我个人认为大致上可分为城市重建、城市更新和卓越全球城市三个阶段。

前两个在历史阶段上,有着各自的显著特点:城市重建期是"大拆大建",城市更新期是把城市历史文化作为城市建设的资源。上海市政府对前二十年的城市建设提法是"拆、改、留",后十年调整了前后顺序,改为"留、改、拆"。

卓越全球城市的阶段则是响应国家号召,努力建设"长三角一体化"的世界第六大城市群。

在上海三个阶段的重大历史时期和一些转折关头,我们总能发现罗康瑞的身影。他不但超前贡献颇具远见和睿智的建议,还有让人眼睛一亮的创新作品,且这些作品还都是上海地标性建筑,例如,闻名中外的"上海新天地""创智天地""虹桥天地"。

他是上海的"荣誉市民",而他的故乡香港则送他一个响亮的称号:上海姑爷!这意喻他对上海发展的热心程度简直像

2001年，罗康瑞获得"上海荣誉市民"称号。时任上海市市长徐匡迪为他颁发荣誉证书。

个深得岳母喜欢的上海女婿。

  罗康瑞把上海作为他的第二故乡，为上海的城市发展倾注了那么多心血，赢得上海政府和广大市民的信任，赢得"第二故乡"的最高荣誉——上海荣誉市民。他是什么时候做起了"上海姑爷"？这只起飞于香港维多利亚港湾的海鸥，为何没有随大溜在毗邻香港的珠江三角洲广东落地发展事业，而不辞辛劳，长途远飞到上海黄浦江畔落脚发展事业呢？

  这一切像个谜团，我们只有慢慢剥茧抽丝，才能还原罗康瑞精彩的、过去三十五年的人生经历。

时间要上溯到二十世纪八十年代，中英两国发表联合声明，香港将在1997年回归中国。彼时的香港，房地产、建筑业正在经历冲击。许多港人选择移民海外，但罗康瑞决定留在香港，十五岁到澳大利亚留学的经历让他尝过二等公民的滋味。

有一次，在澳大利亚的一辆公交车上，罗康瑞坐在靠窗的位置，上来一个白种女人，她要求罗康瑞给她让座。罗康瑞说车上有很多空位呀，那个女子傲慢地回答，我就喜欢你这座位。逼他让座的理由更荒唐，因为你是黄种人。一车人对这个女子的无理要求保持沉默，罗康瑞愤然下车了。雪怕太阳草怕霜，做人就怕心受伤，澳大利亚留学的这一特殊经历教会他什么叫做人的尊严，也激发了罗康瑞的民族情感。瑞安在港公司的高层很多人都持有外国身份，唯独罗康瑞保持着香港地区永久居民的身份。

香港1997年回归时，罗康瑞已不是一个普通的企业家。他1971年创业，不但建立了自己的企业王国，还关心香港地区的发展前途。他团结了一批工商业精英和专业人士，创立了香港工商专业联会，现在是永远名誉会长。他还担任过香港总商会主席、香港特别行政区基本法咨询委员会常务委员、香港特别行政区筹备委员会委员，为香港回归祖国立下过汗马功劳。在为社会进步忙碌的过程中，他收获了胸怀天下的雄心、眼光和胆略。既然选择留在香港当一名中国公民，他渴望尽快了解内地的改革开放，寻求事业发展的机会。早在1984年，罗康瑞率领瑞安公司高层考察团北上，访问北京、上海、广州。从北至南一路走下来，他最看好的是上海。虽然上海当时还是一座缺乏朝气的老城：交通难，吃粮、吃菜、吃肉难，打电话难，住宾馆难，等等。各种"难"字正困扰着这座城市。其中，最难的还数市民住房难，人均三平方米，三代同堂，违章搭建现象举目皆是。上海当时一年城市的建设费可怜到只有两千五百万元，还不够修三条马路。上海如同困在北冰洋上的巨轮，茫茫冰原，无处突围。

当时，负责接待罗康瑞考察团的是上海团市委一班领导人，双方年龄相仿，就有些共同语言，有一种"与君初相识，疑是故人归"之感。团市委的干部没想到这位香港年轻企业家竟如此看好上海，而且理由实在，并非客套话。罗康瑞说，长江流域的腹地辽阔，远超珠江流域。长江三角洲历来是中国富庶地区，上海是长江的入海口，历史上就是对接世界的窗口，具有"东方巴黎"的美誉。上海现在缺钱，但它的地理位置优势依然存在，没有理由不富。虽然广东深圳已经走在前头，但上海可能后来者居上。而团市委这些年轻干部的朝气蓬勃、富有理想又有执行力的精神状态也给罗康瑞留下深刻印象。他心想，将来这批年轻干部走上主导上海发展的领导岗位，何愁大事不成！

英雄相见恨晚，双方当场拍板合资建造一个宾馆，便是位于陕西南路上的"城市酒店"。为何不建来钱快的住宅、商场、办公楼？这是有历史大背景的。刚刚打开国门、对外开放的上海，涉外宾馆奇缺，只有和平饭店、锦江饭店、龙柏宾馆等屈指可数的涉外宾馆允许接待外国人和港澳台地区来宾及华侨，把"外宾"晚上用车拉到苏州住宿，白天拉回上海访问是常有的事。

全球著名的会计师事务所"普华永道"的高级合伙人吴港平先生对此有着切肤之感。1985年他受公司重托，从香港地区来上海开拓市场，一下飞机就遇上一件令他终生难忘的事。他乘坐的是最后一班香港飞上海的班机，当他赶到指定的涉外宾馆时，大堂服务前台有两路客人在排队。轮到他时，前台服务员高声叫道只剩下最后一个房间了，这时，吴港平和站在另一排的香港女士都称自己是先到的，争这最后一个房间。前台女服务员突然自作聪明地出面调解："你们都别争了，这个房间正好是一间标房，两张单人床，你们俩一人一张床。"把素不相识的陌生男女安排到同一房间住宿，荒唐的调解让吴港平大跌眼镜，很自然遭到了他和那个女士的强烈反对。女服务员还不明白自己说错了话，辩解道："我们这里不允许这样住，你们那边可以的，男女关系都是可以很自由、很随便的。"今天听来如奇闻，可1985年的上海就是如此不了解外面的世界。

所以，罗康瑞在上海的第一个合作项目就是与上海青旅合作建造市场上最紧缺的涉外宾馆。但在实际操作过程中，并不是一帆风顺，首先国家政策规定"中外合资企业"，中方要占大股，外资占小股，宾馆建成营运十六年后全部归中方所有，罗康瑞没二话一口答应。城市酒店落成后，遇上以美国为首的西方国家对中国的经济制裁，境外游客骤减，经营状况不好，无法及时归还银行贷款，罗康瑞主动帮助合作方垫资还款，双方合作非常愉快。为答谢罗康瑞的支援，合作方主动提出将合作年限延长至二十五年。

团市委干部对罗康瑞的为人处世很有好感，他不是"在商言商"只看钱的商人，不但外表儒雅，内心还有一份做事业的情怀。罗康瑞与团市委干部从此结下了缘分。后来，这批年轻干部逐渐都走上了更重要的领导岗位，有的当了区长，有的当了市长，还有的成了国家领导人。在之后的三十多年中，这些干部但凡在涉外工作中遇到难题，就会想起可以信赖又热心的"儒商"罗康瑞。

罗康瑞的为人处世能力不是天生的，而是由他良好的家教和青少年在澳大利亚留学吃苦的经历磨砺出来的。他出生于香港一个富裕家庭，父亲罗鹰石先生是艰苦创业成功的企业家，对他九个儿女教育十分用心，每天工作再累，每个孩子的英文作业他晚上都要一本本检查。罗康瑞从小到大没有父亲带他们逛公园玩耍的记忆，只有星期天随父亲去看工地见习的印象。十五岁，罗康瑞去澳大利亚留学，第二年，父亲就开始不寄学费、生活费了，让他暑假留在澳大利亚打工赚够学费和生活费。洗碗、端盘子、做汉堡，这些打工的经历让罗康瑞体验到生存的不易，沉淀了自己的心性，学会了"将欲取之，必先予之"的做人道理。

因为城市酒店项目开启上海投资的罗康瑞1994年有了新动作。当时，上海要把淮海路商业街的东段改造为国际商务区，规划建造十四幢办公楼。地产界讲究地段，淮海路是上海的钻石级地段，香港地产界巨头新鸿基、新世界、九龙仓集团纷纷出手在规划中的淮海路国际商务区拿了地，准备建办公楼、商场、星级酒店。罗康瑞是迟来者，国际商务区的开发地块已瓜分完毕。但来得早不如来得巧，卢湾区的国有企业九海实业手中握有中央商务区最好的地块——地铁"黄陂南路"站上盖的地块，因缺钱一直没有启动。1994年正是上海楼市低潮调整期，香港地产巨头们拿了地也不启动，持地观望。罗康瑞提出想在淮海路商务区拿地，当时的区长建议罗康瑞可以与九海实业合作成立一家沪港合资企业，但有一个先决条件，拿地后要带头启动项目，在地产低潮期形成先发效应，带动整个商务区的启动。罗康瑞一口答应，这就是现在的"瑞安广场"。

上海当时楼市前景不明，罗康瑞作为开发商，不会盲目投资，他派人对上海办公楼市场做了仔细调查，发现了一个奇怪的现象：一方面上海办公楼市场供过于求，另一方面却是跨国公司找不到合适的办公室，租用五星级宾馆的客房办公。这显然不符合跨国公司的形象。再从这个现象调研下去，原来是上海缺少高品质的甲级办公楼，市场上已建的办公楼还不如星级宾馆的客房标准高。"不合理现象"蕴藏着商机，商机稍纵即逝，罗康瑞决定立即启动瑞安广场项目，按照甲级办公楼的品质设计，三亿元资金到位，日夜施工，瑞安广场如雨后春笋，节节拔高，很快封顶。虽然公司没做广告，只是把漂亮的楼书资料送到在宾馆办公的跨国公司手里，但没想到签约率很快就达到了百分之七十，普华永道、IBM、杜邦等国际大公司纷纷入驻。一炮打响，惊醒梦中人，其他持观望态度的香港地产商也纷纷启动项目。

这事干得漂亮，区政府满意，入驻企业满意，瑞安自己也满意，三方的笑脸打响了瑞安公司知名度，显示了罗康瑞个人的战略眼光和强大的执行力,为他日后获得中心城区成片旧区改造开发权埋下伏笔。

二

上海能从计划经济的"堡垒"中突围,发展成为中国改革开放的先锋,从穷困的旧城翻身成为世界著名大都市,"土地批租"是破冰的船,是打开千把锁的万能钥匙,这个伟大的开端,罗康瑞是参与者之一。

1986年,上海市委、市政府开始探索土地批租的新思路,破解城市建设缺钱的难题,其核心思想是把土地所有权和使用权分离,土地所有权控制在政府手里,用"土地使用权有偿转让"换取城市发展的资金。这样做在当年是有政治风险的,土地"两权"分离的新思路在一些人的眼里,大有重蹈"租界"覆辙的嫌疑。计划经济时代的土地政策是采用行政手段划拨,无偿使用,不能进入市场流通的。在"两权分离"的具体做法上,上海缺少经验,这条路上有多少个"坑"心里没有底,弄得不好就会栽在哪个"坑"里。当然,凡做大事者,机遇与风险是共存的,如同好球常常打在界内与界外的边缘,高水平的球会让对手和自己一起心跳,并赢得满堂喝彩。若能通过国际招标转让土地使用权,上海政府就能获得一笔可观的批租款,一旦试水成功,上海城市建设就有了启动资金。上海"穷"的是钱,"富"的是地皮,地皮如何变成金子?市委把目光转向了香港地区,香港地区在这方面有一套完整可行的做法,值得上海借鉴。

市委、市政府很快想到了香港地区有一批值得信赖的朋友,罗康瑞自然是其中一位。梁振英、罗康瑞、简福饴等七位香港地区地产界、法律界、金融界、工商界方面的热心人士,被聘任为上海市房地产改革的咨询顾问。上海专门派出了一批专业干部去香港地区学习,吸收消化,寻求适合当时国情的土地批租方法。上海考察团在港期间,受到了顾问们的热情接待,罗康瑞先生拿出大量的时间陪同考察团实地参观,梁振英组织人力翻译资料。各位顾问几乎把香港地区在土地批租方面的先进理念和做法倾囊相授,只要上海代表团有想法、有要求,他们每个人都是有求必应,全力相助。

上海在这些热心的咨询顾问大力帮助下,加快推进土地制度改革进程,很快进入实践阶段。1988年3月22日,市政府召开新闻发布会,对外宣布第一块有偿转让上海虹桥开发区第二十六号地块的土地使用权。标书在上海和香港两地同时发放,每位顾问也积极在境外推介宣传。当时,市政府最担心的是没有境外投资者来投标,出现"流标"。罗康瑞自告奋勇,让自家公司参与投标。但上海一座旧城的土地到底值多少钱?要有参照物,才会知道标点是高还是低,一时间,梁振英、罗康瑞等这些咨询顾问还真难以给出答案。好在日本孙氏企业创始人孙忠利一直有报效祖国之心,他参照日本东京的地价,开出了一个大胆的报价——两千八百零五万美元,取得地块五十年使用权。一锤下去,日本孙氏公司中标,这也为上海的土地价值一锤定音,"类比法"使上海的土地价值一起步就有了不凡的国际身价。上海的这次招标由于有日本、英国及中国香港地区公司的参加，在当时开了"土地使用权有偿转让"国际招标的先河，旧观念的坚冰终于开始松动了。

"破冰"在中国当代城市建设发展史上具有里程碑的意义。在这个重要的历史时刻，罗康瑞站在这艘同舟共济的"破冰船"上，不是局外人。上海城市发展史记下了他第一笔不凡的贡献。

土地使用权有偿转让的妙招，让上海从此再不用端着"金饭碗"讨饭了，仿佛"芝麻开门"敲开了一座财富的宝藏，从此城市建设的资金滚滚而来。到了二十一世纪初，上海城市建设资金由1987年的两千五百万元飙升到一万亿元左右。

"破冰"之行在行政上的难处，只有政府官员才知道，而老百姓只是感觉到上海一夜之间变了，扩建新路了，起高楼了，普通人家也能装电话了。在过去，家里安装电话是局级干部才有的资格，现在普通人只要符合条件，就可以申请安装电话，这说明上海电信业务飞速发展，程控交换机也更新换代了。

老百姓感受最深的还是取消了福利分房。上海继土地制度改革之后，又适时推出了住房制度改革，老百姓的住房可以通过商品房买卖解决，而不是等、靠、要。人人可以凭本事买好房、买大房子住。罗康瑞在上海住房商品化推进的路上放了一个炮仗，让全城市民听了个响。当时的虹口区区长拉上罗康瑞到自己管辖的区内看上海中心城区最大的棚户区"虹镇老街"，占地足有四十公顷，全部是老百姓自己搭建的危棚陋屋。罗康瑞看后内心震动了，当场承诺投资改造建商品房，让它变成"瑞虹新城"。说干就干，1996年首开了"上海速度"，当年规划,当年动迁,当年开工建设。很快新楼起来了,但价格不菲,每平方米均价五千多元,市民们伸伸舌头离开了。罗康瑞拿出一套七十八平方米的两室两厅新房子与上海电视台《智力大冲浪》节目合作,做了一个知识有奖竞猜的栏目"七八七八奖平方",共做七十八轮,每轮知识竞赛胜出者就奖新房的一个平方米,看谁有本事成为每一轮的胜出者,累积到七十八分就奖励一套七十八平方米的新居。每个市民机会均等,凭借自己头脑中的知识去参与竞争。这一新颖的市场营销方式如同凌空一声惊雷,轰动了上海城,引来了成千上万的报名者。"七八七八奖平方"活动不仅传播了"知识就是力量,知识改变命运"的理念,也改变了虹镇老街旧区的人口结构,能买得起瑞虹新城的人绝大多数是上海新兴阶层。改变虹镇老街旧貌,前前后后用了二十二年时间,上海地图上这片中心城区的棚户区终于蜕变为高端住宅区,约有五千五百户居民在此安家,其中有来自三十二个国家的外籍人士在这里常年居住,成为中心城区国际化综合性社区,这也是罗康瑞在上海当代城市发展史上写下的第二笔。

土地批租的坚冰一破,成百上千的房地产公司破土而出,以摧枯拉朽之势拆去了棚户陋屋和石库门里弄,一座座新楼在石库门弄堂废墟上拔地而起。二十世纪九十年代的上海像个大工地。美国有线电视新闻网(CNN)报道:世界上五分之一的塔式起重机集中到上海来了。上海用了短短二十年时间改变了自己四十年不变的旧城面貌,成为一座崭新的城市,令世界刮目相看。

三

罗康瑞在香港主要从事建筑业，1985年到上海后进入房地产业。如果说城市酒店和瑞虹新城项目是他在这个行业试试水、练练手，上海新天地则是他进入创作的境界。建筑被歌德称为"凝固的音乐"，被哲学家黑格尔称为"城市凝固的艺术品"。上海新天地和创智天地是罗康瑞留给上海的两件艺术品。

1992年，上海开始修建第一条地下轨道交通线，卢湾区政府抓住地铁穿过淮海路的机会，把两公里长的淮海中路商业街的东段改造为商务区，西段保留法式历史建筑作为商业区。时任卢湾区区长的韩正在旧区改造方面展示出他的远见卓识和文化底蕴，指示区规划局局长去考虑规划中的"中央商务区"南部一平方公里的石库门旧区如何重建，区委、区政府对这片旧区提出一个愿景，重建后的目标是到了二十一世纪不落后。二十一世纪有一百年，到哪年不落后？2010年还是2030年？当时，整个上海找不出能规划符合到二十一世纪不落后要求的城区规划师。具有开放心态的区政府做出一个决定，请国际上最优秀的城市规划师来担纲设计。当时，区政府缺少国际专业规划师的资源库，区长想到了罗康瑞，请罗先生出出主意。

罗康瑞这一回主意出"大"了！淮海路是上海的钻石级地段，历史上有"东方巴黎的香榭丽舍大道"之称。当年法国人规划淮海路南部这片城区的功能是中档石库门住宅区，配套了一些社区商业、文化、教育设施。罗康瑞想，上海二十一世纪的城市发展战略目标是国际经济、金融中心，中心城区的规划要配合上海发展战略目标，不能仅有居住功能，还要有商业、商务功能。他自掏腰包找了国际著名的城市规划设计事务所，美国Skidmore, Owings and Merrill公司（简称SOM公司）为卢湾区做"太平桥旧区重建规划"。这家规划设计事务所的知名度，说一件事上海人就知道了，浦东陆家嘴八十八层的金茂大厦是这家公司设计的。越出名的公司开价越贵，他们收了罗康瑞整整一百万美元的规划费。1995年人民币与美元的汇率为8.3：1。罗康瑞亲自积极参与整个规划过程，把他自己对上海二十一世纪发展的愿景作为规划的大纲和方向。

罗康瑞把"太平桥旧区重建规划"的方案无偿赠送给了卢湾区政府，上海市领导和卢湾区领导看了规划非常喜欢，完全符合上海未来的发展方向，1996年通过了市规划局的审批，正式立项启动招商。虽然瑞安公司参与了规划设计的全过程，但卢湾区政府在决定由哪家企业担任开发商时还是很慎重的，多数领导人认为要找香港地区实力雄厚又有品牌知名度的大地产商，瑞安公司虽然出钱做了这么好的规划，但开发项目的实力不够，太平桥旧区重建的资金预估高达两百七十亿元，瑞安当时拿出几十亿都很吃力，加上知名度也不够。卢湾区政府派人拿着规划方案到香港地区招商，一家一家拜访地产界大佬。但当时亚洲金融危机席卷而来，香港地产大佬们纷纷抽资自保，没有兴趣。区政府这时急了，市政府已批复的项目不能因此搁浅，急中生智，想到了罗康瑞。瑞安公司在亚洲金融危机中经济最萧条的时候，跻身"太平桥旧区重建"项目的开发行列，瑞安公司还为此归纳了四句话：总体规划，分期开发，一家牵头，多家参与。当这个项目一起步，罗康瑞就做了轰动国内外的"上海新天地"，卢湾区政府看到了瑞安的创新实力和建筑品位，把瑞安"一家牵头"事实上改为瑞安"一家开发"了。

太平桥旧区足足有五十二公顷，二十三个石库门旧街坊，居住人口达七万，中共一大会址就在这片旧区。这些老房子建于二十世纪初至三十年代，有些石库门房龄已达七十年。那些旧式里弄处在"群租"状态，每栋石库门洞里少则住了三四户居民，多则达七八户，人均二到三平方米，空间狭窄拥挤，拎马桶、烧煤球炉。石库门房子的住户缺乏爱护之心，过度使用和缺乏维护使之一步步走向衰败腐朽，成为危房。当时的政府和老百姓对现代化的认知就是高楼大厦，车流如水。最初的太平桥旧区重建规划是要拆除区域内二十三个石库门老街坊，全部建成高楼大厦，中共一大会址前后两个石库门街坊也没能幸免。

机遇选择了逆行者，自然厚待逆行者。1998年，卢湾区委、区政府通知瑞安公司：其一，上海市委决定要修改原先的"太平桥旧区重建规划"，保留中共一大会址前后两个石库门旧街坊，将之改造一新；其二，启动人工湖项目，动迁三千八百户居民，五十个企业单位，拆除老房子，开挖人工湖。两项大工程要在2001年6月前竣工，迎接中共建党八十周年，并告知届时中央领导可能会来上海瞻仰中共一大会址，但这一消息要保密。上海市委对这个工程十分重视，责成市文管会监管这两个石库门街坊的改造过程。

中共一大会址前后两个街坊占地三公顷，居住着两千三百户居民，危房已腐朽不堪，稍稍一用力房子就有散架的危险。市文管会专家给出的意见是拆了旧房再建原模原样的新石库门，并与时俱进地改造成有煤气灶、抽水马桶的新式石库门住宅，在市场上出售。问题在于拆旧建新的石库门房子容积率不变，开发成本高达两万元一平方米，而上海当时最好的公寓房价格是三千元一平方米。这一思路显然行不通！一道难题把开发商瑞安公司逼进了"死弄堂"。

困在"死弄堂"里的罗康瑞在摸索中一不小心撞开了一扇历史的时空之门，那里的夜空繁星闪烁，那些眨眼的群星就是珍藏在脑海里的文化记忆：他经常去欧美国家出席国际会议，每到一座城市，他不喜欢看摩天大厦，而是去逛逛具有几百年历史的当地风貌老街，在老街上的酒吧、咖啡馆的外摆座位上闲坐，沐浴在灿烂的阳光下，体验那座城市久远的历史，见证当下的现代。美国旧金山有渔人码头，法国巴黎有圣日耳曼大道，日本东京有银座后街，而上海还存在空白。他突发奇想，石库门弄堂能否变身为咖啡馆、酒吧、餐厅、娱乐区，成为一个国际化的城市历史风貌游览区？这不但保留了城市历史文化建筑，还能平衡开发项目的投资成本！他为自己的发现而激动和兴奋着，但旧石库门弄堂怎么改呢？前人没有做过，没有先例，改造后的石库门咖啡馆在上海会有市场吗？上海人会喜欢吗？一连串的问号没有答案，灵感和冲动并不等于能做出来成为现实，需要"贵人"相助。罗康瑞从全世界寻找，最终他认定美国波士顿一位旧区改造专家本杰明·伍德是他要找的"贵人"。本杰明·伍德有一个成功的作品，把波士顿一个废弃的旧货仓改造成当地最时尚的休闲区。罗康瑞写信给从未谋面的美国设计师伍德先生,请他到香港地区见面,这位建筑设计师果然与众不同,观点深刻而精辟:他说,建筑形式也有它的生命周期,没有改变,它就会随着时间而枯萎,甚至死去。如果一种建筑要存活几百年,甚至更长时间,没有更新和赋予新的内涵是不可思议的。如果把石库门修复再让人住进去,像住进博物馆一样,只会被历史淹没,而我们要做的是创造另一部历史,把石库门原先的居住功能改造为商业功能,让石库门老房子从私人空间走向公众共享,让更多的人感受石库门文化的过去,参与它的现在,见证它的未来。罗康瑞把这些观点总结成开发项目的灵魂:昨天,明天,相会在今天。第一次见面,罗康瑞就决定聘请伍德先生担任项目总设计师,并对伍德先生说:这个项目会改变你的命运。新天地出名后,伍德先生一直没回美国做设计,他在中国有做不完的项目。

当罗康瑞在公司董事会上说出要对上海两个石库门旧街坊进行整旧如旧式改造,做成咖啡、酒吧、餐厅休闲文化街的设想,立即遭到了全体董事的反对,当时香港地区正处在亚洲金融危机之中,用十四亿港币去投一个前景不明的开发项目,绝对是冒险。罗康瑞在香港找了几家银行谈项目贷款,没有一家银行愿意放贷,说这个项目像房地产又不像房地产,有点像文物保护,有点像旅游项目,有点像娱乐项目,就是不像个能够盈利的项目。银行不贷款,罗康瑞一意孤行,力排众议拍板定了,决定用公司自有资金去投资这个风险极大的项目。当时,瑞安不是上市公司,他是占股百分之百的唯一股东,他可以做主。他身边的人只能摇头,说这个老板"疯"了!

2000年，罗康瑞（前排右二）与瑞安公司项目开发团队，站在新天地后弄堂的施工现场，正在进行一场"头脑风暴"。

"疯子"与天才就差一步。当所有人都沉浸在城市"旧貌换新颜"的欢乐之中时，罗康瑞发现了一个秘密，上海在急风暴雨式的"造城运动"中，把代表上海历史文化的石库门、老洋房和危棚陋屋混淆在一起推倒重建，它将成为一座城市的灾难。一座失去"过去"的城市必将失去"未来"。

出色的创意往往具有超前性，不为一般人所理解，连市文管会的专家对旧石库门改造成商业场所而不是私人住宅的创意也看不懂，有赞同的，有反对的，最终同意先做个样板房试试看，成功了再推广实施。

一开始，项目叫"一大"改造工程，后来，市文管会、卢湾区政府都觉得瑞安公司的创意是把这两个石库门旧街坊做成酒吧、餐饮一条街，用"一大"的项目名称不合适。罗康瑞与团队反复推敲，终于来了灵感，运用中国文字奥妙的拆字法："一"加"大"为"天"，天地对应是世界，二十一世纪初竣工为"新"，"新天地"响亮的名字横空出世。

改革开放初期的中国有一个有趣现象，凡被欧美国家肯定和赞美的新事物，立即会被国人肯定并火爆起来。2000年，一批欧洲电视台记者应市政府之邀采访上海，市外办新闻处习惯性地把外国记者带到了浦东陆家嘴金融贸易区新建的摩天大楼前，期望外国记者报道上海的辉煌成就，但外国记者无动于衷，扛着摄像机转悠，找不到可以拍摄的东西。上海人感到兴奋的城市新景观在欧洲记者眼里就是对美国纽约的临摹，缺少象征上海自己的东西，即使拍摄下来拿回国也播不出来。

外国记者不甘心白跑一趟上海，一位荷兰记者忍不住发问：上海有没有象征自己城市特色的建筑？或者修复老建筑的项目？这句话提醒了市外办处长，想起他看到过的正在施工的新天地，就尝试着把这批记者带到新天地样板房。在那条弄堂里，原先住人的老房子已经变身为餐厅、咖啡馆、展览厅。外国记者一个个把眼睛睁圆了，这里岂止是修复老房子，简直是在创造历史，这可是重大新闻事件呀！他们在新天地样板房整整拍摄了一天，为了选择不同角度拍出美感，有的借梯子上了房顶，有的趴在湿漉漉的青砖地面上拍摄，生怕遗漏了什么，这一反常现象让市外办干部很诧异。还是那位荷兰电视台记者，站起身拍拍两手灰，对市外办新闻处长激动地说："我站在这里感到了巨大的震撼力，我根本没有想到你们上海已经进步到与我们欧洲差不多了，已经懂得如何保护自己城市的历史文化建筑了，这条片子到了欧洲一定收视率很高！这是条新鲜感十足的好新闻。"

这一评价很快被传到了市委主要领导的耳朵里，国际舆论对新天地肯定性的报道，使市领导意识到新天地的做法代表上海城市进步的形象，决定今后凡是外国记者到上海采访，把新天地作为一个必看的点。市委副书记龚学平亲临新天地现场视察了一个小时，他兼任市文管会主任，他对罗康瑞和陪同的区领导说，我在欧洲看过许多修复的历史建筑、旧工厂改造成餐馆、酒吧、旅馆、美术馆，就想到我们上海也应该对老房子采用这种改造方式。上海的石库门怎么改我还没想透，你们为上海做了一件大好事，石库门这样改造，是政府早就想做了，但目前还不会做，也没足够的财力来做的事。你们开了一个很好的头，闯出了一条石库门保护利用的新路子。

接着，上海市市长徐匡迪带了一批负责干部也来视察，评价新天地用现代手法修复历史老建筑的思路是开创性的。当场拍板决定了两件事：其一，今后凡是国家领导人和外国元首来上海，全国各省、市、自治区领导来上海，都要安排他们来参观新天地。其二，2001年秋天的上海市市长国际企业家咨询会的晚宴放在新天地，让世界上最知名的五百强企业家亲身感受一下上海的进步和新发展，借助他们传播到全世界去。

建成后的几年里，新天地成了全国各地方考察团来沪的参

1999年11月13日，上海市委副书记、市文管会主任龚学平（前排左三）是第一位视察新天地样板房的市领导，罗康瑞（左一）、卢湾区委书记张学兵（左二）汇报石库门改造情况，龚学平对老石库门弄堂整旧如旧式改造方式予以充分肯定和高度评价。

观热点，每年有四百批两万人次的参观规模，甚至吸引了外国元首政要及各界名流来参观考察。

"不到新天地等于没到过上海"，这句话居然被写进了各个旅行社的导游手册里。国家也对新天地的成功进行表彰，命名它为"国家文化创意产业示范基地"。远在美国的城市土地协会（Urban Land Institute，简称ULI）还为新天地颁发了年度ULI全球卓越大奖，表彰了瑞安公司以一个文化遗产保护性开发项目带动了区域经济的发展。

历史仿佛要验证 ULI 大奖的结论，2003 年上海的房地产走出了低谷后，新天地所在的太平桥旧区发生惊人的巨变，财富泉涌。区内的"翠湖天地"住宅房价一路走高，成为上海房价的风向标；太平桥人工湖畔的"企业天地"办公楼，世界大企业纷纷入驻，一栋办公楼一年可为国家创造的税收高达二十多亿元。

新天地的美名传遍全国，传播到全世界。

最让罗康瑞自豪的是，一次在飞往欧洲某国的飞机头等舱里，邻座一位"老外"竟然问他知不知道上海有个新天地。那个老外大大赞美一番后，介绍罗康瑞下次再去上海，一定要去看看新天地。罗康瑞抑制住内心的兴奋，没告诉对方自己的身份。这一路上罗康瑞难以平复自己的心情，他也许又想起了那个逼他让座的澳大利亚白种女人。

新天地最重大的意义和价值在于，它成为上海城市化两个历史阶段转折的里程碑，刹住了大拆石库门的风潮，上海的城市化由"大拆大建"进入了"城市更新"的新阶段。

保留保护城市历史建筑也是现代化，而且是提升城市品质的资源，这个观点逐步成为政府官员、专家和市民的共识。上海市政府在 2001 年立即做出了一个决定：先保留有价值的旧石库门弄堂，想明白了再进行更新改造。上海新天地被大家誉为城市的新名片、上海的新地标。

香港地区一位自由撰稿人参观上海新天地后，回到香港就写了一篇文章批评香港特区政府,说为什么新天地这么好的项目没出现在香港地区,而是在上海,还是港人做出来的?香港为什么没重视瑞安这么有创意的企业?香港特区政府财政司司长梁锦松对此很坦然,风趣地说:罗康瑞现在是"上海姑爷"嘛!一句玩笑话竟然上了报,这成为罗康瑞的一个新标签。

四

2001年至2005年,罗康瑞为上海做了好几件大事,件件都是具有战略高度的,件件都不是轻而易举的。创立上海新天地时,最初他周围的人不相信,说他是"疯子"。新天地一举成功名震天下后,新天地成了"神话"。新闻媒体惊呼:新天地几乎是一夜之间就成名了。业界人士感慨罗康瑞的运气太好,只有新天地的总设计师本杰明·伍德给出了客观准确的评价:罗康瑞对新天地最大的贡献是当所有人都在反对这个项目时,他义无反顾地坚持了下来。

成功者背后的艰辛只有自己知道。决策的过程是一个极为艰难和痛苦的过程,决策虽然由董事会共同做出,最后定下决心的是董事长。君失一策,后果是企业破产,山崩地裂。

罗康瑞在创立他第二个品牌"创智天地"时又进入了"疯"的状态,上百亿投资十年没有回报,他仍然义无反顾地坚守不撤。

罗康瑞是个极其聪明的企业家，他为何在创智天地这个不赚钱的项目如此固执地坚持呢？这还得沿着上海这座城市发展轨迹倒回十年去看。2002年的上海，经济快速发展，土地成本、劳动力成本不断上升，劳动密集型的加工业纷纷离开上海，向劳动力成本更低的内地省市转移。由于人才缺乏，产业升级难，城市就业压力陡然上升，市委、市政府领导非常着急，在专家的建议下，拿出"壮士断腕"之决心，放掉低端加工业，加快发展金融、贸易等第三产业和高端制造业，但人才不足和原创能力弱成为产业升级的最大掣肘，因此，市委、市政府在这一年提出了"科教兴市"的城市发展战略，2003年，进一步提出了建设"创新型城市"的新目标。

罗康瑞敏锐地捕捉到上海这一重大历史转折的机遇。上海要从"加工业城市"向"创新型城市"转型，城市空间结构必将做出重大调整，或将重新布局构筑，地产开发商可以大有作为，这是一篇大文章。但这首先要对"科教兴市"这四个字的内涵实质吃透。罗康瑞想到了一个人，刚刚退休的香港科技大学创校校长吴家玮教授。吴家玮是出生在上海、留学美国的科教顶尖人才。罗康瑞曾是香港科大的校董会主席，两人一直是合作伙伴，肝胆相照。一个企业家和一个科学家联手对上海新的城市发展战略进行了调研。此时，市委、市政府领导正在琢磨如何用好复旦大学、同济大学等高等院校和科研所这些"科教兴市"的重要资源。在节骨眼上，上海市委、市政府收到罗康瑞和吴家玮的调研报告——《以知识型经济推动上海东北角市区的发展——大学镇的核心作用》。报告认为，上海东北角市区集中了十四所大学和几十个科研所,这是科技创新的重要资源,关键的问题是产、学、研被各自的围墙隔开,严重脱节,大学的科研成果没有外溢到院墙外转化为新产业、新产品。杨浦区可以学习美国"硅谷"和斯坦福大学的融合发展模式,拆除大学围墙,重新构建城区空间,建设"大学的城市、城市的大学"。大学校区与城市社区、科技园区融合发展,建立创新型小企业的孵化器,培育上海原创的新产业,让杨浦老工业基地转型成为知识型经济城区。

这份具有战略高度又有操作性的调研报告受到了市领导高度重视,市委、市政府把"大学的城市,城市的大学"的提法概括为目标更清晰的大学校区、城区、科技园区"三区联动,融合发展"的口号,作为行动指南。市委、市政府专门成立了以市领导为首的领导小组,指定杨浦区政府和瑞安公司成立合资公司,作为全市"科教兴市"第一个落地的大项目,市里调集全市资源支持这个项目。这个开发项目占地八十四公顷,规划建筑面积一百万平方米,作为"中央社区",辐射杨浦区十平方公里的创新型城区。合资企业最初起名"杨浦大学城公司",后来更名为"杨浦知识创新区投资发展公司"。瑞安公司按市里要求也起了名字"创智天地",意喻智慧与创新。市里把唯一的"大学路"街道命名给了创智天地。

2003年上海全力抗击非典时期,在市委、市政府和杨浦区的全力支持下,罗康瑞毫不犹豫地按时开工建设,标志着上海开启了由"三来一补"(指来料加工、来样加工、来件装配和补偿贸易)低端加工业时代向具有原创力的"知识型经济"

转变的新时代。这个项目对上海意义重大，但对罗康瑞的瑞安公司则是一个艰难的过程，几番周折，历经坎坷，其事之难在后文再表。

罗康瑞在千难万险中有如此定力，得益于他不但是个实干家，还是个战略思考者，能高瞻远瞩，不畏浮云遮望眼。他总是把公司的前途放到整个上海城市发展的大局中思考，说他是当代上海城市化进程中有过重大贡献的"战略谋划师"，一点也不夸张不过分。

例如，当太平桥人工湖公园建成对外开放后，罗康瑞出了个新点子，每年在人工湖公园举办全市性的倒计时迎新年晚会，让工作生活在上海的外国人和上海市民共同参与，让人与人互动，西方文化与东方文化互动，培育城市公共空间文化，提升上海的国际化程度。上海要发展成为国际经济中心，而国际经济中心城市也一定是国际文化中心，富裕起来的中国拿什么与世界对话，拿金钱吗？不是！唯有东方的思想和文明，这事总得有人去做，不能事事由政府包揽，企业家要有一份社会责任担当，罗康瑞用自己企业的资源为上海文明进步做了点实实在在的事。2002年12月31日岁末之夜，首届"新天地倒计时迎新年"大型活动经过瑞安与市区二级政府的合作，终于成功举办。八千人齐聚太平桥人工湖畔，各国驻沪领事馆、跨国公司代表，以及许多生活在上海的外国人与市民齐数"三，二，一"迎接2003年零点到来。瑞安每年要为"倒计时迎新年"活动投入近千万元的资金，这项大型活动成为上海年轻人在每年岁末之夜最开心的日子，成为上海市民的节日和城市的新文化。

上海不断进步，城市越来越漂亮，城市价值从房价上体现出来，直追纽约、东京、香港地区的房价，从2003年到2013年的十年间，房价飙升，这让许多低收入者望房兴叹，中央政府很着急，几乎隔年就宏观调控一次，控制房价。2006年，罗康瑞主动出钱找专家写了一份调研建议报告，送交北京，提供了他的看法，认为中国从"福利分房"到市场化的"商品房"是一大进步，但香港地区的经验教训证明，老百姓住房不能全部交给市场，低收入的老百姓是买不起房的，不利于社会安定。政府用控制房价的办法来阻止房价上涨的路缺乏支撑，应该一面放开"商品房"市场，一面为低收入人群提供廉租房，为刚上班的年轻人提供经济适用房，采取两条腿走路，既可以维护社会稳定又能激发市场活力。这个建议引起了北京的高度重视。2007年8月，国家出台了"住房保障"新政策，用以解决城市低收入家庭住房困难，逐步建立和完善了住房保障体制。

五

虹桥商务区紧临虹桥综合交通枢纽，占地面积达八十六平方公里，虹桥商务区有望成为长江三角洲一体化发展的中央商务区。浦西的"大虹桥"与浦东新区的"自由贸易区"已成为上海发展成卓越全球城市的两大引擎。但是，很少有人知道，"虹桥商务区"这个战略构想最早是出自罗康瑞的建议。

让我们把历史倒回到2004年，上海当时的城市化正以惊人速度追赶西方发达国家，上海周边的大城小城谁也没闲着，长江三角洲冲积平原上崛起了一片又一片城市群。夜幕降临，当人们从虹桥机场乘坐飞机升空，从飞机舷窗望下去，脚下和远处呈现一片灯光璀璨的新景观，二十年前从空中俯瞰大地一片漆黑的景象已成历史，这样的夜景过去只有飞过日本东京和中国香港地区上空才能一见。

毗邻上海的苏、浙、皖城市对虹桥机场的依赖度日益增长。上海在2004年决定扩建虹桥机场，增加一条跑道和建设新的航站楼。航空公司的竞争对手高速铁路也在快马扬鞭，铁道部决定把上海高铁站建在新扩建的虹桥机场边，合并成为交通枢纽站，市政府还计划在浦东和虹桥两大机场之间铺设一条时速更快的磁悬浮列车快速换乘线，并配置了地铁十号线及长途汽车客运线，形成了世界独一无二的综合交通枢纽。规划设计的日均客运量为一百零七万人次。

这个庞大的综合交通枢纽占地约二十八点六平方公里，这则消息引起了罗康瑞关注，他联想到日本东京、德国法兰克福交通枢纽型的商业商务区，他感到这个全球最大的虹桥综合交通枢纽有"戏"，仅仅作为城市间的换乘枢纽太可惜了。2005年，他自己掏钱邀请了美国哈佛大学专门从事城市竞争力研究的专家恩莱特教授，花了两个月时间，做了一个虹桥枢纽商务区的概念规划。这个建议报告最初是送给闵行区政府的，因为虹桥机场扩建跑道占用的土地范围主要属于闵行区。恩莱特教授在闵行区政府会议室向十来位区政府领导干部汇报这个奇思妙想的概念规划，规划的亮点之一是把高铁站设计为地下车站，而不是一座地面车站。高铁若从地面进入虹桥站，铁轨如同一把裁纸刀，将把大虹桥区域的土地切成两半，如同把一块做大衣的料子裁成两块，只能做上装了。若高铁站设在地下，现代化的各类扶手电梯、直达电梯足以解决旅客出站和换乘问题，地下车站上方的土地就可以省出来建成办公楼和商场，成为一个独特的枢纽型商务区。旅客拖着拉杆箱，乘着自动扶梯直达地面，一出站就是商务商业区和生活社区，也可以转飞机去国内外各个城市。这个极富想象力的概念规划不但可以高效地利用交通枢纽的土地资源，更大的价值在于改变了上海单中心城市形态，向国际流行的多中心城市形态转型，形成人民广场、浦东新区和虹桥新区三个中心，一举缓解上海中心城区交通拥堵、空气污染问题。虹桥交通枢纽既然为长江三角洲城市群服务，也有可能成为长三角城市群的中央商务区。恩莱特教授讲完后足足有一分钟全场静默，然后爆发出热烈掌声。区长解释道：我们刚才是被震撼得说不出话了，这个构思简直太棒了。当场表态说，这个规划不仅是做给我们闵行区的，也是给上海市政府做的，因为这个规划构想涉及国家铁道部、科技部（磁悬浮列车归科技部管），我们闵行是协调不了的。第二天，这份虹桥商务区的概念规划送到了市里面，后来成为上海城市发展的重大战略决策。

这是虹桥商务区构想的起源和雏形。后来，这个虹桥商务区规划在方方面面的部门参与和多次修订下，"梦"越做越大，商务区面积扩大到八十六平方公里。可惜的是地下车站的建议因种种原因未被采纳。2010 年，虹桥商务区详细规划获批准，虹桥商务区开始土地招标，瑞安是第一家投标的境外企业，并且拿到了第一块紧贴高铁站的地块，取名"虹桥天地"。接着，万科、龙湖等知名开发商纷纷投标入驻。

新的虹桥枢纽周边原来是机场安全区，只长野草不住人，加上飞机轰鸣的噪声，方圆十几公里没有高档住宅区，只有外来人口自建的民房。商务区基础建设刚刚启动，公交不通，地铁没站点，市场头脑发达的开发商拿到了地块，基本按兵不动，静等这片区域慢慢"热"起来。唯有"理想主义"者罗康瑞一马当先，第一个破土动工，建造办公楼、商场、五星级酒店和演艺展览楼。

羊群需要个"领头羊"，瑞安先走一步了，然而一些开发商仍抱以观望的态度，等着"上海姑爷"把人气做热了再开工。瑞安的主动和热情态度受到了虹桥商务区管委会高度赞扬，当然给予的支持力度也相当大。

"虹桥新天地"的位置优越，地处国家会展中心和虹桥高铁站之间，通过二楼和地下连廊可以直接与高铁站和机场候机楼相连，在管委会和机场集团的支持下，设立了首个远程值机系统，旅客可以在"虹桥天地"商场直接托运行李拿到登机牌，轻松地逛商场，或在咖啡馆、餐厅聊天休息，成为长三角许多城市的公司业务员往来上海的"会客厅"。他们与上海的企业相约在"虹桥天地"碰头，双方乘坐高铁或飞机抵达虹桥枢纽站，借"虹桥天地"的咖啡座洽谈生意，当天就可返回自己的城市，也可在宾馆小住办理商务，甚至开个董事会，大大提高了公司办事效率，降低了商务成本，吸引了许多公司在"虹桥天地"

设立"窗口"公司和办事处，办公楼和商场出租率迅速达到百分之九十以上。

其他开发商看到"虹桥天地"的人气日渐兴旺，生怕落后，纷纷开工建设住宅、商场和办公楼。

罗康瑞做事从来不是只顾埋头拉车，还要抬头看路。他站高远眺，从世界经济格局的变化来看上海的战略布局，随着百姓消费能力不断跃升，用本国土地资源、水资源替发达国家做加工基地的这一页历史翻过去了，上海将以竞争者的角色出现在世界舞台上，但国际竞争的新趋势不是单个城市，而是区域城市群。上海必须与长江三角洲的江、浙、皖三省联合形成世界第六大城市群，参与全球的竞争与合作。而"大虹桥"将成为世界级城市群的中央商务区。为此，罗康瑞2011年组织国内外专家做了《把虹桥商务区建设成面向世界，服务长三角的CBD——虹桥商务区开发定位研究》和《虹桥：中国新的全球枢纽》的战略性建议报告提交给上海市委、市政府领导。

罗康瑞不但是"大虹桥"发展战略的首创者，也是持续推动者。

六

2006年至2010年，瑞安公司发展的轨迹好似坐了一回"过山车"。瑞安像中国所有的企业那样，融入世界的经济全球化大潮，潮起潮落，浪尖浪谷，不管你愿意不愿意，不跟上还不行。

瑞安地产公司2006年在香港联交所上市了，钱潮水般地涌来，责任随之而到，瑞安身不由己地开始为全体股东利益"打工"。新天地是一个创新的作品，创智天地也是一个创新的作品，罗康瑞总是希望自己公司做的每一个项目是一个流芳百世的作品，而不只是赚钱。他坚信市场是公平、公正衡量优劣的尺子，好作品自然会赚钱。

创新意味着冒险，游走在成功与失败的边缘。上海新天地的运气实在太好，运气是合适的时间、合适的地点出现了你！但好花不常开，好运不常在。创智天地的诞生却时运不济、命运多舛，2003年开工建设遇上非典，2006年项目第一期竣工后，大学路得不到周边十四所大学的教授、学生们青睐，创业创新不是年轻人和他们父母的人生目标，人们向往去高收入的外资企业和工作稳定的政府部门上班。大学还是那个大学，围墙铁桶似的纹丝不动，教授们专心做学问，追求学术论文刊登率。创智天地被许多人误解为一个房地产项目，就连瑞安公司内部的招商总经理也是按照新天地的概念在招商，创业与创新停留在口号上，校区、城区与科技园区"三区融合，联动发展"好似大象屁股推不动。大学路上门可罗雀，商店开业三个月只好关门走人。

罗康瑞带领瑞安团队在咬牙坚持，但上市公司的股东们不答应，他们最害怕风险，也是最没耐心的，他们每年只看财务报表，看投资回报，是鸡就要下蛋，不下蛋的鸡赶紧宰了卖钱，没工夫陪你耗时间搞创新，没有可观的回报立马抽走资金转投其他公司。

瑞安地产的股票行情连连下挫，罗康瑞初心不改，留下来的股东都是信任他的"铁杆"。

困难没有压垮罗康瑞，反而让他为这个老工业基地如何转型为创新型城区想得更多，有更多的事需要他去做。"不问收获，但问耕耘"，受中华优秀传统文化浸染深厚的罗康瑞依旧坦然，继续走自己的路。他坚信，不停地耕耘，总会有收获的那一天。

一方面，瑞安派人北上京城求教于中国科技创新先行者中关村、清华科技园区，南下深圳、台北地区新竹科技园考察取经，照镜子找差距。另一方面，对标美国硅谷、法国巴黎左岸创新文化，这也是罗康瑞紧盯的目标。他与美国硅谷所在地的旧金山湾区委员会牵手，建立紧密的伙伴关系。湾区委员会是旧金山市海湾地区的企业联合会，而这个美国企业家协会早就有意与中国长江三角洲开展合作。美方的战略目标志存高远，认为区域之间的竞争与合作将是二十一世纪必然大趋势。罗康瑞先生早在1996年为配合中央政府提出的上海带动长江经济带发展的国家战略，组建了"长江开发沪港促进会"，担任了创会会长，时任上海市长徐匡迪和香港特首董建华分别担任促进会名誉理事长。中国长江开发促进会与美国旧金山湾区委员会开始了区域合作，成果很快显现，湾区委员会把硅谷银行董事长Ken Wilcox（中文名魏高思）介绍给罗康瑞认识，罗康瑞把美国硅谷银行带进了上海，硅谷银行带来的是风险投资原创型小

罗康瑞推动中国长三角地区与美国旧金山湾区的区域合作。2007年中美双方签署合作备忘录，杨浦区区长宗明和美国湾区委员会总裁吉姆·旺德曼签字。后排左起第四位是吴家玮教授，第五位是罗康瑞。

企业的先进理念。在罗康瑞和杨浦区领导的共同推动下，在上海市委领导的支持下，硅谷银行与上海浦东发展银行合作，落户在杨浦区。一花引来百花开，一批国际国内的风险投资基金如雨后春笋般地在黄浦江两岸冒出来，为原创型小企业提供风险投资资金，大大改善了杨浦区和上海的创新土壤环境。

上海在向创新型城市的发展进程中，罗康瑞是立下汗马功劳的，他很清楚没有整个城市创新土壤的改变，自己公司的创智天地项目也不可能成功，这是大河满了小河流的简单道理。

2007年,正当罗康瑞为上海和自己公司业务忙碌的时候,意外地收到了美国法院的传票,起诉他的竟是口口声声称他为"朋友"的特朗普。没错,就是后来当选美国总统的唐纳德·特朗普。

此话还得从1994年说起,当时美国房地产大萧条,唐纳德·特朗普正深陷泥潭,濒临破产。他在曼哈顿西边拥有一块七十七英亩的土地,是以前的铁路地块,被抵押给美国大通银行,并为该笔贷款做个人担保。银行没有收回土地,也没有要他赔保,但鼓励有兴趣的买家直接与特朗普洽谈买他的这块地和承担他的债务。由于他在美国房地产业界口碑不佳,常干过河拆桥的事,所以无人接盘。特朗普只好将目光转向了"亚洲四小龙"之一的香港地区,兜兜转转找到了香港新世界集团主席郑家纯与瑞安集团主席罗康瑞。罗康瑞和郑家纯为了掌握主动,以买方的身份提出商业谈判地点须放在香港,特朗普虽内心一万个不愿意,但有求于人,没有别的选择,不情愿地登上飞往香港的飞机,希望达成这笔交易以避免破产。

罗、郑二人选择在香港高尔夫球场与特朗普见面。初次谋面,特朗普一上来就想用美国人傲慢的气势镇住对方,占个上风,提出:"你们敢不敢赌球?"罗康瑞和郑家纯对望了一下,回答说:"我们通常赌每洞超过一千美元。"特朗普顿时愣住了,香港地产商赌球下注之高出乎他的意料,隔了一会儿才说:"让我们玩每洞一百美元好了。"

罗康瑞记得球场上特朗普输多赢少,谈判桌上始终处于下风。罗康瑞和郑家纯接管了特朗普两点五亿美元债务，再以九千万美元买下了他的铁路地块，其可建面积为一百万平方米，是当时纽约最大的开发项目。

在其后数年，每次罗康瑞到纽约，特朗普总会邀请他吃饭，并在公开场合说："是罗康瑞救了我！"在最初几年，他还算合作，罗、郑二人甚至同意把纽约发展的项目命名为Trump Place（特朗普广场），但是事实上，他并没有任何股权。

到了2005年，由于纽约地产市道已经连续七年价格上升，罗、郑二人认为是卖出项目的好时机，因此委托了一间物业代理中介寻找买家。这是一个公开的过程，毫无疑问，特朗普也知道这个行动和目的，这个项目最后以十七点六亿美元成交，赚了不少钱。在没有任何事前咨询或沟通的情况下，罗康瑞、郑家纯突然收到特朗普的诉讼传票，称罗、郑二人卖便宜了十亿美元，要求赔偿，但事实是当时其他买家开价十一亿到十三亿美元，而该地块的市场估值也不过十四亿美元，特朗普不需要投入任何资金，也不用做任何事而分享超过五亿美元利润，他还不满足，想要更多。他又开始向媒体散播谣言，指香港投资者是骗子，不诚实及逃税。

罗、郑二人决定不与他和解，陪他打了四年官司，罗、郑二人的律师团提供的各种书面材料将近十七万页。最终法院裁决，特朗普无理取闹，违反契约精神，起诉不予支持，而且还同时裁定，特朗普原本可以早早结算的百分之三十，必须跟已经投资的美国银行大楼一起捆绑，要到2044年才结清。官司纠缠了四年多，特朗普最终完败。

2008年，美国金融风暴卷地而来，股市房市大跌，事实证明罗康瑞在2005年卖出项目是对房地产走势独到的眼光和市场嗅觉，也算运气好。

但这场金融风暴对瑞安公司来说可不是好事，是釜底抽薪式的灾难。2003年至2008年，新天地的品牌效应让瑞安公司进入"井喷式"的扩张期，全国十多个城市邀请瑞安公司去投资开发第二个新天地。2003年，瑞安拿下了重庆市一点四平方公里的土地，分三期开发"重庆天地"项目；2005年，瑞安七十亿元拿下了武汉市长江二桥边最好的地块六十一公顷建设"武汉天地"；2007年，拿下了广东佛山六十六公顷土地，建设中国岭南文化的"佛山岭南天地"项目；同年，瑞安在北方风光秀丽的大连海边拿下了三百公顷土地，开发"大连天地"项目，建设知识创新的开发项目。这么多项目同时在开工建设和规划，每个作品不重样，罗康瑞的公司扩张如火如荼，但此时金融风暴从太平洋东海岸突如其来。美国爆发的金融风暴造成了全球金融机构灾难。瑞安的项目开发资金全部来自境外，恰巧瑞安公司有一笔三点七五亿美元的海外债券到期，一家美国银行原来答应到期可转发新的债券，但金融风暴一发生，银行为了自保就不再为债券转发。虽然瑞安公司账上有超过十亿元，负债率只有百分之二十，但国际金融危机环境中，国家的外汇管制更加严格，三亿多美元一下子调不出去，罗康瑞只好在香港地区想办法解决。一时间，瑞安遇到了来自正面和背后的压力，正面是项目所在城市催着瑞安支付土地批租款，背后是境外资金断供,可谓"腹背受敌"。

瑞安地产公司在扩张走向巅峰的途中,遭遇前所未有的困难。没有秋天的过渡,"严冬"直接来了,瑞安来不及做"过冬"的准备。瑞安公司在"新天地"成功后走得实在太顺了,摊子铺得太大,战线拉得过长。

在灾难面前,罗康瑞保持定力,他是创业起家而不是继承家业的"富二代",在起起落落的商场上已久经历练,他拿出挽狂澜于既倒,扶大厦之将倾的气概,挽救危局。

在公司内部,他召开了一个经理级别以上的管理人员大会,条理清晰地布局应对危机的思路和措施,并郑重表态,公司再困难不裁员,员工不减薪,全场静默了几秒后爆发出雷鸣般的掌声。他简明扼要的讲话极为煽情,让部下重拾自信,升腾起与公司同舟共济的决心。

就在瑞安公司在"缺血"中硬挺的时候,曙光出现了,国家出手了。2008年11月,中央推出了进一步扩大内需、促进经济平稳较快增长的十项措施。2010年的中国已不是1997年亚洲金融危机时的中国,中国是经济全球化的建设者和受益者。随后,股市和楼市恢复生机,蓬勃向上,瑞安公司背靠国家这棵大树遮风挡雨,渡过了难关。历史证明了罗康瑞早在1985年就看好上海的远见卓识。

罗康瑞在上海投资发展事业的三十余年,一路走来,无论顺境还是逆境,他都是看准了方向坚定地往前走。他为人宽厚,总是厚待合作方；他虽胸怀天下，但做人低调。同样是开发商，有的风光了几年就销声匿迹了，有的刚吹的牛还是热的却已经开始忙着到处借钱了，罗康瑞不吭不响把瑞安公司打造成了业界"航空母舰"，上千亿元资产游走如过江之鲫。罗康瑞一直在大步走，不停步。他懂得昨天成功不等于今天自然会成功，今天成功不等于明天也会成功。人要想获得成功就是要干自己没有干过的事，那是挑战，不管成功失败都会提升自己。

做难事必有所得。

七

2010年是个里程碑，中国超越英、法、德成为IMF（国际货币基金组织）第三大股东，2010年中国GDP超过了日本。以上海一座城市为例，高楼总数已达一点七万幢，是东京的三点五倍；2014年，上海户籍人均居住面积已达三十平方米，人均商业面积超过任何一个欧洲国家的城市。世界格局发生百年未遇的大变化，长期以美国主导的单极世界格局向多极世界格局转变。人类社会进入了网络时代。数字经济时代，中国经济发展之迅猛令人瞠目结舌。未来的世界，一国科技的先进与否决定是否能掌控全球财富分配的主导权，而中国科技进步又与中国的城市化进程紧密相关。建设创新型城市成为中国城市化的主流，杨浦区的创智天地和大学路熬过寒冬迎来了春天。创智天地的大学路在2012年之后"火"了，全国各地来参观的政府代表团多起来，邀请瑞安再做一个"创智天地"的城市多了。

罗康瑞和吴家玮教授在2002年送给上海市政府的那份建议报告，之后十年的历史进程证明了他们洞察未来的眼光。

上海的城市化进入追求卓越的全球城市新阶段。

全球城市不是一个孤立的城市，而是城市群，长江三角洲城市一体化发展上升到国家战略层面。早在2006年，美国旧金山湾区委员会就与以罗康瑞为理事长的"长江开发促进会"讨论过未来的全球竞争战略问题，不是城市对城市，而是在城市群与城市群之间展开。

罗康瑞在2005年向上海市政府建议的"虹桥综合交通枢纽商务区"已经完成基础设施建设进入稳步开发阶段，瑞安公司的"虹桥天地"项目2015年竣工全面开业。2017年罗康瑞请国际专家为上海市政府做了一个"虹桥商务区加快推进长三角成为世界级城市群"的建议报告。2018年，罗康瑞又以"长江开发促进会"名义向上海市委、市政府递交了一份《虹桥商务区的调研报告》，报告中提出了具有战略意义的"长三角一体化发展示范区"的概念，提出在江、浙、沪两省一市交界处划一片两千到三千平方公里的土地，建立长三角一体化发展示范区，打破行政区划的壁垒，让生产要素自由流动，区域间互联互通，共建共享。建议书受到上海市委、市政府乃至中央政府的高度重视。

这位"上海姑爷"对上海这么热心，其实对养育过他的故乡——香港，一刻也没忘记，时时关注着香港地区的前途和命运。2015年，罗康瑞担任香港特别行政区贸易发展局主席，这是一个在香港有社会声望和社会活动能力的人才能担任的职位，虽说没有一分钱报酬，只有时间和精力的付出。罗康瑞受命于香港发展困难之际，房价高企，就业率低下，年轻人感到前途迷茫，百姓怨声载道，重振香港雄风的风口在哪里？罗康瑞慧眼识宝，一下抓住了香港参与"一带一路"国家战略的难得机遇。四十多年前，中国刚刚开启国门，世界对这片土地既新鲜又陌生。香港抓住了机遇，成为国家引进国际先进理念、先进技术和资金的重要通道。香港因"通道"效应发展壮大了自己，老百姓的生活也水涨船高。但香港也面临发展压力，失去昔日的辉煌，香港市民深感落差。香港出路何在？还是那句老话：思路决定出路。"一带一路"倡议是中国企业从"引进来"向"走出去"的重大转变，企业走出国门，到人生地不熟的异国他乡发展事业，谈何容易！各国差异很大的政治、经济、宗教、文化是一道道难迈的坎，香港的优势一下显现出来，香港的经济触角遍布全球，香港贸发局在世界各地有四十六个办事处，在"一带一路"国家有很好的人脉，如同亲戚朋友，香港又是国际认可的自由港和金融中心，完全能够成为中国企业、中国文化"走出去"的桥头堡。这个机遇一旦成为全港的共识之时，便是香港经济重新腾飞之日。

罗康瑞说：国际经贸组织计算过，从2016年到2030年的十五年间，全世界基建需求达七十一万亿美元，其中超过一半是在"一带一路"沿线国家的地区，平均一年需求量有三万亿美元，仅靠中国的一国之力是难以承担的，这么庞大的金融数量需要用好香港地区这个平台，汇集全球的金融、人才等各方面资源，对国家、对香港的未来发展都是好事。

凡事要抓关键，疗伤要点在穴位上，让港人和政府官员、企业和有识之士对"一带一路"形成共识是关键"穴位"。在罗康瑞先生的推动下，香港贸发局从2016年开始每年举办一届"一带一路"论坛峰会。首届峰会的参会人数达到两千人，超过一半是国际政界人士和企业家，由于首届峰会办得务实有效，深受大家欢迎，2018年峰会的人数暴涨，高达五千人。罗康瑞在2017年和2018年分别带领香港和上海的企业家、金融家赴越南、泰国、印尼、菲律宾等国家考察，洽谈合作，已经落实了一批项目。

打住，罗康瑞在中国大地上所做的好事说不完。千言万语归为一句话，国家需要时总有他。

1997年，当上海的教育事业缺钱时，他捐款八百万元给同济大学建了研究生楼。

2004年，上海慈善基金会为了帮助贫困家庭组织了"蓝天下的至爱"活动，他捐款两千万元，其中三百万元捐给甘肃省定西贫困山区建了十个希望小学。

2008年5月12日汶川大地震，他闻讯后捐款三千六百万元。

2020年1月，新冠疫情暴发，瑞安第一时间捐款一千万元，听到政府部门说最缺的不是钱，而是医疗物资，罗康瑞立即组织人在海外大量采购紧俏的医疗物资捐给武汉。为尽快复工复产，恢复经济活力，支持政府扶持中小企业，瑞安又主动免除租户租金等费用超过两亿元。

人的一生做一件好事并不难，难的是一辈子做好事，罗康瑞这三十五年做的还不是一般的好事，而是有益于国家富强、社会进步的大事。

人的一生做一件轰轰烈烈的大事已经很不容易了，何况罗康瑞三十五年在上海干成的大事，有的是开创性的，有的是里程碑式的，有的甚至属于划时代的。别以为是他运气太好，抓住了许多机遇发展壮大了自己的事业。纵观罗康瑞在上海三十五年的历史，他抓住的机遇都不是人家白白送上门的，而是自己创造条件争取来的，如同大庆油田王进喜那句名言：有条件要上，没条件创造条件也要上！他表现出的是一名中国企业家的时代主动性。

人类历史的长河，源远流长，奔流不息，时而平滑如镜，时而波澜壮阔。人活在历史长河的哪个阶段，自己是无法选择的。罗康瑞说他有幸活在一个最好的时代，活在中国改革开放、民族复兴的伟大时代，这个时代为他提供了一个广阔的舞台。在这个广阔舞台上，有无数的角色可以选择，有无数的机会，无数的可能。有人选择了跑去发达国家享受人家创造的现代生活，罗康瑞却选择了做"上海姑爷"，选择了与上海一起成长。

在当代上海城市化建设中，罗康瑞又选择了别人没走过的甚至不敢走的路，但在那些曲折细长看不见尽头的小路上，远方却是风光无限，成就辉煌。他知道自己这辈子想要什么，总在坚持他想做的事，无论这条路上有多少棘刺，多少悬崖。

正是由于他义无反顾的坚持，"上海姑爷"在这座国际大都市里留下了可以传世的艺术品，而且不止一件两件，其光芒辉映着他的精彩人生。

"上海姑爷"留给历史一个抹不去的形象：一只矫健的海鸥在海天之间迎风展翅击浪而飞。

第四章

一段视频带来的改变

2002年11月,上海召开高级别企业家咨询会,会议主题是如何把上海建成世界级城市。我当时已在香港瑞安集团,作为罗先生随员出席会议。瑞安集团主席罗康瑞的发言形式出人意料,他上台只做了一个简短的开头:"上海的城市经过十来年的建设,越来越漂亮,这是大家公认的,但上海要成为世界级城市,市民素质的提升已成为政府迫切要解决的问题,我用一段真实的录像来发言,下面请看录像。"说完,他回到座位上与大家一起观看录像。

会场降下一片大幕布,录像一开头出现国际大都市日本东京和法国巴黎地铁站,人们有秩序地排队,先下后上地进出车厢。在熙熙攘攘的大街上,汽车和行人按照交通规则绿灯行,红灯停。东京一个十字路口的行人横道线给大家留下深刻印象，城市的十字路口的横道线一般是四条，呈"口"字形，东京有些繁忙的十字路口，站满了黑压压的人群，马路的横道线在"口"字形里多了"×"，呈"囟"形，当十字路口的交通灯全部显示绿色，行人不但可以直行过马路还可以斜穿过马路，六条横道线大大提高了行人穿越马路的效率。

接下来出现的是上海的画面，在地铁"人民广场"站台上，呈现黑压压的人头，简直是人山人海，拥挤不堪。地铁靠站车门刚开启，站台上的乘客不等车上的人下来，已你争我抢地蜂拥而入，像一堵人墙挡住想下车的乘客，急于下车的乘客拼命往外挤，互相推搡拉扯，乱成了一锅粥……会场上立马爆发出哄堂大笑，有人笑得前仰后合。接着是马路上堵车的镜头，行人不论是红灯还是绿灯，照样在车前车后穿越……还有公园的草坪上，市民无视告示牌，随意踩踏草坪、采摘鲜花，乱扔可乐瓶和纸屑……一阵接一阵的笑声，其实也深深触动了在场所有上海人的心。

我当时正站在会场播映室机房外，维护录像放映不出差错。只见市委警卫处副处长急步冲过来，对着放映组长嚷道："停下，赶紧停掉，谁让你播的，这是丢上海人的脸，出上海人的丑……"放映组长是位女士，顿时脸都吓白了，扭头朝我看。这位副处长认识我，他手指我鼻子："你闯祸了，谁同意你们播这样的录像，坍上海人台。"我正声道："处长，这个录像片是大会秘书处让我们制作的，市领导事先看过，现在突然停播才会出大事呢，你担不起这份责任。"警卫处副处长愣了一下，鉴于我过去的工作经历，他相信我的话不是杜撰的，只好无奈地摇摇头："你没看见外国人笑成那个样子，你们真是的……"

录像播完，会场上的笑声久久没有停歇，大会主席魏思乐拉过话筒，问起在场的上海领导对罗康瑞刚才放的录像有什么回应时，得到的回答是："罗先生因为爱上海爱得太深，才会做出这么好的录像。"

这一精彩的回答赢得了全场热烈掌声。

那是2002年夏天，咨询会的秘书长张沛萍先生来瑞安公司找罗康瑞董事长，董事总经理郑秉泽和我陪同参加会见。张沛萍秘书长开门见山地说明来意，咨询会主题是"如何把上海建成世界级城市"，市里开会认为上海的城市硬件建设发展很快，但市民文明素质跟不上，想听听罗先生有什么好的建议。

罗康瑞先生是上海荣誉市民，他为上海的城市建设出过很多好点子。罗康瑞完全认同市领导提出需要迅速提升市民素质的看法，并给出一个好点子，说香港当年也有乱扔垃圾、公共场合吵架骂脏话等市民素质低下的问题，香港特区政府为了整治这一社会问题，专门做了一个录像片叫"捉毛毛虫"，把市民不文明行为称为可憎的"毛毛虫"，号召市民一齐动手捉讨厌的"毛毛虫"，生动形象，通俗易懂，连孩子也看得明白。全民参与捉虫，谁也不想当"毛毛虫"，录像没有空洞的大道理，但社会效果特别好。上海也可以借鉴香港的经验，做一个录像片，让全市老百姓警醒和觉悟。张秘书长立即表示赞同。罗先生说，我们先做，再送你们大会秘书处审定。

张秘书长走后，罗先生就把这个任务交给了我和他的助理Flora女士，我当时还是公司公关部高级经理。我负责联系上海电视台，安排一个摄制组拍摄上海市民不文明的现象；Flora女士负责联系香港的电视制作公司去法国和日本拍摄录像，然后汇总到香港的电视制作公司，编辑成一个完整的录像片。这个录像片送大会秘书长审阅，几乎没做任何修改，一次"过堂"成功，这才有了咨询会上精彩的一幕。

记得当天会议结束后，我陪罗康瑞回公司途中，凭多年经验我预感上海电视台和东方电视台一定会跟踪报道这件事，提醒罗先生做好接受采访的准备。果不其然，市里面电话通知我，说市领导指示，马上把咨询会上播的录像片送"上海"和"东方"两个电视台，当晚在黄金时段播出。我刚安排完公司同事去送录像片，又接到电话，上海电视台和东方电视台两个新闻摄制组到了新天地，记者建议罗康瑞以新天地为背景接受采访，当晚在新闻频道播出，配合"提升上海市民素质"录像片的播出。从此，罗康瑞的名字走进了上海的千家万户，他不但会创造新天地，还真心诚意关心上海的社会进步。

第二天，《解放日报》头版刊登评论员文章《做可爱的上海人》，进行了为期一周的市民大讨论，此事在社会上影响很大。人们思想上的触动带来了行为上的变化。变化最大的要数地铁车站。上海地铁公司借鉴日本东京地铁站的做法，在每一个车站的乘客上下客处，地面上用不同颜色标注了"先下后上"的指示箭头，扶手电梯旁立了告示牌"请乘客靠右站立，为急需的乘客让出通道"。最有趣的是瑞安广场楼下的淮海中路与黄陂南路交叉的十字路，出现了図字形横道线，这是市交警总队的领导看了电视台播出的录像，借鉴日本东京的做法，在淮海路商业街十字路口进行的一次尝试。这些变化都源自那盘录像片。

很久以前发生的事，有些人已经淡忘了，但那些已经远去的事情是不该被遗忘的，它是上海今日文明进步的足迹。

第五章

请普京总统回"家"吃饭

2001年10月,上海新天地把俄罗斯总统普京一家人请到新开张的壹号楼吃饭,在当时成为一段传奇。至今仍有人在问我,当年你们是怎么做到的?你们不就是一家香港的地产企业吗。这件事,不光在外人眼中是个谜,就连公司内部许多同事也不知其内幕。

2001年,亚洲太平洋经济合作组织(简称APEC)会议在中国举行。上海经历了二十世纪九十年代的大建设,正在大发展,国际名声剧增。中国政府选择在上海举办2001年APEC峰会,可以更好地对外展示中国改革开放的形象和经济发展水平。上海更可以利用此次机会,对外展示和宣传自己。亚太经合组织领导人齐聚上海,这是上海的荣耀,会议召开之日将是上海在全球影响力的高光时刻。

当时，以美国为首的西方国家对中国实施经济制裁，中国非但没有垮掉，反倒愈挫愈勇，一往无前，创造了很多的经济奇迹，国际影响力越来越大，所谓的"制裁"已经名存实亡。APEC第九次领导人非正式会议对上海是个机会，如果能够抓住会议带来的可观商机，将使上海的经济发展跨上一个新台阶。问题是客人来了，上海能拿出什么像样的东西招待客人？有什么令人眼睛一亮的事物让客人欣赏？新天地是上海拿得出手的一件新鲜出炉的作品，它声名鹊起，得到西方国家普遍认可，美国的"城市土地协会"为新天地颁了一个全球卓越大奖，美国著名的哈佛大学把新天地作为教学案例。新天地成为上海城市更新的代表作，上海在城市化初期大拆石库门街坊建高楼，眼看着体现上海城市历史风貌的石库门老房子成片消失之时，最先觉悟的瑞安公司和卢湾区政府共同打造的上海新天地，创造性地运用了开发性保护石库门老房子的做法，成为影响上海乃至全国的历史风貌保护和城市更新的标志性大事件，成为一个历史里程碑，对中国城市发展的路径产生了深刻影响。

所谓创新，就是大家没有见过没有做过的事。为了让上海整个城市的人民尽快接受这一新理念，瑞安公司董事长罗康瑞在市场推广方面提出一个大胆的设想，借助APEC会议的契机，在邀请各个国家和地区领导人访问新天地时，重点邀请美俄两国总统来看新天地。大国元首在上海访问过什么地方，评价如何，一定会引起中国和全世界媒体的关注和报道，对新天地将产生很好的宣传效果。事后证明，APEC会议后，新天地如愿成为"上海城市新地标""上海的一张新名片"。

早在1999年新天地起步之初，罗康瑞就拟订了"人传人"的市场推广计划，邀请国内外有影响力的人来看新天地。罗康瑞的心很大，但瑞安公司很小，知名度不高。

罗康瑞很自信，新天地这个项目对中国城市化有重大意义；新天地招进的租户是亚洲最前卫的文化创意企业，将成为引领上海产业时尚的先驱；新天地作为集聚了近百家世界各地餐饮娱乐型企业的商业场所，开设在中共一大会址周边，这引起了西方国家媒体的高度关注和报道。美国新闻媒体尤为起劲，新天地内一幢古宅改造成商务会所的照片登上了美国《华盛顿邮报》的重要版面，美国有线电视新闻网（CNN）还专访了罗康瑞董事长，采访中甚至还一度讽刺式发问。罗康瑞坦然回答："我现在所做的一切，政府和老百姓都认为是一件好事。"同时，美国记者又访问了中共一大纪念馆馆长，对建筑的规划提出了尖锐的问题。馆长倪兴祥充满自信地回答："新天地是中国改革开放的象征，城市现代化的标志。"新天地在西方国家舆论界成为争相报道的热点，必然会引起外国元首的关注和兴趣。恰逢APEC会议在上海召开，亚太经合组织领导人云集上海，这一切都在为大国元首访问新天地创造舆论环境，邀请大国元首来访的创意并非异想天开，完全有这个可能。但在起步阶段，最终的结果是无法预测的，需要通过我们的奋斗和努力，一步一个脚印实现向往的目标。当时，"天时""地利"的条件已具备，还缺"人和"这个重要元素。瑞安是一家香港公司，而我的工作经历，或许能帮助瑞安拓展相关人脉资源。

成事在天，谋事在人，有志者事竟成，一直是我做事的信条。这事若没有难度，就无法体现我在瑞安的存在价值。我下海时并没套"救生圈"，人事关系全部转到人才交流中心，新天地项目若失败我就失业。命运都捆在一起了，我就如破釜沉舟的过河卒子，再难的事也得去做，不去尝试怎么知道自己行还是不行。我在新闻处工作时接触过众多外宾，其中不乏各国元首，深谙凡是大人物，活动都是被事先安排好的，有人为他安排日程，有人为他安排交通和安全保障。安排领导活动的那个人很重要，一家公司虽然够不着外国元首，但想办法接触到安排元首活动行程的人是有可能的。1998年美国总统克林顿访问上海时，中国外交部和上海市外事办公室拿出了一个克林顿在上海参观访问的建议方案，但美国总统的先遣小组反过来给了中方一个完全不同的克林顿总统在上海访问的计划，事后知道提供意见的是美国驻沪总领馆。可见各国驻沪领事馆对本国元首在上海的访问活动有很大的话语权。

能安排大国元首来看新天地，最有发言权的是三个单位：该国驻沪总领馆、上海市政府外办、APEC会议上海筹备工作办公室。首先要邀请这几个重要单位的各级别人员来看新天地，让他们了解石库门老房子改建对上海城市更新的重大意义。新天地在改造后的石库门"样板房"内，每月举办名人画展，每周举办Party、酒会和各类时尚秀活动。这些活动实质上是推介新天地的平台。本市的政界、商界、新闻界的推广工作进展顺利，唯独接触各国驻沪领馆有难度，瑞安公司市场部向各国驻沪领事馆发出的活动邀请函都石沉大海无反应，估计都被秘书们扔进废纸篓里了，因为各国驻沪领馆不清楚什么是石库门，什么叫"新天地"。

我联系市外办领事处处长，我们曾经并肩为市长的外事接待工作共事过。领事处长说这事儿他很为难，政府不可能为一家企业代转活动邀请函给各国驻沪领馆，那是犯规的。但他给我出主意，可以找找上海对外友好协会，也许他们能帮到我。市对外友协的干部大多是从市外办退下来的老处长、老科长，也是我的熟人。正巧市对外友协在为俄罗斯圣彼得堡一位著名女画家在上海举办个人画展寻找赞助商，我和友协的部长一拍即合，共同策划和支持画展活动。俄罗斯女画家原本希望在上海美术馆举办画展，但她走进整旧如旧后的石库门老房子，原先居民住宅竟然被改造成宽敞的展览场地，中国味十足的房梁立柱、明清家具与咖啡吧、沙发相映成趣，东方文化与欧洲文化在这幢老房子里撞击交汇，比雷同化的展览馆更有文化韵味。女画家一下子被吸引住了，她当场决定把画展放在新天地举办。双方协商画展开幕式细节时，我主动提出，新天地不但赞助场地，再赞助一个丰盛的开幕酒会，并邀请上海的艺术家、收藏家、企业家、银行家出席，把开幕式做成一个两百人规模的高层次聚会。女画家非常感动，她问能为新天地做点什么作为回报。我建议她通过俄罗斯领事馆和上海对外友协邀请上海三十六家领事馆出席开幕式，这是个双赢的提议，女画家一口答应去请俄罗斯驻沪总领馆帮忙。由于女画家的名气大，加上外交对等原则，俄罗斯领馆出面邀请美、英、法、德、日等国驻沪总领事和文化领事，各国领事都要给面子来捧场的。开幕式那天到场总领事特别多，最奇妙的是美国新任驻沪总领事，就职半年还没见过俄罗斯总领事，两国总领事居然在新天地第一次握手，成为开幕酒会上的佳话。上海分管外事工作的副市长也应邀出席了画展开幕式，发表演讲时对新天地改造石库门老房子的创意给予高度评价。各国外交官实地参观后感到惊讶，欧美国家和俄罗斯在二战后重建的城市开始进入更新期，一些城市的中心城区出现衰退和空心化，欧美各国建筑设计师提出，二十一世纪的城市发展方向是城市再生，要激活二十世纪的文化遗产。城市再生是世界性课题，新天地在本质上属于城市再生的成功案例，且案例发生在中国城市化起步不久的上海，引起外交官的好奇和一片赞扬。画展也获得巨大成功，俄罗斯女画家的很多作品被人订购，最大的赢家是新天地。从此，各国总领事经常来新天地喝咖啡、用餐。新天地的名气在各国驻沪领事圈子里传播开来。

做好外国驻沪领事馆的公关很重要，但获得上海市委、市政府领导和相关部门的认可更重要，他们都有安排大国元首访问新天地的发言权。新天地举办的各类活动都会邀请APEC会议上海筹备工作办公室各位负责人、外办各位处长、新闻办各位处长等来看新天地样板房，了解新天地。老石库门街坊改造成新天地的名气在悄然无声地传播、发酵、流行，开始产生意想不到的效果。市政府旅游委陪同法国一家著名杂志女主编参观上海城市规划馆，年轻的女讲解员在介绍上海二十一世纪城市规划时，不假思索地说上海将拆除旧建筑，全部建设崭新的高楼大厦，上海将以全新的面貌呈现给世界。法国女主编听着听着眉头紧锁，耐心听完讲解，很有礼貌地反问："您刚才说上海把城市历史文化建筑拆了，上海不就成了一个没有自己历史的城市了吗？国际经济中心城市一定是国际文化中心。"女

在新天地样板房举办俄罗斯女画家的画展，让俄罗斯驻沪总领事馆了解新天地的新理念。

讲解员顿时脸吓白了，不知如何回答。幸亏市旅游委的一位处长到过新天地，马上做了纠正，并亲自把法国杂志女主编带到新天地样板房参观。女主编参观新天地时显得非常激动，让随行的摄影记者拍了许多照片，她由衷地称赞道："中国已经进步到与我们欧洲差不多了，真的懂得如何保护自己城市的历史文化，回到法国，我们杂志会很好地报道上海的变化。"我当天就把这个情况报告了市政府新闻办。新闻办在市委召开的外宣工作会议上举了新天地引起西方媒体关注的例子，市委领导指示，今后凡外国记者来，都要带他们去看新天地。

邀请市领导和各界人士参观新天地样板房与新天地的整体施工在同步推进。2000年，时任上海市市长的徐匡迪亲率市政府相关部门视察新天地工地,听取罗康瑞的汇报,察看工地并仔细参观了样板房。徐市长对上海老城区汪洋大海般的石库门老房子是拆还是留一直是萦绕于心,没有找到好的办法,这是政府想做但目前还不会做也没钱做的事,让瑞安公司一家香港企业做成了。徐市长慧眼识宝,当场做出一个重要决定:今后凡是中央领导、外国元首、中央各部部长和各省市领导来上海时,都要安排他们看新天地。新天地采用新思路保护城市历史文化的做法,具有推广意义,也可以让国际上了解我们的城市化进入什么新阶段。

一家缺少知名度的企业没有资源直接邀请大国元首来看新天地,但可以通过营造一种"大气候",间接邀请大国元首来新天地,这是中国文化"四两拨千斤"的境界。

10月,APEC领导人非正式会议召开前,俄罗斯总统普京在俄方和中方的共同推荐下,飞抵上海后的第一餐安排在新天地壹号楼,那是他与夫人及两个女儿的家宴。总统的家宴放在新天地而不是在他下榻的五星级大酒店,这样的安排迅速提升了新天地的知名度。其中也有鲜为人知的花絮和故事。

10月19日上午十点,新天地壹号楼突然闯来一大堆人,有中国外交部的、市外办的、中央警卫局的、上海市委警卫处的干部,俄罗斯方面有总统办公室主任和俄罗斯安全部门的人员等,有四十多人,核心人物是俄总统办公室主任。市外办领导通知新天地壹号楼,普京总统的夫人当晚要来用餐,我们心领神会,猜测应该是总统普京本人要来。当时中方推荐了新天

2001年10月19日，俄罗斯总统普京在新天地壹号楼三楼举行家宴。

地壹号楼和两个五星级酒店供俄方选择。中方不能指定俄总统的晚餐放在何处，但可以有倾向性意见，做法是三个用餐点的提前踩点安排顺序上，首先察看新天地的场地。

  中国外交部的人请陪同的卢湾区政府干部向俄方介绍一下新天地。事关重大，那位卢湾区的干部提议，还是让新天地的人自我介绍吧。上海市政府几个部门的干部一齐把目光投向我。为邀请大国元首看新天地整整忙活了两年，就像足球场上大家把球传到了球门口，就差临门一脚了。我当仁不让，大大方方地迎了上去。可话该怎么说，说得不对路，俄总统办公室主任可能拂袖而去。我离俄总统办公室主任只有七八步距离，脑子里突然闪出《三国演义》中曹植"七步诗"的典故，曹植当年七步吟不成一首诗有丧命之险，而我七步想不出打动总统办主任的话有两年努力白费之虑。我们平时向参观的贵宾介绍新天地改造过程要用二十分钟，况且还要译成俄语，估计俄总统办公室主任是没有耐心听完的。要用最简洁的语言把新天地的特色说出来，这句话是什么呢？头脑像马达高速旋转，我走到那位握有决定权的俄罗斯人面前，脑袋里跳出了两句话，头一句是："全世界的五星级宾馆都大同小异，很难表达当地的文化特色。"一句话把去宾馆吃饭的选项给否了。第二句话是："新天地代表了上海的历史文化，到新天地吃饭就是在上海吃饭。"

俄罗斯翻译把我的话似乎还没有全部译完，俄总统办主任一挥手就决定在新天地用餐，提出要亲自看场地。壹号楼是建于1925年的私家大宅，外表是英国式建筑，内部空间是中国式布局，前有庭院后有天井，三层楼面围着内天井形成"口"字形回廊。新天地改造这幢楼时没有动它的整体建筑风格和结构，只是做了加固和全面装修，加入现代生活的独用卫生间、燃气设备、中央空调和电梯。对原来露天的天井加盖了个玻璃棚，不影响采光又保持室内恒温，冬暖夏凉，各楼面通道因此变得明亮。每层楼的房间拆除隔墙做成宽敞的客厅兼餐厅的大空间，既适合大型宴会也适合小型家庭聚会。房间里的家具摆设既有中式的圆桌、明式的扶手椅，又有欧式的壁炉、水晶吊灯、沙发、天鹅绒地毯，墙上挂着欧洲风光的油画，橱柜里摆放着中国古代青花瓷，处处体现着中西文化融合的设计感。一切都处在柔和光影之下，显示着宁静和贵气。每层楼面都在轻轻叩动俄总统办主任的心扉，完全一派温馨的"家"的感觉，安排总统家宴再适合不过了。他看中的是三楼房间布局，更多是从安全角度看问题。三楼里间是VIP包间，外面房间适合安排总统随从人员用餐。接下来总统办主任考虑普京一家人如何上楼的问题，询问有没有电梯。我们告诉他，这老楼当年是没有电梯的，是我们改造后加装的液压式电梯。他上上下下乘了两遍电梯，又问我们是哪个电梯公司安装的，有没有资料。我们回答没有，是我们自己安装的。他说，总统不乘电梯，走楼梯上去，我估计他怕总统被卡在电梯里上不去下不来，那将成为全世界大新闻了。最后他才看菜单，我们给了几套中式和西式的菜单，俄总统办主任最终挑选了一款中式菜单。我们围桌而坐，讨论各种细节。我身边坐着一位俄方的安全人员，一个长得很帅的小伙子。已是秋天，我穿西装，他穿着汗衫，他两手搁在桌上，手臂上三头肌鼓鼓的，胳膊比我的大腿还粗。俄总统办主任说：今晚整幢楼都包场了，问我们什么价格，壹号楼的总经理吴志强愣了一下，忙报了个数字，主任回答："不贵嘛。"

接下来就是俄方人员对整幢楼的安全检测，厨房的厨师和服务人员全部做体检，有关食品安全人员立即进驻厨房，克格勃站在厨师身边，对每道菜制作过程进行全程监控。我后来听厨师说，每道菜俄方派人先尝一口才能装盘，端上餐桌要延时两分钟，伺候总统吃顿饭真不容易呀！

APEC会议是20日开幕，普京总统19日下午专机飞抵上海，入住新锦江宾馆总统套房，新锦江大酒店距新天地壹号楼路程开车大约一刻钟。按照计划普京总统晚八点抵达新天地壹号楼用餐。中、俄外交部门商量后决定：普京总统在新天地壹号楼的晚餐是非官方的私人家宴，中方官方人员一律不参加接待，允许罗康瑞董事长、郑秉泽董事总经理、壹号楼总经理吴志强和我在壹号楼门口迎接普京总统。我们向俄方提出希望记录下这些珍贵的资料，这对我们新天地很重要！俄方外交部、安全部门和总统办主任考虑后，同意新天地安排一个摄影记者和上海电视台一个摄制组在现场拍摄资料片。许多外国记者和香港记者只好坐在壹号楼对面的美式餐厅喝咖啡等消息，他们唯恐漏掉重要新闻。

普京总统很快就出现在位于太仓路的新天地壹号楼门口，罗康瑞先生迎上去向普京和他夫人及两个女儿表示欢迎。看到普京总统并未像电视上西装革履、气宇轩昂的样子，而是很随意地穿了一件便服，我很吃惊。他个头不高，但很结实，像个足球运动员。他的前后左右簇拥着安全人员，小伙子们皆高过他半个头。但大国元首的气场就是不一样，目光炯炯有神，令人肃然起敬。总统办主任上前请示，可否允许摄影师和电视台摄制组拍摄资料片。普京总统摇手，解释说他和夫人是公众人物，拍摄他俩没有问题，但今晚有两个女儿在场，她们从来不在媒体上露脸的，否则就无法像平常人一样上街了。俄方人员特地向我们解释说，俄罗斯发生过车臣恐怖分子绑架人质事件，对总统女儿的保护须更加小心谨慎。我们表示理解，马上撤了摄影师和电视摄制组。普京总统的随行人员中有两位身穿军官服的，手提飞行图囊，我在空军服役过，一眼就认出来了，他们应该是专机驾驶员，随时跟随总统行动。壹号楼门外的整条太仓路全被总统车队的安全人员占了，戒备森严。大国元首动一动，"地动山摇"呀！

普京总统在新天地壹号楼吃饭没有留下照片成为新天地一

第五章 请普京总统回"家"吃饭

普京总统抵达上海当天晚上，携夫人和两个女儿在这间 VIP 房间品尝中国佳肴。

大憾事，当然与总统女儿安全相比也算不了什么，毕竟普京总统的到来本身就是一条大新闻，第二天香港多家报纸报道了此事。

顺便提一句，美国总统布什由于 九一一事件，取消了他在 APEC 会议期间的上海访问的全部行程，应该包括上海新天地。其实，美国人比俄罗斯人对新天地的兴趣更大，单从美国新闻媒体对新天地的关注度和报道远远超过了俄罗斯就可以想象得出。

第六章 上海新天地幕后的故事

上海新天地是国际品牌，2016年美国《福布斯》杂志评全球二十大文化地标，"上海新天地"榜上有名。

国际组织"城市土地协会"2003年颁发给新天地全球卓越大奖，表彰它不但保护了上海历史文化遗产，还带动了区域经济发展。

世界最大的奢侈品集团路易威登总裁到过上海新天地多次，他曾认为世界上有成千上万个城市，但只有四座城市——巴黎、纽约、伦敦、东京引领时尚，其他城市都是跟随时尚。新天地让他改变了看法，他认为上海已经成为引领时尚的第五座城市。

新天地成为上海城市进步的象征,上海的时尚地标,城市的名片。"不到新天地,等于没到过上海"这句话早已写进了国内外旅游团的导游手册。

新天地真正的意义和价值是改变了上海城市的发展走向,从"城市重建"向"城市更新"转型,并由此影响了全中国城市化的发展方向,成为解开城市"同质化"难题的良方。

新天地岂止是改变了一座城市的走向,它还改变了许多人的命运,改变了开发商香港瑞安公司在祖国发展的命运,改变了公司董事长罗康瑞个人的命运,改变了美国人、新天地总设计师本杰明·伍德的命运,也改变了我和许多"瑞安"人的命运。

一、北京来电是改变的开始

历史的转折,有时起因于一个不起眼的偶发事件。新天地的诞生纯属历史的偶然——一个来自北京的电话。但唯物辩证法认为偶然中包含着历史的必然。

1997年,淮海中路南侧"太平桥旧区重建规划"获市政府审批通过后,因亚洲金融危机的到来,无论建住宅或办公楼都是亏的,没有市场,开发商香港瑞安公司计划先从长线投资的宾馆入手来启动整个旧区重建项目。

1998年,北京一个电话打到中共上海市委,告知2001年7月1日中国共产党成立八十周年时,中央领导将来上海瞻仰位于兴业路上的中共一大会址，那是中国共产党诞生之地。当时的中国实行了正确的改革开放国策，摆脱了教条主义的束缚，极大地解放了生产力，正意气风发，迈开大步，走向光辉的明天。中央领导在建党八十周年之际瞻仰一大会址，意义非凡，必将引起世界关注，尤其是以美国为首的西方国家。

上海市委立即布置修缮中共一大会址。一大会址是国家一级博物馆，全国重点文物保护单位。市文物管理委员会（简称市文管会）汇报，一大会址所在的太平桥地区已列入重建规划，将拆除二十三个旧石库门街坊建高楼，一大会址周围的石库门无一幸免，届时，一大会址将陷入高楼大厦"谷底"的尴尬境地。当时，上海改革开放已有十多年，一大会址两旁的石库门里弄还是老样子，实在说不过去。上海市委立即做出决定，一定要保留一大会址前后两个石库门旧街坊，在2001年7月中央领导来瞻仰一大会址之前，把它改造一新，由市文管会来负责监管一大改造工程项目。

市文管会拿着"尚方宝剑"来了，有文管会专家提出了一个让历史建筑"延年益寿"的改造方案，要求开发商香港瑞安公司拆了中共一大会址前后两个石库门街坊的老房子，原模原样复建新石库门房子，放进煤气和抽水马桶等现代生活设施，在市场上作为商品房出售。当时上海新建的公寓房价是三千元一平方米，由于两个街坊容积率不变，一拆一建的成本高达两万元一平方米，市场经济条件下，这种"延年益寿"的改造方式让开发商怎么做？事实上行不通。市文管会内部形不成统一意见，拿不出好办法，犹如驾着小舢板在水边打转转。

以专家教授为主的市文管会成员在会议桌边争论不休，时间毫不留情地一天天飞逝。瑞安公司董事长罗康瑞急了，他等不起，瑞安是企业，时间就是金钱，公司每天的运转是有巨大成本的。而且，离最后期限的2001年7月只有两三年时间，施工需要时间，现在连方向也没有，真的把他逼上绝路，唯有另辟蹊径。

创新常常是被逼出来的，当你觉得无路可走时，也许离创新就不远了。罗康瑞脑海里闪电般跳出一个念头，他经常在欧美国家看到那些城市的百年老街、千年古堡，利用历史建筑开设酒吧、咖啡馆、餐厅，让国内外游客品咖啡、喝红酒、尝美食，感受这座城市的历史和现在。各国的历史建筑不同，美食风味不同，非常吸引游客，人气旺盛，但上海是个空白，石库门街坊为什么不可以这样做呢？中共一大会址前后两个石库门街坊不正是见证上海城市发展历史最佳的地方吗？还是见证中国当代历史的好去处。

但是，灵感毕竟不是令人信服的实施方案，罗康瑞需要"贵人"相助，让灵感落地成为可操作执行的方案。罗康瑞在全球寻找这方面专业人才。在太平洋彼岸的美国波士顿，本杰明·伍德进入他的法眼。罗康瑞特别邀请本杰明·伍德到香港见面，两人一见如故，谈得十分投机。伍德先生说，如果把石库门修复后再住进去，像博物馆一样，只会被历史所淹没。生命在改变，社会在改变，建筑也要改变，一成不变的事物会使人感到乏味，我们不要重复历史，而是创造新的历史，让石库门从私人空间走向公众共享，让更多的人感受石库门文化的过去，参与它的

新天地总设计师本杰明·伍德先生

现在,见证它的未来。我们对石库门改造的做法是在创造另一部历史。这番话很对罗康瑞的心思,虽然他们是第一次见面,一个东方企业家和一个西方建筑师,要让上海平凡的石库门变为不凡。

罗康瑞回到上海,在市文管会、卢湾区政府的联席会议上抛出了一个震撼性的方案,把两个石库门旧街坊改造成一个休闲商业街区。会场上所有的人愣住了,石库门街坊可以采用这种办法改造,闻所未闻。罗康瑞述说时充满激情,列举了国外一些成功案例,这个梦想感染了在场所有的与会者。最终新方案获得了区政府和市文管会绝大多数成员的支持,这个将来会震惊中外的创新项目终于启航了。

北京的一个电话,改变了"太平桥旧区重建规划"实施路线图,罗康瑞和建筑设计师本杰明·伍德的创新思路在盛行的

"旧城区重建"概念规划中砸出了一个"土坑",栽入"城市更新"的新树苗,由此打开了上海"城市更新"的大门,新理念慢慢传播到全国,改变了中国城市化的路线图。应了古代哲人庄子的一句名言:作始也简,将毕也钜。起初是不为人注意的星星之火,结束时已成为燎原之势。

二、组织一支各怀绝技的创新团队

虽然航船有了新的方向,但在亚洲金融危机中是否有运气穿过惊涛骇浪,成功抵达彼岸,仅凭一个优秀的船长是远远不够的,罗康瑞需要招募一支个个身怀绝技的水手团队,而且志同道合,敢于冒险。寻找合适的人才是一项艰辛的工作,要有睿智,慧眼识宝,金子常常被埋没在沙子里。二十世纪九十年代的香港,凡是混得好、小日子过得不错的人才,没人愿意到贫穷落后的内地去工作,还得过"牛郎织女"的生活。越是优秀的人才对生活品质越讲究。罗康瑞后来回忆说:"新天地没有成功前,我找人简直是求他们来上海工作,而且待遇完全不一样,还不肯来。"凡愿来上海新天地创业的香港专业人才,罗先生将支付高于他们在香港已经很高的薪酬,凡愿意带家属一同来上海的,住房和孩子上学等费用,公司全包。单身来工作的每周往返香港探亲的路费由公司支付。罗康瑞求贤若渴,他豁出去了。

罗康瑞"挖"了两个政府官员:一个是美国纽约市规划建设局的技术官员陈建邦(英文名Albert),担任高级经理,负责协调几十名国内外建筑设计师的工作；另一个就是我，同样担任高级经理，主要负责政府和新闻媒体公共关系。

在当时的中国，凡在政府里很有发展前途的干部，没人敢轻言下海，从市政府下海的处长可谓凤毛麟角。记得是1998年8月盛夏，瑞安公司董事总经理郑秉泽约我见面，问我愿不愿意到瑞安公司工作，我毫无思想准备，我说自己长期在政府工作，没有做房地产行业的经验，怕不能胜任。郑总用了一句中国成语：道不同不相为谋。懂不懂房地产专业不重要，我们看了你两年，感到你的为人和做事方式，我们可以在一起共事。他详细介绍了新天地保护性开发上海历史文化遗产石库门里弄的做法，这样一个有挑战性的创新工作对我很有吸引力，我说，我很喜欢，我给你们做顾问吧。郑总正色道，不是顾问，是全身心地彻底下海到公司来，你可以开条件。我说我开不出条件，几十年已经养成思维定式，上级叫干啥就干啥，"向党和人民伸手"提条件属于可耻行为。郑总说，那么我们帮你提条件供你参考：一是高薪，二是身份转为香港居民，三是爱人同时调瑞安公司工作，意味着也是收入提高。人生大事，我回家征求意见，首先我父亲反对，他是个老干部，说共产党的处长去给资本家打工，还是香港的，坚决不同意。后来，新天地一举成名天下知，成为上海新地标，上海市民都想先睹为快，我父亲许多老战友想参观新天地就通过他打电话，让我出面接待，父亲才为我当年的选择感到庆幸，这是后话。我爱人倒是一切听我的，大主意让我拿。当时，我在市政府侨办任新闻文化处长，我去找我的顶头上司说辞职去香港公司的事，市政府侨办袁主任一听就手一挥："辞职下海的事，你想都别想，我是不会批准的。你不但是市侨办新闻文化处长，还兼了《上海侨报》总编，你走了，报纸谁管，我到哪里去找总编？"

1998年的上海，一个行政长官就能卡住本单位人才不能自由流动的历史这一页已经翻过去了。"关键是离开政府下海，自己要想清楚，你这个处长来之不易，十年的奋斗全部归零，而且你在政府很受器重，还有上升空间，下海是没有回头路的。"市政府侨办徐副主任语重心长地劝我。我说我已经想清楚了。在政府部门工作了十几年，我的前半生，十八岁当兵是我父亲为我选择的，三十五岁离开部队回地方工作是我人生第二次选择，是自己决定的。现在我年届四十六岁，离退休还有十四年，后半生又面对一次选择。人生苦短，许多干部不敢下海去陌生的企业，我想挑战一下自己。至于有没有后路，我是过河卒子，没有退路的，倒逼自己只能一往无前。我借用了二十多年前读过的一首诗：问君何所有？无畏即自由；问君何所求？雄心写春秋。瑞安公司的这个项目万一失败，企业破产我失业。但无论成功还是失败，都是一段"春秋史"，把这个过程写出来就是一部好作品，命运可能很惨，但作品很动人！徐副主任说："你有这样的准备，那就勇敢地往前走吧，袁主任那里我帮你去做工作。"就这样，我离开了政府部门，加盟新天地创业团队。

瑞安公司开出的三项条件，我只要了第一项，薪水报酬的高低是对我工作能力的评价。

经过罗康瑞这位"船长"的寻觅和精心挑选，上海新天地项目建筑设计、市场推广、招商租赁、公关宣传、市场调研、营运管理、财务和人力资源管理方方面面的人才相继上任到位。罗康瑞穿梭于香港瑞安总部和上海之间，不仅大主意由他拍板，新天地工程许多细节他也参与很深。日常事务"大总管"是瑞安公司董事总经理郑秉泽，他的才干和能力超群，文化底蕴深，创新能力强，熟悉欧洲文化，在香港教授过中国文学，担任过香港旅游协会宣传部长，在瑞安建筑工程部门有十多年工作经历，是个懂建筑设计、招商、财务、市场推广、公关宣传、营运管理的全才，日后成了上海老洋房"思南公馆"改造项目的创始人。上海新天地的第一任总经理黄瀚泓颇具创新思维，擅长市场推广、招商租赁，曾任香港嘉里集团财务总监，日后成了上海老厂房"八号桥"改造项目的创始人。新天地成功后，上海许多历史建筑改造项目公司都来"挖"有过参与新天地建设经历的人才，新天地创新团队实际上成为上海培训历史建筑更新的"黄埔军校"。我完全是个外行，走进这所"黄埔军校"成为独当一面的主管，还有很多关卡要过。

从政府机关下海到一家香港公司，首先要过"语言关"，公司内部来往邮件、罗康瑞董事长的批示都是英文的，管理层开会时而用英语时而用广东话，因为管理层除我一个人是上海人，其他都是香港人。最初，公司管理层开会为我一个人大家讲国语，但许多香港同事用国语表达时很吃力，后来只好让我迁就大多数人，开会用英语或广东话，我能听懂一些但开不了口，广东话叫"识听唔识讲"，听大家发言时，只能抓住几个关键词，连蒙带猜地理解会议内容，用国语回答大家的提问。所以，瑞安管理层开会就不停地用国语、英语，粤语三种语言转换"频道"。我平时除了恶补很差的英文，让一位欧洲留学回来的同事Amy Zhang每天上班第一个小时来我办公室练习英语对话，还抽业余时间掏钱去培训中心学习说粤语。

　　说实话，刚到瑞安公司时，我还真不明白罗康瑞他们为何这么看中我。我的办公室离董事长、总经理办公室比较近，方便随叫随到。我和新招聘的秘书Tracy小姐两人就算是新天地"公关宣传部"的创始人了。上班第一个月，公司几乎没安排我具体工作，只让我熟悉情况，专门送来一本砖头厚的、关于二十一世纪上海的学术专著，让我看书。每月拿着高于之前七倍的工资，没有具体工作可干，内心不由发毛，我开始眼观六路耳听八方，自己给自己找事做。我发现公司有件事没人去做，可能大家还没想到，但很重要！本杰明·伍德说新天地在创造石库门另一部历史，但没人做历史记录和资料积累的事，人们都兴奋于创新的事情，那我就做一个跟在他们后面"捡苞谷"的，记录历史的"小事"。我写出了第一份给公司的建议：新天地是在创造历史，虽然工地上是一片空无一人的石库门破旧房子，但两年半后将华丽转身为休闲时尚商业街区，我们应该从现在就开始从文字、图片、录像三方面来记录这个创造历史的过程，就像科普片记录一棵苗从发芽到长大成树的全过程，将来必有大用，例如，为新闻媒体提供资料、办展览、出画册等。现在不抓紧找人拍摄那些破旧房子，将永远失去机会了。郑秉泽总经理慧眼识宝，当天就以"命令"的形式要求全公司各部门把各自已经拍摄的新天地相关照片和文字送公关宣传部，公司专门设立新天地档案室，并设主任职位一名，让我马上招聘一名

建筑师拍摄的石库门旧弄堂的照片

档案主任,并组织一支摄影家队伍和由一林广告公司牵头的电视摄制组,成员是来自上海电视台纪录片频道的老资历编辑和摄像师。几年下来,新天地档案室积累了两万多张照片、几千小时的录像带和大量的文字记载。后来,真的派了大用处,中央电视台来拍专题片,遇上连续阴雨天,新天地的外摆座位上空无一人,冷冷清清,但公关部的仓库里有春夏秋冬四季新天地人气鼎盛的录像素材片,让中央电视台摄制组兴奋不已。

罗康瑞、郑秉泽也许看中的正是我乐于"自找麻烦"的敬业和创新精神。这一能力还得感谢市政府办公厅的工作经历,上海夜间电话房和上海广播电台的交通信息台就是市政府办公厅新闻处在施惠群副秘书长带领下创意和建立的,我是经历者和参与者之一。

这是建筑师在电脑上构思的画面，在历史建筑里面放进现代时尚生活。

一个月后，工作压力就来了，郑总交给我一份罗董事长亲自列的工作清单：在2001年中国共产党成立八十周年时，要请江泽民总书记来看新天地；在同年10月的APEC会议期间，要请到美国总统布什、俄罗斯总统普京等来看新天地。在这两年半时间内首先要请到上海市委、市政府、市人大、市政协主要领导来看新天地，要请到三十六个国家驻沪总领事来看新天地，要请到在沪世界五百强企业高管来看新天地，要请到上海文化艺术界名人、明星来看新天地……这就是瑞安公司一个极其高明的"人传人"推广策略，让那些在社会上有"话语权"的人先来看新天地，日后会在与他的朋友交谈中、演讲中，国内国外的会议上传播新天地的理念和想法。但这个计划当时听上去近乎天方夜谭，今天看来还是浪漫得有点离谱。尽管新天地的项目获得了市领导的充分肯定，但当时的瑞安公司在上海

保留石库门一层"壳"的做法，是掏空建筑内部结构，仅仅保留几面青砖墙。保留的是建筑文化可识别性。老墙不能倒，全靠铁架子支撑着。工程师特别关照搬运铁管的工人们，必须轻手轻脚，小心翼翼，不能碰到老墙，一不小心就会把"文化"撞掉。

没有名气，公司去拜访一些政府部门时，对方会问，你们是浙江省瑞安县的公司吗？我就是在这样的条件背景下，硬是凭个人新闻敏感和公关能力完成了这份天方夜谭式的清单，名单上计划该请的政界、商界、文化界要人基本都到访过新天地，除了美国总统布什因九一一事件在APEC会议期间取消了一切访问活动，没有到访新天地。现在回过头去看，那张"人传人"的清单是让上海、中国和世界上有话语权的人物先来看那棵栽入老城区"土坑"里的新树苗，在传播城市化新理念的同时，确立了瑞安公司在业界的地位和品牌，我也算是新天地创新团队里一名合格的"水手"吧。

来自美国纽约市政府的陈建邦先生表现也十分出色，不但在创建新天地时功勋卓著，而且为设计建设创智天地大学路贡献了他的智慧和创造力。上海市规划局制定《上海市街道设计导则》，陈建邦应邀担任顾问角色，为上海未来的街道规划制定标准，毫不保留地贡献了他的经验，他也是一名身怀绝技的好"水手"。

顺便提一句，新天地成功后，随着上海的生活环境越来越好，瑞安公司香港总部不少人员抢着向罗康瑞董事长申请来上海工作，但过了这个村就没那个店了，那些特殊待遇几年后就结束了。

三、做了一个没有施工图的艺术品

瑞安公司第一次做了一个没有施工图纸的项目。每天早上八点半，几十个来自不同国家的建筑师脚蹬大头皮鞋出现在工地上。工地是居民迁走后留下的石库门旧房子，满地碎砖烂瓦，带钉子的烂木条横七竖八躺在地上，一不留神锈铁钉会扎进脚心。建筑师们胸口挂着照相机从不同角度拍照，简直像一群艺术家搞创作前在现场采风，然后输入电脑，在图片上构思他们的作品，想象新天地的未来应该是什么样。

创作的源泉是什么？是文化记忆。这支创作团队由来自美国、日本、新加坡的建筑师和同济大学城市规划与建筑设计学院的教授组成。美国的本杰明·伍德设计事务所代表了西方文化记忆，新加坡设计事务所代表了东方文化记忆，同济大学罗小未教授（2020年逝世）代表了上海本地文化记忆，瑞安公司作为出资人，带着商业文化记忆，用市场的眼光来检验作品的消费者可接受度。漂亮不能当饭吃，老房子改造后无法营运，房子的生命也就结束了。

瑞安公司的一个金点子，是把这些不同文化背景的建筑师集中在同一楼面工作，让不同的文化记忆天天见面、碰撞、擦出火花，真理常常站在各种意见的交叉点上。两年半后呈现给世界一个不同国籍、不同年龄段的人都能欣赏的作品：中国人走进新天地感到它很国际化，外国人走进新天地感到它很中国化，中老年人走进新天地感到它很怀旧，年轻人走进新天地感到它很时尚。

伟大作品的背后是别人看不见的艰辛，新天地当时是个说不清的项目。说不清才是创新，说得清是复制！因此一向保守的银行不愿为这个前景不明的开发项目贷款，但时间不允许再等银行慢条斯理地"打官腔"，罗康瑞心一横，拿出公司自有资金十四亿元港币去投一个难以盈利的开发项目，又处在亚洲金融危机的经济环境中。十四亿元港币其中一半用于动迁居民，一半用于对石库门进行整旧如旧的彻底改造。

新天地的创作过程是一种解脱苦闷的过程，如果创作者不觉得苦闷，那说明作者没有真正进入状态。建筑师们常常走在路上，坐在车上，甚至在饭桌上、健身房的跑步机上，头脑里一个电光闪过，赶紧找小纸片记下来；常常在难以入眠和梦中突然惊醒，灵感冒出来了，马上跳下床打开台灯写写画画……兴奋、痛苦并快乐着。往往一幢石库门房子刚刚改造翻修完毕，建筑师一觉醒来又有了新的想法，大家都觉得那个主意更好，决定推倒重来，建了拆，拆了再建，反复折腾，直到满意为止。

新天地"步行街"的尺度多宽为合适呢？有的设计师主张维持石库门主弄堂的尺度，弄堂的尺度和空间感是当年很自然地形成的，犹如地里的庄稼，人为地拓宽弄堂的宽度如同拔苗助长，无疑是对历史记忆的不尊重。只有尊重了城市的记忆，才能产生磁铁般的文化感召力和吸引力。有的设计师从商业视角出发，认为应该拓宽弄堂的尺度，如果我们相信新天地建成后能吸引很多消费者，就必须预留大空间，否则会造成步行街拥挤混乱的后果。

设计师不同的观点来自不同的评判标准，一种是文化的，另外一种是商业的，这两个评判标准之间存在平衡和张力。总设计师伍德的想法很另类，他说，尺度是心灵的感受，过大不好，过小也不行，心灵愉悦感是最合适的尺度，能看见对方眼睛是人性化的尺度。你在那里经常看见熟人，你下次还会不由自主地想再来，新天地不只是一个物理空间，它还是个心灵的空间。伍德的评判标准是以人为本的，倒是在文化与商业之间找到某种平衡，得到了大家的认同。能看见对方眼睛的距离，确定为新天地步行街的空间尺度。

经过建筑设计师团队的反复酝酿推敲，决定在两个旧石库门街坊拆除十几幢老房子，做成现在人们看到的步行街和北里、南里两个小广场。将二十多幢石库门老房子内部全部掏空，打通成大空间，内部用钢筋混凝土结构重新构建，赋予建筑新的生命力；外部仅仅保留石库门外墙立面"一层皮"，对旧砖墙注射从德国进口的"护墙膏"药水，这些药水专门用于延长古建筑遗址寿命的，价格昂贵。

为了一个"旧"字，耗资巨大。

把石库门做"旧"比做新的难度高，因为没有前人的经验可参照。内部被掏空的老砖墙不能倒，全靠铁架子固定支撑，工程师特别关照搬运铁管的民工们，一定要小心再小心，一不小心就把"文化"撞掉了，这让施工的农民工难以理解，这些破砖墙在其他工地上，用推土机、挖掘机掀翻推倒司空见惯，怎么到了这里就成了宝贝似的"文化"？新天地不但对旧砖墙十分小心翼翼地保护，还有石库门屋顶上的旧瓦片及弄堂的路口，都是历史文化的一部分，旧瓦片也是一片一片拆下来，挑选出可再利用的旧瓦片，经药水处理后再使用。当然，屋顶上首先铺设两层隔热防潮层，再铺上旧瓦片，恢复历史建筑的外貌。设计师对石库门弄堂的墙面故意保留了一些破损的痕迹，形成"残缺美"。弄堂的地面为了再现历史的逼真感，埋设各种管线后，浇注水泥路面，再铺上青砖，让它慢慢长出青苔，仿佛是二十世纪留下的石库门旧弄堂，而石库门内部都是按照二十一世纪都市生活方式、审美情趣和情感世界量身定制的新空间。

新天地要唤起人们对二十世纪二三十年代老上海的历史文化记忆，让人们走进新天地的石库门弄堂，仿佛回到了二十世纪，但跨进任何一个咖啡馆、餐厅、酒吧和商铺，里面都是二十一世纪的现代生活，门里门外，恍若隔世，一步之遥，穿越时空。

石库门老房子勾起的怀旧情结，包含着一种上海在全世界地位的文化想象，怀旧的背后是期盼上海在百年后的二十一世纪再度辉煌，重新成为亚洲乃至世界的金融、贸易中心。新天地形象地再现了上海人怀旧辉煌历史与憧憬美好明天的内心感受。对这一高尚情感的文化认同，以及由此产生的归属感，让老上海人和新上海人反反复复来新天地消费，百来不厌，这是新天地开业后兴旺了二十年不衰的根本原因。

新天地是上海这座城市里凝固了的艺术品、凝固了的音乐，每天吸引国内外成千上万的人去欣赏它，就像欣赏一场精心编排的交响乐。

四、新天地是如何成为时尚地标的

"新天地"三个字本身只是个符号，每天打广告，广播喊上一遍，别人也只是觉得这个地名气势很大，但缺少文化内涵，很难产生文化认同。唯有把新天地与石库门建筑挂起钩来，因为石库门只属于上海，具有深厚的文化底蕴。但1999年的上海，更多的石库门里是挤着"七十二家房客"，石库门居民巴不得快点逃离石库门，搬进现代化的高楼大厦新公寓，石库门形象在上海人心目中不怎么美好。把局促逼仄的旧屋改造成时尚休闲的步行街区，坐在那里喝咖啡、露天聚餐，会不会画虎不成反类犬？如何才能彻底改变上海人对石库门已经形成的印象。

瑞安公司采用的办法是让上海人重新认识石库门，重回原点再出发。

上海除了历史学家，年轻一点的市民很少有人知道衰败的石库门在历史上曾有过辉煌的时刻。

石库门从它诞生到衰败是一个漫长的百年过程，积淀丰富的文化资源。石库门现在给人的印象是肮脏、贫穷、落后，但它有过光耀世界的巅峰阶段，上海人的"怀旧"情绪都与二十世纪二三十年代上海辉煌的那段历史有关，大有文章可做，新天地项目市场推广定位就是大讲石库门最美好的那段历史。

2000年初，新天地已经把一条老石库门弄堂改造成整旧如旧的样板房。在样板房里举办了"徐元章回眸老上海画展"，展出的几十幅水彩画全部是上海老洋房，画中的老洋房有的已在旧城重建中拆毁了，有的正计划拆除。这位住在宝庆路别墅中的艺术家无奈地用画笔"拯救"上海知名的老洋房，向世人发出振聋发聩的呼吁：救救上海优秀的历史建筑吧！这一声引人反思的警钟是从新天地样板房中发出的，画展开幕式引来的第一批观众是外国驻沪总领馆官员。徐元章住在位于宝庆路上最大的花园洋房里，有五幢风格各异的建筑和一个三千多平方米的大花园，是各国外交官周末聚会的地方。这个画展引起上海许多媒体人和专家学者的关注。

改造后的石库门新天地样板房外表

改造后的石库门新天地样板房内部

保护性开发石库门旧弄堂这件事本身就已惊世骇俗了，石库门里还能举办小型画展，让人惊叹不已，而且画展的内容与"保护上海石库门建筑"实际成果交相辉映，这是一条好新闻，

已故著名艺术家陈逸飞（中间讲话者）2000年在新天地样板房举办"穿越文化"时装秀

上海各大主流媒体纷纷做了报道。

新天地又邀请了著名音乐家陈钢来开音乐会。陈钢先生是小提琴协奏曲《梁山伯与祝英台》的作曲者之一，是二十世纪三十年代上海著名音乐家陈歌辛之子。音乐会的主题是"父亲与我——陈钢回顾演奏会"，上海人耳熟能详的怀旧金曲《玫瑰玫瑰我爱你》《夜上海》《蔷薇处处开》等都是陈钢父亲陈歌辛的作品。陈钢在优美流畅的音乐声中话说历史，两代作曲家分别在抗日战争时期和"文革"时期的人生经历与不幸遭遇，打动了现场无数人的感情。陈钢先生说，这些怀旧老歌在上海重新唱响，反映了上海"包容"的海派文化重新回到人民中间。

新天地不但组织"怀旧"基调的画展、音乐会，知名作家

一百零八位世界小姐站在新天地北里广场上,她们脚下是一百零八块签名"红砖"拼就的石库门图形。她们正对着摄影记者们大声喊:"我爱上海,我爱新天地!"

谈"张爱玲小说"、探讨昆曲的创新之路,还邀请了著名艺术家陈逸飞组织一场特别的时装秀,安排模特身穿白色衣裙梦幻般地穿梭于石库门弄堂的门里门外,仿佛穿越了两个世纪,开创了"穿越剧"新潮风气,让人大开眼界,非常形象地解读了新天地"昨天,明天,相会在今天"的开发项目灵魂内涵。当时许多观众以为艺术家在挥洒怀旧情绪,展现唯美主义,其实,陈逸飞在呼唤一种尊重历史、开创未来的文化态度。

世界小姐环球大赛"全球推广"巡游活动到了上海,五大洲一百零八名佳丽吸引了上海市民目光,备受娱乐媒体关注。主办单位的眼界很特别,他们不愿把活动放在五星级豪华宾馆里做推广,因为全世界的宾馆都差不多,难以表现城市特色,新天地马上去游说活动主办方,介绍石库门建筑代表了上海的海派文化。主办方看完新天地立即做出决定，策划了一场"世界小姐走进新天地，美丽的眼睛看上海"活动。安排各种肤色的美女穿越石库门弄堂，欣赏石库门天井、客堂间，坐太师椅、品中国茶，让现代的选美时尚与上海历史建筑跨界融合。新天地特别邀请了电视台和几乎所有的时尚杂志、报刊摄影记者一百零八人，与一百零八名世界小姐相会在新天地北里小广场，"长枪短炮"的照相机、摄像机不停地闪光，站成弧形的世界小姐各自摆出优雅的姿态。那一刻石库门新天地站在了时尚潮流的尖端。

新天地每周都有各类新奇的时尚活动，密度相当高，让上海年轻的时髦男女时不时就惦记着来新天地逛一圈，他们觉得新天地的时尚度超越淮海路、南京路商业街的店铺。《新民周刊》的记者写道：上海的明星们，当你们走进新天地，不要以为自己还是明星，因为那里大牌的明星太多了！上海的美女们，当你们走进新天地，不要以为自己还是美女，因为那里有更漂亮的美女。

新天地渐渐成为上海的时尚地标，淮海路中央商务区十几幢办公楼里的白领说：时尚不时尚，就看你一星期去几次新天地。新天地成为上海男女青年约会的地点，成为办公楼白领休闲交谈的好去处，成为金领老总宴请贵宾的场所。

新天地成为时尚地标还有其客观原因，浦东是从农田变城市的造城过程，浦西则是再城市化过程，它的初期比较重视改善市民居住条件和商业建设，见缝插针地建住宅和商场，忽视了城市公共空间建设，没有为城市未来发展预留空间。当市民对健康和文化的需求日益增长时，老城区已经没有土地建设城市公共空间了。市民孤独地住在一幢幢大厦中，人与人住得很近，心与心隔得很远，住了几年不知邻居姓啥名谁，甚至见面不打招呼。高楼大厦带来了居住环境的舒适，也带来了"闷"，闷字是心"关"在门里，有了心事去哪里倾诉、宣泄？"闷"让许多人得了抑郁症、老年痴呆。搬离石库门老房子的人开始怀念旧房子老弄堂的种种好处，出现了"住在弄堂怨弄堂，离开弄堂想弄堂"的奇妙心理，滋生一种怀旧心态，越来越多的人自觉地站在怀旧的行列中，这就是石库门新天地的市场。城市建筑的空间格局和尺度大小反映了一个时代千百万人的生活方式和内心向往，新天地的建筑设计师最大的本事是捕捉到了刚刚跨入二十一世纪上海人内心的向往，并为这些内心向往设计了一个个安顿灵魂的"外壳"。当人们走进新天地的那一刻，如同进入美术馆、艺术殿堂，他们看到的每幢建筑是不同历史时期的"西方油画"或"东方水墨画"，每幅画都不重复，还是立体的，可以让人走进画里去欣赏，坐下来慢慢品味。

新天地提供了人与人交往的场所，提出了休闲商业文化的新概念，还是与淮海路、南京路商业街形成差异化的石库门空间，既怀旧又时尚。南京路商业街的餐馆出售的是商品，讲究的是顾客周转率，顾客用餐速度越快，桌面周转次数越多，餐厅营业额越高。新天地出售的是时间和快乐，让人享受人生美好时光，提供的是令人舒适的空间、美味佳肴和高品质服务。人们到了新天地就不能不喝茶，你感觉喝的不仅是茶，一切与创意有关；到了那里就不能不喝酒，你感觉在那里把盏超越了平庸，心情特别愉悦。

新天地开了休闲时尚的先河，紧随着老洋房、老厂房、老仓库，一个又一个的历史建筑被开发成休闲商务空间，成为上海新的商业业态，星罗棋布于浦西老城区。但大家公认新天地是首创者，是上海时尚生活新地标。

五、我们是被逼"疯"的

新天地名扬海内外后，一次罗康瑞先生与上海一位领导干部见面，郑秉泽总经理和我作陪。当那位领导赞扬罗康瑞创意新天地的魄力时，罗康瑞自嘲道："去年，许多人还说我是'疯子'呢。"这位领导反应极快，出语不俗："'疯子'和天才就差一步，你不是'疯子'，是天才！"

我们都笑了起来，郑秉泽先生补充道："这个两年半，我们都被罗先生逼得没法子。他说两年半新天地若做不出来，公司管理层全部去跳黄浦江。罗先生是自己'疯'的，我们这群人是被他逼'疯'的，都是一群'疯子'。"

成功后回想当时的工作状态，才能有这份调侃的好心情，而当时两年半赶工加班加点拼搏时就不是那么轻松了。

一个创新团队的精神状态，对于最终的创新成果具有决定成败的意义。当时新天地的创新团队提出了一句口号："以最浪漫的想法，最严谨的工作，跟着一个'发疯'的老板拼了命干！"

人们做事有四种精神状态：

第一种状态可以称为"被动状态"，一切听主管的指令，让你干啥就干啥，主管没说过的，即便看出问题也不说不做，与己无关。

第二种状态称为"主动状态"，不但做好主管交办的事，还积极主动给主管出主意，提建议，把事情做得更好。

第三种状态称为"激情状态"，全情投入，享受创新。主管让你做"一"，你会创造"二"，甘心自找麻烦，不怕麻烦，把事情做出令人喜出望外的效果。

第四种状态可以称为"疯"的状态，这是做事的最高境界，其行为常常为普通人难以理解，那是一种超凡脱俗的精神状态，是一种自己与自己过不去的追求完美的状态。

人们做事常有一句口头禅叫"差不多"了，是指外表已经像了，能运转起来了，但其实事情的细节都没有做到位。"拼了命干"就是把一个一个细节做到位，不怕辛苦，不怕麻烦，追求尽善尽美。把每个细节做到位是要付出代价的，绞尽脑汁，超时工作，甚至是付出个人健康的代价。当时，从新天地的总管郑秉泽到每个员工在1999年到2001年6月两年半时间，几乎每个晚上每个人都在加班加点做好细节。公司规定下班时间是下午五点半，但没有人离开办公室，大家出去吃个晚饭自觉回办公室加班，晚上九点半了，有些人事情做完了还不好意思离开办公室，当时就是这么个工作氛围。公司许多女员工才二十来岁，年轻漂亮，每天半夜才回家，引起父母的怀疑，不相信上海还会有一家公司持续这么长时间天天加班到半夜的，专程来公司察看女儿是否真的在加班，与她的主管核实情况。当了解到女儿加班是为了一个很有创意的开发项目，能学到许多本领，立即高高兴兴地支持女儿加班，父母每天做了夜宵给女儿好好补补身体。

最辛苦操劳的还是各部门主管，不仅自己的工作做到位，还要以身作则影响员工一起实现百分之百的细节做到位。郑秉泽的秘书夏建萍小姐回忆说，有次她陪郑秉泽加班到半夜十二点半才回家，心想郑总第二天不可能早上八点半上班，人也不是铁打的，晚睡晚起应该正常的吧。凭猜想她睡了个懒觉，上班迟到了十五分钟，一到办公室见郑总已经在办公室打电话了，吓了一大跳，公司规定秘书必须比老板早五分钟上班做好准备，她放下包马上进办公室向郑总道歉，郑秉泽很宽厚地笑笑说：昨晚辛苦你了，没事儿。从此，夏建萍加班再晚，第二天早上八点半必定出现在办公室，并养成了习惯。

郑秉泽的中文和英文功底都比较好，广告公司做的新天地宣传册、宣传片的文字，他都看不上眼，开始他自己动手修改，改到后来失去耐心，改不下去了，就把我叫到办公室，让我来写。我当过市政府新闻官，年轻时喜爱文学，在《上海文学》等期刊上发表过小说、散文，有一些中文功底。新天地第一本市场推广宣传画册的文字最终是由我撰写的，至今记得结束语是这样写的：新天地已设想的，等待你来参与；新天地没想到的，等待你来创造。郑秉泽看了十分满意，难得他非常欣赏地对我竖过两次大拇指。新天地"屋里厢"微型博物馆的文字说明原本是制作公司写的，郑总修改了几次不满意，最后还是让我来写。新天地第一个宣传电视片，是郑秉泽让我通过关系，联系好电视台内部的大编辑室，借用他们的电视片剪辑设备，我陪同郑秉泽和电视台专职剪辑师整整忙了一个通宵才完成的，那天我等于工作了一天一夜二十四个小时。

过度超负荷的工作把我击垮了，那是 2000 年 9 月 30 日的中午。由于第二天是国庆节，医院统统节日放假三天，30 日上午配药的市民特别多，我早上起床就感到腹部疼痛，而且是反射到背部的疼痛，估计是胆囊炎发作了。在徐汇中心医院排队直到中午才轮到我，内科医生一看就说你挂错号了，胆囊炎是外科，但你重新挂号已来不及了，已经中午十二点了，医生们中午就开始放假了，你去挂急诊吧。巧的是那位急诊科医生刚刚接班，他很有耐心，让我去化验血，验血报告出来后，他一看数据马上抓起电话就联系 B 超室。我听到他与 B 超室医生对话，对方说他们所有的设备都关机，准备下班了。急诊科医生很严肃地在电话中说："我这里是个病危的病人，你们务必辛苦一下。" B 超结果出来了，是"胆囊炎引起的胰腺炎"。急诊科医生对我说："你马上打电话让你家属来签字。"我问："签什么字？""病危通知书上签字。"医生一字一顿地说，吓了我一跳。我爱人赶到医院，急诊科医生认真地告诉她我的病情到了"十分凶险"的程度，若刚才不是临时决定挂急诊，这个病在国庆假期拖三天，完全可能转为胆囊炎胰腺炎并发症，基本上就没有抢救的希望了。我爱人一听眼泪就哗哗流下来了，责怪我："你疯啦！为工作，你值得用命去拼吗？你这么干可把我们一家人都抛下了！"

30日的晚上，二十一世纪第一个国庆节的前夜，整个医院除了急诊科医生和护士，人去楼空，包括病房的住院病人。晚上，家属还不让陪夜，病房静悄悄，只有护士来给我换输液瓶，显得还有点人气。

我住院第一个半月，米面不能进，喝水也不允许，所有的生命维持完全靠切开脖子上的动脉血管输营养液。但新天地工程不能停，新天地团队"一个萝卜一个坑"，缺了谁也找不到顶替的人。我的"办公室"挪到了病房，常常是五六个人围着我的病床开会研究工作，时间一长，护士就要进病房"轰"走他们，让我休息。他们走后，我也没闲着，左手背扎着输液针头，右手用大哥大手机给政府部门和新闻媒体打电话，保持着公司与政府和媒体联络不断线。记得2000年10月18日，中国国际旅游交易会在上海展览中心举行，主办单位是中国国家旅游局、上海市政府和中国民航总局，规模空前盛大，正在建设中的新天地花巨资租下了展览中心最好也是最大的展位，制作了新天地的规划模型，罗康瑞董事长从香港专程飞来上海，为新天地项目"站台"。郑秉泽给瑞安聘请的公关公司出了一道难题，一是想方设法让专程来上海为活动剪彩的钱其琛副总理亲临新天地的展位参观，二是第二天在《解放日报》和《文汇报》两个大报的头版上刊登钱其琛副总理在新天地展位的照片。郑秉泽与我通了电话,首先问我病情,然后让我在力所能及的条件下,帮助这家公关公司完成这个任务。领导在开幕式剪彩后按什么路线视察展览中心哪些展位,上海两大报发什么照片,哪里是一家香港企业有可能去左右的?我凭着工作经验判断,中央领导在展览中心察看展位的路线应该是由市政府旅游委策划安排的,中央领导的照片按规定由新华社统发。我就躺在病床上给市旅游委领导打电话,请他帮忙能在安排展位察看路线时,引导中央领导看一看新天地展位,介绍一下新天地。因为几个月前上海市市长视察新天地样板房时曾发过指示:今后凡是中央领导,各省、市、自治区领导来上海,安排他们看新天地,新天地保护性开发城市历史建筑的做法应该让国内外知道。这件事顺理成章地得到了市旅游委的支持。我又给新华社上海分社邬社长打电话,他非常爽气地说,我马上布置下去,让摄影记者到新天地展位去拍照,晚上就统发这张照片。我还不放心,又与《解放日报》和《文汇报》夜班副总编通电话,希望他们能在头版上发新华社统发的照片,两位夜班副总编也都明白新天地项目的重要意义,他们留有余地回答我:"知道了。"最后就是等结果了。

第二天,《解放日报》头版上刊登了钱其琛副总理在开幕式上剪彩的照片,《文汇报》头版上刊登了钱其琛副总理在新天地展位上与罗康瑞热情握手,市委书记黄菊和市长徐匡迪在场的照片。当公司同事把报纸送到我的床头,我如释重负,内心充满了成功的喜悦。一家公司的主管和员工以这样疯狂的态度对待工作,什么人间奇迹创造不出来!

新天地工程是成千上万个优秀细节叠加在一起铸就的作品，是全体人员用心血和生命凝聚起来的结晶，新天地从总管到普通员工为了一个疯狂的梦想，心甘情愿地奉献智慧、奉献精力、奉献健康，形成了一种特别感人的精神，被称为"瑞安精神"。

新天地成功后，全国许多房地产开发商跃跃欲试做了第二个新天地，第三个新天地。上海新天地一直在被模仿，从未被超越。除了许多客观原因外，还缺少一个非常重要的因素，投资者无法让他自己和他的团队处在创新的"疯狂"状态。这是世界上最难的事！

六、神秘的新天地壹号

新天地北里有一幢漂亮的洋楼大宅，门口立了块告示牌"非请勿入"。中国的总理温家宝在市、区领导的簇拥下进去过，俄罗斯总统普京进去过，还在此特别安排了一个家庭聚餐，许多中外政界高官、经常在电视上亮相的明星进去过，于是这幢洋楼便生出了几分神秘感。

这幢三层楼的洋房大宅，对外称新天地壹号，一个符号而已。它的正门在太仓路上，门牌号很吉利，"太仓路一百八十一号"，与上海话"要发要"谐音。它与坐落在兴业路七十六号（原望志路一百零六号）的石库门房子同属一个街坊，都是建于二十世纪二十年代初期。但兴业路七十六号是国

新天地壹号楼是一幢带有欧式阳台的三层小楼，虽经沧桑变迁，岁月磨洗，仍不失大宅公馆的气派。

家一级文物保护单位，中国共产党第一次全国代表大会就在这幢石库门里召开。1921年7月23日，李汉俊（上海共产主义小组发起人之一）借他哥哥李书城的寓所楼下客堂间举行了中国现代史上"开天辟地"的会议。那时，太仓路一百八十一号洋房大宅的主人毛伯庸是个做国际贸易的商人，经营皮货生意。把花园洋房建在成片的石库门群落中，可见这位皮货商人不显山露水的低调。上海政府做出保留保护中共一大会址所在的石库门街坊的规划，保全了这幢洋楼大宅。又由于这幢大宅当年建筑用材讲究，施工质量好，品质上乘，在保留下来的石库门街坊中，它是唯一完整保留的历史建筑，其他石库门房子都被掏空了"内脏"，只留了一张"皮"。新天地壹号只是做了地基加固，每层楼放入中央空调，天井安装玻璃天棚，以保持室内恒温，正午的阳光可以穿过天棚直接照进室内。1956年，这幢大宅的主人毛伯庸先生去世，他的两女一子将大宅以六万元卖给了政府，然后拿着钱各奔前程，分别去了中国香港地区和美国。在之后的四十年中，这幢洋楼大宅逐渐衰败成"七十二家房客"，里面住了三十户居民，以前的花园搭建了一间间"小厨房"。每天早晨，大宅门口摆放着三十只煤球炉和三十只马桶。外墙上各类电线纵横交错，门前空地上到处拉着晾晒衣服的铁丝。1998年，卢湾区政府和香港瑞安公司以十五万元一户的标准动迁了三十户居民，而后对这幢历史建筑进行外立面和结构的修复。瑞安公司对这幢洋楼大宅定位于"商务会所"，找了一位法国室内装潢设计师，投入一千万元做了彻底的装修，每层楼面有了专门洗手间，安装了一部电梯，安排了一个可以提供几十人用餐的大厨房，请来广东厨师做粤菜和上海菜。各层楼面的房间是客厅兼餐厅的布局。室内装饰体现了中西合璧的独特文化，欧式的壁炉、水晶吊灯，天鹅绒地毯上摆放着古朴的中式圆桌或八仙桌、简洁的中国明式扶手椅，玻璃橱柜里各层放置了古代青花瓷瓶、瓷盘，处处透露出中国文化元素符号，也散发着欧洲文化气息，让人感受到中西文化融合，气质高贵，具有一股令人难以抵挡的文化魅力。

这幢改造的新天地壹号能迎来中外元首，全国各省、市、自治区领导，国家各部委领导的原因不是二楼三楼的装潢摆设、美味佳肴，而是底楼大厅放置的"太平桥旧区重建规划"的立体模型。因为有了时任上海市市长徐匡迪的一句指示：凡是有外国元首来上海，有国家领导来上海，各省、市领导来上海，都要安排他们来看新天地。新天地开发性保护历史建筑的做法

1998年，改造前的新天地壹号楼旧模样，居住了三十户居民，楼前有不少违章搭建的"小厨房"。

有全国推广的意义，也让世界各地了解上海的进步。参观新天地整旧如旧的石库门和休闲商业街区，必看壹号楼里"旧区重建规划"模型。五十二公顷的太平桥旧区围绕人工湖公园展开了商务楼区、住宅区、新天地休闲区、大型商业区、国际学校，以及政府配套的两个医院，形成了新的社区规划理念。

新天地壹号底楼是间宽敞的大厅，把原先老房子的客厅和东西厢房的隔层打通，形成一个可容纳百人的大空间，大厅中央放置一个旧区重建规划模型，四壁挂了些画，墙角有扶手椅和茶几，留出的空白是为了突出重点——模型。新天地壹号楼自2000年开始经营，每个月举办一个画家的画展，一年有十二个画家举办画展，二十年没有间断过，保持了新天地壹号的文化气氛和新鲜感。2003年，香港特首董建华携夫人休假到上海，曾在新天地壹号三楼用餐，餐后下楼一眼看中了正对着楼梯的一幅油画《祈祷》，画中是一位白族姑娘双手合十、虔诚祈福。那天晚上，那位年轻的油画家正巧在场。几年后，董特首和夫人再来新天地壹号楼用餐，闲聊时说起那幅《祈祷》的油画，董夫人说，这幅画买对了，挂在董先生办公室，第二天香港股市大涨，一时传为佳话。

新天地壹号楼最大的价值还是对中国城市化的影响。西藏自治区领导参观了新天地保护性开发历史建筑的做法，大加赞赏。半年后，中央电视台报道，拉萨市布达拉宫脚下一片藏民居住的老房子，没有按原计划推平重建，而是采用了现代手法对历史建筑外表整旧如旧，内部安排供水排水系统和保暖设备，深得藏民喜欢，成为拉萨市的一景。

武汉市市长站在"太平桥旧区重建规划"模型前听完我的介绍后，说："你今天的介绍给我留下深刻印象，我们武汉市过去总是把旧城土地切成一块一块批租给不同开发商，结果建出来的东西互相打架，缺乏统一规划，我非常欣赏你们的'社区'开发理念，统一规划，分步开发，我马上要见你们公司董事长罗康瑞，欢迎他到武汉去发展，我给你们最好的优惠条件。"于是，瑞安公司在武汉拿了长江二桥边的地块建了知名的"武汉天地"商务、商业、居住综合体项目。

北京市市长、天津市市长、南京市市长、杭州市委书记、成都市市长、广州市市长、重庆市市长……许多城市的市长看过这个"旧区重建"模型，又看了石库门改造的休闲商业街，欢迎瑞安公司去建"第二个新天地"。于是，瑞安公司有了"重庆天地""佛山岭南天地""大连天地"等开发项目。其他一些城市的盛情邀请，瑞安公司没有答应，是因为人力资源有限，怕贪多嚼不烂，对这些城市不负责任。因为每座城市的历史文化不同，瑞安公司的出品必然不同，而不是像某些开发商，到了每座城市不停地复制同一种模式的高楼，造成全国城市建筑同质化问题。

新天地在全球闻名后，壹号楼的照片刊登在美国《华盛顿邮报》上，被这幢大宅原主人毛伯庸的后代看见了，他们大为惊喜，原以为老房子早就被拆毁了，谁知四十年过去了，这幢老楼还在，竟保护得这么好，就给上海的政府部门写了封信，希望来上海参观一下老宅，并附上他们小时候在老宅生活的旧照为证。这封信转到了瑞安公司公关宣传部，我们回了一封热情的邀请信，毛伯庸两个女儿携家人一行十人分别从美国、中国香港齐聚上海新天地壹号楼，他们一层楼一层楼地参观，不断回忆幼年时的情景，感慨万千。我特别邀请《上海画报》记者陆杰先生用照相机记录了这一历史时刻。毛氏女儿提供了一张她们孩童时坐在门外台阶上的旧照，我请已经白发苍苍的两姐妹坐在原先的位置上再拍一张照片，把两张相隔四十年岁月的照片刊登在《上海画报》上。

新天地建成初期，壹号楼每天宾客盈门，一年统计下来，

左图：毛家姐妹小时候的合影

右图：重回故里，记者在当年毛家姐妹合影之地拍下了这张有意义的纪念照。

大宅的原主人毛伯庸的后代在楼前合影留念

作者（右三）在给毛氏后代介绍太平桥旧区重建规划的模型

仅各省、市、地方政府代表团来参观人数竟达八百批，约两万人次。参观者把新天地开发性保护城市历史文化建筑的理念传播到全国各地，为中国的城市化保护历史遗产立下历史功劳，也成就了瑞安公司自己的品牌。

第六章 上海新天地幕后的故事

第七章

新天地倒计时迎新记事

上海新天地在二十一世纪初闻名于国内外，与之同时出名的还有一年一度的"新天地倒计时迎新活动"。每年12月31日晚上，八千人齐聚太平桥人工湖畔，在沪生活的外国人、港澳台同胞与上海市民汇成人的"湖泊"，围绕人工湖上的巨大舞台。晚上八点，歌手DJ开始热场，十点之后是当红的国际时尚明星登场。台上明星激情表演，台下万千粉丝手中荧光棒摇曳，上下呼应，陪伴着时光脚步送走岁末。新的一年零点来临前，上海市领导、区领导和主办单位之一的瑞安集团主席罗康瑞等贵宾登台，舞台的顶端亮起的巨大数字"十"，男女主持人领着全场八千人有节奏地齐喊"十，九，八……三，二，一"，台上几位贵宾启动按钮，零点钟声响起，顿时烟花腾空，星光灿烂，照亮整个夜晚，人们在贺岁音乐中互相拥抱，祝愿

2005年新天地倒计时晚会，香港乐坛实力唱将谭咏麟和李克勤"左麟右李"组合在晚会上与全场观众互动，把气氛推向高潮。

新的一年好运不断，场面之热烈，令人难以忘怀。

新天地倒计时迎新活动成为上海这座城市辞旧迎新的仪式，瑞安公司每年为此投入的资金高达千万元，这项"烧钱"买快乐的活动持续了整整十年。

文化是一座城市的气质，新天地倒计时迎新活动已成为上海一个文化品牌。每逢年终岁末，上海市民很自然地想起它，想方设法拿到入场券（活动不售票，纯公益性的），各国驻沪领事馆纷纷电话询问市外办领事处，何时可取票。

这个魅力无穷的文化品牌是如何创立的，初衷为何？背后有什么不为人知的内幕故事？

2006年,以"玉兰绽放新天地"为主题,在全场万人倒数中,新的一年零点到来,新天地烟花漫天飞舞。

时间要上溯到2002年初,我当时已从市政府下海到香港瑞安集团担任公关高级经理四年了,参与了上海新天地创立的全过程。有一天,集团主席罗康瑞先生把我叫到他办公室,说他有个浪漫的设想,可否在新建成的太平桥人工湖边每年搞一个类似美国纽约苹果倒计时迎新年的活动,提升上海城市公共空间文化水准。每年临近新年零点,美国纽约市民冒着寒冷,汇集在时代广场,仰望大厦顶楼上亮起的巨大苹果,新年零点来临时它一秒跌落一次,万人跟着倒数"十,九,八……三,二,一",零点钟声撞响,街上的人们拥抱亲吻,互祝新年好运,场面蔚为壮观,成为世界文化品牌。

我说,淮海路上的香港时代广场模仿美国的文化品牌,每年搞一次苹果倒计时迎新活动，每年万人聚集在购物中心大门口，购物者是冲着商品打折而来，大家跟着主持人倒数，零点一到，商场开门，市民争先恐后地冲进去购买打折商品。

罗康瑞摇手说："我要的不是那种以商品促销为目的的倒计时活动，是纯粹社会性活动，是全市性的活动，要借助新天地外国消费者多的优势，把各国驻沪领事和外国企业家请来参加，与上海市民共同迎接新年，最好有市领导亲自来启动按钮，成为全市辞旧迎新的仪式。"

罗康瑞主席是个想法与一般企业家不同的人，做事格局大，高瞻远瞩。

关键在于执行力，要有很强的执行力去把梦想落地，化为现实。罗先生只提一个大胆设想，你去执行时他会要人给人，要钱给钱地支持你，至于怎么做他不过问，只看结果。他拍拍我的肩膀："永平，你行的，你去试试吧。"

董事长如此信任，责任重大又光荣，我答应下来。其实这件事的难度极高，高得让你跳起来够不着。

缺乏政府的支持，很多事情办不成。而且，难在要用一只无形之手调动和组合政府行政资源，关键在于搭准政府的脉搏和需求，寻找最佳结合点。

说服一个个政府部门，你得有站得住脚的理由。我们的"理由"在卢湾区政府层面就碰了"钉子"。政府的理由比我更充分：本区已经有了一个时代广场苹果倒计时活动，主办企业是香港九龙仓集团，凡事得讲个"先来后到"，人家已经做了三年，刚刚做出"人气"，你们瑞安同是香港企业，区政府要一碗水端平。再说一个区搞两个重复的迎新活动，有必要吗？警力不足是最大的问题，每年的12月31日晚上，时代广场门口一万人，几乎动用了区公安局一大半警察，你们人工湖边再加一万人，我们哪顾得过来。尤其人工湖边搞大型活动的风险高，人挤人挤到湖里出人命怎么办。

我解释说，新天地倒计时迎新活动与时代广场商品促销活动是两码事，性质不一样，是为上海做一个文化品牌，其影响力不亚于新天地本身。

当时，新天地品牌正如日中天，是国内外名人政要来上海时的必看之地，给卢湾区增添了很多光彩，区领导稍有动心，便把球踢给了我：若你能说服市政府同意举办这个大型活动，我们卢湾区就配合。

难度提高不止一个级别，区政府估计会吓唬住我。我的性格恰恰是个越有挑战越兴奋的人，借用大庆油田英雄王进喜的一句名言：没有条件，创造条件也要上！

新天地倒计时迎新活动的最大亮点在于让生活在上海的外国人参与，体现国际大都市形象，关键在市政府外事办公室的支持力度。正巧，一天市外办主任杨国强领着外国代表团参观新天地，我趁机"公关"杨主任：上海现在是个国际性城市了，有近十万外国人在上海工作生活，他们希望融入这座城市，甚至圣诞节也不回去了，当中国人欢欢喜喜过年时，外国人却窝在家里。上海目前只有一个中国式迎新年的社会活动，即大年三十晚上龙华寺撞钟迎新年，市政府派出一位分管旅游的副市长亲自去撞钟。作为一个能包容天下的海派文化城市，上海还缺一个国际化的倒计时迎新年活动，新天地想为生活在上海的外国人在辞旧迎新的那刻送去一份感动。

我的话打动了杨主任，他一口答应市外办愿意作为这个创意的主办单位之一，他还为我出主意把市旅游委也拉进来作为主办单位，撞钟迎新是他们组织的大型活动，同样可以请市领导来新天地启动按钮倒计时迎新年。兴奋之余，我无奈地道出了卢湾区政府的难处。杨主任又出主意：这好办，你们联系区政府先起草一个报告送市政府，我们市外办带头签名，再请市旅游委签名，加上瑞安集团资助活动资金，四个主办单位一齐办一个活动，成功率高，市领导会批准的。市一级的大型活动，警力就由市公安局解决，没有问题。

我说我可以马上向卢湾区领导和市旅游委领导汇报，但人微言轻，我的话力度不够。

杨主任笑了："那些领导你都熟的。好吧，我可以帮你打个招呼，主要靠你自己去公关。"

不久之后，卢湾区外办主任主动打电话给我，约我商量如何起草送市政府的新天地倒计时迎新活动报告。杨主任说话算数，他的电话起作用了，区政府一关就算过了。我又趁市旅游委主任姚明宝带着外宾参观新天地之机，向他公关获得支持，市旅游委也成为主办单位。这份报告的措辞反复斟酌,跑各部门盖章,我走马灯似的忙了半个月,总算顺利过关,获得市政府批准,并批转市公安局、消防局等相关部门。

设想终于落地,万里长征迈出了第一步。

走出第一步后我又产生新的联想,索性把这个活动做大做出影响,让东方电视台参与进来转播新天地的迎新活动。东方电视台是"卫视",通过卫星在北京等全国不少城市落地,可产生全国影响。我对台长说:"东方卫视若能转播这场大型活动,其意义是与美国纽约的苹果倒计时迎新活动并驾齐驱,体现上海的国际地位和影响力。"台长被打动了,饶有兴趣地说,关键要看新天地晚会的节目质量,能让电视观众看得下去提升收视率,电视台何乐不为。关键看你们能否请到世界级的明星登台演唱,让上海市民在快乐和兴奋中迎接新年零点到来。

我返回公司向瑞安公司董事总经理郑秉泽汇报,他说了一句:"搞大了,永平啊,你把天捅破了。"

我的心沉了一下,仿佛坠了块石头:搞成了,是上海又一项创新之举;搞砸了,若发生人群踩踏事件,影响恶劣,公司的名誉扫地,甚至产生多米诺骨牌效应,连累到新天地的名声。今后新天地再想申办大型活动,政府就会缺少信任感。

再次感慨自己是过河的卒子,没有退路了。我算是骑在虎背上下不来了。

市外办、市旅游委、卢湾区政府、瑞安集团四家主办单位召开了联席会议，成立了领导班子，对倒计时迎新活动做了详细部署和分工：演唱会的明星邀请、人工湖上搭舞台、电视转播及资金投入由瑞安负责；政府负责邀请各方领导、各国驻沪领馆官员，以及当天湖滨路周边道路的封路和公交车改道的事；市公安局安排警力负责安全保证工作；消防局负责烟花表演的防灾问题。

瑞安公司内部也成立了一个临时工作小组，罗康瑞董事长的助理Flora女士负责联系香港地区有实力的演艺公司，邀请当红的国际歌星和在人工湖上搭舞台，与政府协调邀请市领导和各国市驻沪领事、各国在沪商会会长出席的任务交给我负责，还包括电视转播和新闻报道。

是否有一位副市长出席并同意登台启动倒计时按钮，决定了新天地倒计时活动是否属于全市性大型活动。但当晚分管旅游的副市长要去龙华寺撞钟迎新年，分管外事工作的副市长是否能出席活动，谁也吃不准。杨主任说，他去探探副市长的口风，但不能保证。他让我们自己去邀请，我只好硬着头皮上了。好在我的方案也打动了市领导。闯关成功！

一事顺万事顺，好消息不断传来，台湾地区的TVBS电视台驻上海机构负责人找上门来，他们也想转播新天地倒计时迎新活动。负责人说自己已经把这个活动创意与总部商量了，台长同意与上海同步转播。并称他们已经向上海电视台租了转播车做现场直播，届时将与台湾地区、香港地区的倒计时迎新活动电视画面串起来播，还计划与美国纽约的苹果倒计时组合成一个综合节目，展现一个全球倒计时迎新年的盛况。TVBS电视台女主持人说得激情昂扬，我听得热血沸腾，把上海与纽约、伦敦这些国际大都市的活动并列太带劲了！还考虑什么，一口答应了。

Flora女士曾经是香港交响乐团的艺术总监，文化界人脉广泛，邀请到了2002年当红的华裔国际歌手Coco Lee——李玟小姐。据说她在舞台上唱歌时还有一绝，边唱边扭胯，幅度大，频率高，誉为"电动马达"。谁也没料到这个国际上广受年轻人喜欢的绝技到了中国却成了一个过不去的"坎儿"，这是后话。

为了这个活动的圆满成功，我们团队夜以继日地工作，天天加班加点，晚上九点了，团队许多成员还不好意思下班回家，看看其他人都在加班呢。

愁人知夜长，志士嗟日短，团队成员只觉得时间不够用，日子飞快地到了12月31日。前一天的天空阴阴的，还下了点小雨，但31日早晨突然放晴，太阳露脸了，风吹在脸上也柔和多了，老天给力呀！一切看上去是那么顺利，大家都按捺不住兴奋。倒计时迎新的舞台和金属框架的背景板搭好了，LED的舞台背景框架高达三十五米，宽七十米，整个费用高达四百万元。人工湖的水被抽干，宽大的舞台从湖心岛一直延伸到湖滨路边，然后再放水，呈现水上舞台的效果。舞台正前方布置了两百个座位的VIP观众席。这个围合的VIP席专门装设了暖气喷射口，暖气从四周的围合板和座位底下喷射而出，以抵御岁末最后一个深夜的寒气。每个座位上放了一条毛毯，可以搭在腿上御寒。宽阔的湖滨路成为万人站立的广场，广场与舞台之间放置了齐腰高的隔离栏，隔离栏是一道挡住人潮的堤坝，预防歌迷和追星族的过于冲动。这些都是保证活动完美成功的细节，既让人激情奔放又确保安全的细节。我们总共列出四百二十项细节，每项细节都要几个员工投入精力和时间，以工匠精神去仔细打磨，意味着无数的心血和加班加点抢时间，意味着奉献自己的健康，那真是在玩命地干。

临近活动时间，我安排公关部的同事站在活动现场每个视线最好位置，盯紧了随时向我报告活动进展情况，专门派了一个人协调事先请来的上海摄影家协会的五名专业摄影师，从楼顶到地面的各个角度拍摄留下活动资料，也为各家报纸提供可发表的精美图片。上海广播电台派了主持人在现场进行实况报道，也是我联系安排的，真是做足了文章。我自己坐在TVBS的转播车内，一面观看画面，一面与警方保持热线联络，可谓眼观六路耳听八方，遥控指挥，浑身每个细胞都调动起来了，进入临战状态，随时准备处理突发事件。整整四个小时的晚会，如同万人观看高空走钢丝表演，我们的团队就是那个走钢丝的演员，半点马虎，可能就从高空坠落。正是由于每个细节做到位，晚会全部按计划如流水般的顺畅，直到姜斯宪副市长与各主办单位领导加上明星李玟和钢琴家孔祥东登台启动倒计时按钮为止，我才全身放松下来。因为登台领导太多，按钮只好临时改为拉杆式的长杆，让各位领导能抓到拉杆，象征性地启动按钮。

2002年12月31日，时任上海市副市长姜斯宪（左五）和罗康瑞（右三）、歌手李玟（左二）、钢琴家孔祥东（右一）等嘉宾，与全场上万市民共数三、二、一，迎接新年零点的到来。

当我见到烟花腾空，全场欢腾，我内心暗暗祈祷：天助我也。

待八千名观众慢慢散尽，已是凌晨一点多，我们的团队仍处在兴奋状态，公关部的几位女同事一个个心情激动地朝我走来，主动拥抱我，最后我们几个人抱在了一起，共同庆祝首开成功，为今后每年的倒计时迎新活动来了个"开门红"。

唯一不足的是上海观众还没有与台上歌星互动的文化习惯，李玟在台上唱了两小时，每唱完一支歌，对着台下黑压压的人头问："唱得好听吗，要不要再来一个？"台下鸦雀无声，让她好尴尬。李玟久经沙场，把话筒朝向台下，故意再问："我听不见，你们大声说，要不要我再唱一个？"台下才报以掌声，就是喊不出"再来一个"的话。城市公共文化是需要培育的，国际大都市不能仅有比肩纽约大都市的高楼，还应有市民的文化素养，这正是举办新天地倒计时迎新活动的意义和价值。

新天地倒计时迎新活动从2002年至2011年的十年间，不但没出现过现场事故，更有意思的是老天爷也帮忙，十年的岁末31日没有雨雪天，都是晴天，只能说是"天意"，否则无法解释。记得2004年12月29日、30日都在下雨下雪，我们都捏了一把汗，订购了八千套雨披，到了31日早晨天还是阴沉沉的，上午八点开始云层渐渐变薄，九点太阳从云层中露出笑脸。

当然，新天地倒计时活动也出现过险情，2004年倒计时晚会的歌手是"天王级"明星刘德华，上海的城市文化已由"你演我看"进步到台上台下互动，但还把握不好尺度，有点偏激，有点热情过度，城市文化的进步有过程。刘德华的歌迷们拼命往前拱，舞台与观众之间的铁栅栏几次差点被推倒。虽然武警们在铁栅栏前面组成一道"人墙"，但仍然挡不住歌迷们的狂热。为了近距离接触刘德华，观众甚至向刘德华扔出手中的荧光棒，砸到他身上感觉与明星的"亲密接触"。

我通知后台导演，导演再用耳麦通知刘德华，刘德华就停留在舞台中央唱，果然会场人潮不再起波澜了。

激流险滩就这样闯过去了，这一年的倒计时迎新活动又获得了成功，大家都说"好险"！我事后告诉罗康瑞先生，问他坐在市长身边有没有感觉到那场波澜起伏。他说，VIP包厢里的贵宾们都感觉与往常一样。

铁人王进喜有句名言：井没压力不出油，人没压力轻飘飘。新天地倒计时迎新活动十年如一日不出差错，那是压力压出来的。

原卢湾区的太平桥地区本无湖泊，是在旧区改造中，搬迁了三千八百户居民，拆了几个街坊的破旧房子，人工挖出来的湖。人工湖加百棵大树形成了公园，成为城市公共文化的空间载体，但它需要城市文化内涵和个性，不仅让上海市民和生活在上海的外国人感受到城市的美好，还可以感受到文明的震撼。

这份美好和震撼需要政府、企业和市民共同付出辛勤的劳动，甚至惊心动魄的大胆冒险，只要你认准这样做是为了让这座城市更美好！

第八章

上海大学路创始记

一、大学路的创始

美国西海岸的斯坦福大学出入口有一条University Avenue（大学路），是斯坦福大学的学生和硅谷创业创新人士最喜欢聚会的商业街。斯坦福大学位于美国加州旧金山湾区南部的帕罗奥多市境内，临近世界著名高科技园区硅谷。硅谷是帕罗奥多市至圣何塞市绵延二十五公里的一段谷地，硅谷是研究和生产以硅为基础的半导体芯片的地方。硅谷的诞生最初源于二战后斯坦福大学的校长特曼先生的一个创意，他当时为了解决学校财务危机，向外出租土地建立斯坦福科技园，吸引了

左图：创智天地大学路街头的露天外摆座位是特色，成为创业创新人士最爱的商业街区。

右图：美国斯坦福大学旁的大学路（University Avenue），是大学生和创业人士聚会的场所。

著名的美国柯达公司、通用电气、军火商洛克希德公司入驻，可谓无心插柳柳成荫，斯坦福大学为硅谷的形成和崛起奠定了坚实的基础，培养了众多的高科技公司领导者。特曼先生一定没想到半个世纪之后，小小芯片掌握在谁手里就意味着掌握了全球最大的财富。校长特曼被公认为"硅谷之父"。

中国东海岸的复旦大学校门外也有一条大学路，是上海"青春派"的大学生、从公司跳槽出来的创业者和文艺范儿们最爱的商业街区，它有校园气质，很自由、青春、朝气，充满了理想色彩，市民称它为网红马路，2017年被评为"上海最美的十二条街道"之一。最具活力的创新创业人士喜欢在那里工作、生活和交流聚会。从这片街区走出一家又一家创新型小企业，这是与斯坦福大学的大学路的相同点，不同的是，上海的大学路是从荒芜的老工业基地上凤凰涅槃而来的，是我们这座城市突破思维定式的又一次大胆尝试。

世界上最远的距离是海洋，两条大学路隔着辽阔的太平洋，时差十六小时。那是什么概念？倘若地球能够对穿打个洞的话，兴许两条街穿过地心再拐个弯就能互相打个照面，难怪上海与旧金山早在1980年就结为"友好城市"。

世界上最近的距离是同类，两条大学路都是依托著名大学孕育创新型小企业的摇篮。硅谷的一些小镇孵化出苹果、谷歌、脸谱、罗技、Intuit高科技公司。上海杨浦区的大学路及周边的街区孵化着千余家创新型小企业，它们有的在萌芽，有的已在茁壮成长为大树。斯坦福大学的大学路有百年历史，复旦大学的大学路是2006年才呱呱坠地的，它是中国的大学路弯道超车追赶美国大学路的案例。青春派的创智大学路与成熟老到的硅谷大学路有着密切关系，而"红娘"是香港科技大学创校校长吴家玮。上海的大学路的诞生与三个人的名字连在一起，成为这片街区的深深烙印，他们同为创始人：香港科大创校校长吴家玮、香港瑞安集团主席罗康瑞、原杨浦区委书记陈安杰。

两条大学路的创建与发展反映了中美两国文化上的差异，美国文化崇尚个人英雄主义，中国文化更强调集体主义精神。

二、闯开一条道

2019年，创智天地的大学路迎来了它的高光时刻，国际组织"城市土地协会"（ULI）为它颁发了2019年ULI亚太区卓越大奖，同时也荣获2019年ULI全球卓越奖，表彰它规划和建设了一个邻近大学与办公楼，并连接商业和住宅的活力综合社区，把一个老工业旧区转型成了知识型社区，帮助了杨浦区建设"创新型城区"的定位。

让我们从大学路荣耀光环中悄悄启程，一起走向深邃的历史深处，回到十六年前的2003年。

鲁迅先生有句名言："世上本无路，走的人多了，也就有了路。"复旦大学的东墙本来只有一扇小门，门外没有路，有一条与墙平行的废弃铁路、一个铁路转运仓库和一些居民旧工房。一千多米之外是二十世纪三十年代建造的江湾体育场，曾有"远东第一体育场"的美誉，曾召开过中华民国第六届、第七届全国运动会，后来废弃成为公交停车场和一个个小仓库。校门外是一片破败的景色，很少有教师、学生从这扇校门进出。

罗康瑞先生虽说是潮汕籍的香港人，但对上海情有独钟。香港是他的故乡，并非他的英雄用武之地，市场基本被几个商界大佬瓜分完了。而在内地，尤其长江流域是他施展拳脚的广阔天地，上海新天地就是他在大上海第一个冒险成功的作品，连他的香港前辈李嘉诚都称赞他"后生可畏"。在人们眼里，罗康瑞是个儒雅英俊之人，合体的立领中装令他卓尔不群，但在温文儒雅的外表之下实际上是个勇敢的冒险家，一个不安于平凡，敢于告别成功，一切从头开始的冒险家。他敢冒险但不鲁莽，他的冒险是建立在科学调研基础之上的。成大业者必有高人相助，罗康瑞创立上海新天地时，上天送给他的高人是美国建筑设计师本杰明·伍德。这一次，上天又给他送来了一个高人——香港科技大学创校校长吴家玮。此人是他的老朋友，吴家玮任校长期间，罗康瑞多次出手支助他，捐款一千万元港币，并荣任香港科大的校董会主席。2002年，吴家玮退休了，他有时间去做自己喜欢做的事了。吴家玮应邀担任瑞安公司顾问，受罗康瑞之托对上海城市发展战略开展调研。

吴家玮教授原本是"阿拉上海人"，能说一口地道的上海本地话。吴家玮是个讨人喜欢的科学家，他那迷人的微笑和薄型眼镜后面那双神采奕奕的眼睛给他优雅得体的外表平添了几分活力。他喜欢一身西式便装，背着双肩包，像个年轻小伙子，浑身散发着活泼敏捷，让人错觉他是位艺术家。法国人慧眼识宝，授予科学家吴家玮法国文化艺术骑士勋章。吴教授的家族与上海渊源很深，其外祖父曾在二十世纪初时担任过复旦大学校长，时间很短，后来全家去了台湾。吴家玮是从中国台湾地区去美国留学，成为知名物理学家，担任过三藩市州立大学校长，是全美第一位华裔大学校长。吴家玮教授通晓中西文化，具有全球视野，他对美国硅谷的发展史如数家珍，他的人脉中有斯坦福大学的校长。吴家玮教授不但知识渊博、眼力过人，解决问题也如握着手术刀，手到病除。他在调研中发现，上海东北角的杨浦区有机会成为中国版的"硅谷"和中国版的"巴黎左岸"。

杨浦区地处黄浦江下游西北岸,在二十世纪初上海工商企业依赖水力低成本运输的时代,上海的钢铁厂、发电厂、自来水厂、纺织厂集中在这个区,成为上海的工业"老大"。更有趣的是上海的十几所大学也集中在这个区,原因是地价便宜,背后深层次的原因是先进制造业需要先进文化相匹配。二十世纪九十年代,中国由计划经济转向市场经济,全国物资优先调配到上海的时代结束了,杨浦老工业基地因过度"失血"而无奈地走向衰退,工厂倒闭,旧城区没有财力进行更新改造。走在杨浦区的街道上,让人怀疑自己是不是还在上海,简直像到了一个小市镇,被中心城区(上只角)的上海人贬为"下只角"。

　　吴家玮对此的看法令人难以置信,他认为,杨浦区像个小市镇就对了。当今世界上最具创新力的硅谷不在美国东部经济发达的大都市,而在西部旧金山市湾区的帕罗奥多小镇到圣何塞一片谷地。创新型小企业很难在中心城区生存,生活成本太高,但创业者又离不开城市生活。具有原创力的小企业,不但依赖大学的科学家、教授和实验室,也需要"草根"人群百折不挠的创业精神。他说,来源于实验室的精英式创新与富有"嬉皮士"精神的车库创新共存于美国的创新基因中。草根人群的车库文化同样备受美国创新者推崇。美国惠普创始人威廉·休利特和戴维·帕卡德创业时租赁的一间极普通的小车库后来成为创新"圣地",还有"苹果车库",成为外国游客在硅谷游览必看的参观内容。美国创新品牌榜上有二十多个来自"车库"。貌似落后的杨浦区具备美国硅谷创新基因的基础,那里集中了十四所大学和几十个科研所,老工业基地一批倒闭的旧厂房正好腾出廉价的空地发展知识型经济，可以描绘出最美的图画。

罗康瑞和吴家玮都为这些发现兴奋着，他们很快向市政府递交了一份建议报告《以知识型经济推动上海东北角市区的发展——大学镇的核心作用》。报告提出：全世界的大学城都是创新中心，上海需要充分利用高校资源，建立创新型社区。创新型社区的特点是城市的大学，大学的城市。大学要拆去围墙，融入城市，实验室的科技发明可以毫无阻力地转化为新的生产力，上海需要有原始创新力的新企业。报告得到了市里的重视，批准成立一家中外合资项目公司，上海一场特殊的攻坚战就这么开始了。

三、逆行者的胆略

2003年，因为非典，上海不少星级宾馆、饭店、娱乐场所停业。

春节刚过，疫情还在，复旦大学东面直至江湾体育场的地面清理工程开始了，罗康瑞任命参与过上海新天地工程建设的许诚新先生担任项目公司总经理，参与过新天地规划设计的陈建邦先生参与协调美国SOM公司设计团队的工作。杨浦区委任命委办级干部分别担任杨浦大学城投资发展有限公司的董事长、总经理，作为沪港合资项目的沪方代表。

罗康瑞和吴家玮递上去的建议书是"大学镇的作用"，但在中国文化思维习惯下改成了"大学城",行政级别上"城"比"镇"大,人们对"知识创新区"的认知还处在初级阶段。瑞安认为,这个创新应该是面向全球的项目,故起了中文名字"创智天地",英文名字是 Knowledge and Innovation Community(简称 KIC)。KIC 名字的内涵是知识和创新的一片天地(社区)。随着项目的推进和政府对科技创新认知的深化,"大学城"合资公司更名为杨浦中央社区发展有限公司,杨浦区属下参与合资的企业更名为杨浦知识创新区投资发展公司(简称"知创公司"),后隶属于 2011 年组建成立的区属"科创集团",区政府任命规划局的官员为集团董事长。长期与我打交道的两位助手女士,她们对新事物的好学精神和一丝不苟的工作态度给我留下深刻印象,后来她俩都成为独当一面的企业领导人。杨浦知创公司代表区政府为大学路和创智天地建设做了很多开创性的工作。

瑞安邀请美国 SOM 规划设计事务所担任创智天地的总体规划设计。SOM 公司总部在旧金山市,参与过硅谷许多科创区域的规划设计。不同产业的城市空间结构是不同的,杨浦老城区空间属于完整的工业城区结构,各功能分区而设,工厂区、宿舍区、商业区、大学校区,互相之间形成一道道有形和无形的围墙,它像"容器"上一道道裂缝,无法承载创新文化之"水"。它不是知识型经济的城市空间结构,知识型经济创新区的空间结构是多功能区融合,以适应人们工作、生活、休闲、学习相融合的生活方式,国际上称之为精明增长的城市模式。这样说太抽象,SOM 规划设计事务所的规划师有个形象的比喻:聪明人的头脑和"聪明"的城区有着相似的规律。一个聪明的人与一个不聪明的人，头颅大小的差别不大，差别在于人的大脑皮层褶皱疏密程度，聪明人的大脑皮层褶皱很密，不聪明的人大脑皮层褶皱几乎是平坦的。这是规划师在长期的工作实践中发现的一个有趣现象，人脑结构与城市空间结构相似。智慧型的城市，其空间特点是高密度路网，小尺度街坊，方便市民步行。小尺度街坊的城区可以减少人与人之间的沟通成本，降低人们获取知识和产生新想法的成本。SOM设计师认为，创智天地的大学路必须是小尺度街坊，方便步行，不能方便开车。

SOM规划设计师事务所在杨浦区"跑马圈地"十平方公里，把复旦大学、同济大学等十多所高校"圈"进知识经济创新区，做了一个概念规划。创新区的中心和标志性建筑放在哪里？杨浦区领导心里有个谱，他们有意识不告诉美国人，很想看看那些来自硅谷创新区的美国规划师怎么看，居然这些美国人选择了历史建筑江湾体育场作为创新区的地标中心，简直是英雄所见略同，让杨浦区的领导刮目相看，不愧是专业人士，不服不行！

创智天地（KIC）的总体规划充分利用了当地的优势资源——十余所大学和一个历史建筑体育场，将各个相互独立的校园融入一个大型社区，这个鼓励步行的社区各部分之间相互连通。KIC分为四个功能区：创智天地广场（办公区）、创智坊（包含大学路和生活区）、高科技园区和江湾体育中心。核心区圈地八十四公顷，建筑面积一百万平方米，取名中央核心区，辐射十平方公里创新型城区。

江湾体育场是创智天地的地标建筑,人们从地铁十号线江湾体育场站出来,穿过下沉式广场,拾级而上,走进建于1933年的体育场。

　　产业兴城市兴,创智天地(KIC)是个新兴产业区,它采取产、学、研结合的知识经济生产方式:大学是个充满奇思妙想的地方,过去许多发明创造诞生后的命运是发表学术论文,申报知识产权,进入库房。而在知识创新区,大学的科研成果迅速变成产品,甚至是一个新的产业,其路径是通过大学路两旁的"孵化器"变成创业型小企业,它们到市场上去接受检验,市场是毫不留情的,每天都有创业小企业死亡,又有新的创业企业诞生,在市场上活下来,企业在风投资金催化下快速成长为中、大型企业,就搬到创智天地广场楼宇中办公,像美国微

软公司的成长过程那样。创智天地（KIC）又是一个供创业者生活的社区，一个融工作、生活、学习、休闲为一体的城市区域。

创智天地（KIC）最大的亮点是大学路，七百米长的街道，西端连接复旦大学，东端连接"地标"江湾体育场所在的创新大公司聚集区（创智天地广场）、科技园区。上海当时有两个大学城，"杨浦大学城"和"松江大学城"，双方都希望有一条路被命名为"大学路"，市政府决定并通知市地名办公室，"大学路"的路名只能有一个，给杨浦区了。

杨浦区创智天地大学路是上海唯一以"大学"命名的街道

大学路街道的"两翼"是创智坊生活区。创智坊的建筑空间借鉴了法国巴黎左岸围合式的多层居民楼，每个街坊围绕中心花园而建，开窗见绿，走出街坊大门可以方便购买日常生活用品和食物，或者在大学路街上喝杯咖啡，来一个三明治，或者吃碗日本拉面、上海小馄饨。创智坊沿街的多层建筑以SOHO为特色，是工作与生活融合在同一空间的房型，既能吃饭睡觉、生活娱乐，也可以开办创业小公司。

创智天地在规划设计上有个难题，一条宽达六十米的淞沪路把八十四公顷的地块一分为二，这条交通要道横在大学路和江湾体育场之间，使大道两侧区域的物理连接成为一个巨大的挑战。SOM公司规划设计师的创意是修建一条地下通道，让该区域西面的大学路从淞沪路的地下穿过这条繁忙的交通干道，与东面的江湾体育场和创智天地办公楼相连。在淞沪路的东面向下深挖一个五点一五米的巨大地下空间，建办公楼和下沉式广场，取名"创智天地广场"。规划中的地铁十号线江湾体育场成为大学路与创智天地广场相连接的通道，为大学路和办公区提供日平均六万人的快捷交通便利。下沉式广场巧妙的设计还解决了规划上另一个难题，按照市规划局的要求，江湾体育场周边的办公楼天际线不能超过这个历史建筑的高度，以体现当代建筑对历史建筑的尊重。创智天地广场的办公楼从低于淞沪路五米的地下空间开始建筑，既解决了办公楼的容积率，也解决了其高度在视觉上低于历史建筑，玻璃幕墙的现代建筑群有力地凸显了历史建筑江湾体育场，表达了历史与当代的对话。人们走出地铁站，须仰视这个历史建筑，穿过能容纳上千人的广场拾级而上，才能走进江湾体育场。江湾体育场保留了赛事功能，增加休闲健身的新功能，为创新创业人士的生活方式提供健身、散步的方便。开发商和政府齐心协力提升道路的美学水平，在中间设置了环岛，让地面环境更为安全、漂亮。

在"软件"建设方面，政府竭尽全力给予支持。杨浦区政府在大学路上开设了"创业创新服务中心"，专门为创业人士提供创业咨询和公共行政服务。市政府注入十亿元资金的大学生创业天使基金也落户创智天地，天使基金是天使般呵护创业者的守护神。

大学路与上海其他马路的差异在于人行街面的尺度，准确地说，是人行街面与车行马路的尺度比例。上海一般性马路尺度为二十五米，人行街面（上海话称之为上街沿）尺度为三到四米。大学路的人行街面尺度为八米，车行道路为十二米，设计师在两车道的路面上安排减速板，汽车进入大学路必须减速，目的是促进绿色出行，让市民选择步行、公交和骑车出行。八米宽的街面是为沿街店铺预留外摆座位的空间，街道两旁可开设酒吧、茶室、咖啡馆、小餐厅、特色书店、画廊等适合有外摆座位的商铺。但一开始，区城管认为这是违规的跨门占道经营，强令商铺把外摆座位收回去，否则要处罚。瑞安公司在区委、区政府支持下，通过区科委与区城管部门多次沟通，他们才理解了这种新的商业形态，明白外摆座位可以为人们提供更多的碰面交流机会，激发人们思维的活力，方便知识工作者互相聚会，获取新知识，激发新想法，城管给予了特事特办的支持。

罗康瑞先生希望大学路建成后，街上呈现熙熙攘攘的车流和摩肩接踵的行人，外摆座位上坐满了怀揣梦想的年轻人和握有创新资源的科学家、投资者，他们在这条街上喝咖啡、聊天、争论、头脑风暴，一个个金点子迸发出来，创业者与创投导师及风投基金投资人共同商讨合作方案。美国硅谷的许多创新型企业是从咖啡馆里聊天聊出的创意而诞生的。斯坦福大学附近的大学路是大学生、科学家、工程师、风险基金投资人、职业经理人的聚会场所，许多创新的火花就是在那里迸溅的，许多创新企业就是从那条街上萌芽的。硅谷大学路上有家小旅馆的老板把客房改造成一间间"孵化器"办公室，出租给创业的大学生，采用免租金提供房间作为投资参股创新小企业，等待创新企业上市后拿到一笔丰厚的投资回报，有的是赔了本钱，有的是赚了大钱，看似冒了些风险，几年之后发现旅馆转型为孵化器赚钱更多。

美国硅谷的创新神话在杨浦区的大学路会再现吗？

四、他山之石可攻玉

2003 年，SOM 公司做完创智天地总体规划，并获市政府规划局审批后，进入了三年创智天地（KIC）和大学路"硬件"第一期建设的时期。罗先生在全球找了风格不同的建筑设计师公司做这个创新的开发项目，其中有著名的巴马丹拿集团、夏邦杰建筑设计、阿特金斯、泰瑞法瑞设计公司、同济设计院等十五家建筑设计师公司。罗康瑞的想法是，斯坦福大学的大学路是百年慢慢发展起来的，每幢楼的建造时间不同，人们的审美观不断变化，那片街区的房屋具有不同时代的特征，既有历史纵深感，又有文化的多样性；而上海的大学路是几年内建造出来的，若是出自同一个建筑设计师的作品，建筑如同一个模子里压出来的，会显得呆板，缺少文化多样性，甚至令人乏味，难以形成创新的环境气氛。斯坦福大学的大学路街区是北美建筑，特点是独幢带车库的房子，不适合寸土寸金的上海，而巴黎左岸街区围合式多层住宅楼比较适合上海的城市环境，但在建筑设计上需要体现上海文化的元素。

大学路沿街的 SOHO 房是一种创新，它配合了创新创业者工作与生活相融合的生活方式，SOHO 房允许注册开公司，这是

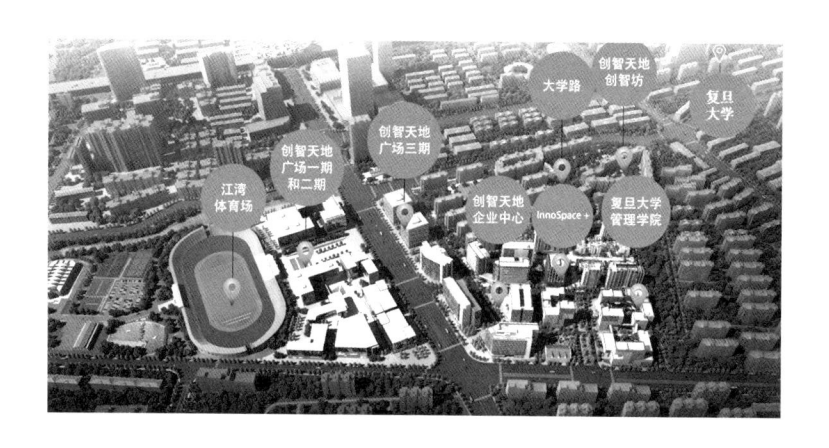

创智天地总体规划图，现已全部建成。

对上海沿用了几十年不允许"居改非"（居住违法改非居住）政策的突破，是市规划局、房地局内部经过激烈辩论后特批的。

淞沪路以西的创智坊一个个街坊陆续建成，大学路上新的店铺一家家开张了。淞沪路以东的创智天地广场玻璃幕墙办公楼一幢幢崭露新姿，瑞安公司和杨浦区政府的心情却一天天变得沉重起来。大学路并未如愿地"火"起来，上海人对商住两用的SOHO房看不懂，掂不出它的含金量，创智天地广场的办公楼出租率也不高。

大学路开阔的街面上，遮阳伞下的外摆座位很多，但空无一人，偶尔有几个夕阳下散步的周边居民。咖啡馆、酒吧和餐厅开张后很少有消费者光顾，三个月后因无力支付租金纷纷关门走人。无奈之下，瑞安公司的租赁部想出了"买一搭一"的招商策略，凡是想入驻"一铺难求"的上海新天地，必须同时在创智天地开设分店，让租户用新天地赚的钱补贴创智天地商铺的亏损，支撑大学路的"面子"。

复旦大学通往大学路的门敞开着，鲜见大学生走出校门，去大学路逛街、喝咖啡。不仅复旦大学如此，周边的同济大学、财经大学等高等院校的教授、大学生皆对大学路兴趣不大，甚至有许多大学生还不知道他们身边有条大学路。创业不是大学生的愿望，离他们的生活太遥远。杨浦区内十多所高等院校有十三万大学生，大多数的学生希望毕业后去大公司上班，或者去政府机关当公务员，冒险创业被看作落魄人在街头转角开的小店铺，是一事无成之人的谋生手段。

2006年的上海，创新创业还只是上海一批最先觉悟的精英的理想，多数人热衷于追随和复制成功者，急于在最短时间里获取更多的财富，不敢冒险，害怕挫折。但凡一项创新成果面市，仿冒们一拥而上，市场上真假难辨，正牌的创新产品常常被仿冒产品淹没，被扼杀。创新型城市的文化是大多数人崇尚冒险创新，非创新型的城市则是少数精英创新，多数人追随和仿冒。上海要成为创新型城市，还有很长的路要走。

大学路上没有创业创新人气的状态一直持续了五六年，一直到2010年大学路二期工程竣工，都没有扭转局面。

冷清的大学路成为五角场地区运货卡车借道分流的小马路。

创业者买不起大学路上的SOHO商住两用房，买得起房的不是创业者，基本是温州炒房团的小老板和本市一些房产投资者，因为它是市场热卖的"学区房"，但瑞安和杨浦"知创公司"不愿卖给炒房者。

事实上，老工业区要转型是很难的，包括美国。杨浦区下岗待就业的工人数量超过知识工作者。让一个蓝领工人变成科技工作者要花费很大的精力，这两类人对工作和生活的需求是不一样的。

来自美国加州硅谷、法国巴黎左岸的创业文化，在杨浦这片土壤里遭遇水土不服。

于是创智天地项目的风险开始显露出来。2006年瑞安地产公司在香港联交所上市了，一个百亿的地产投资项目，长期没有回报，股东们纷纷质疑这个项目投资决策的正确性，新天地成功并不等于创智天地也能成功。创智天地的开发团队仿佛身处在莽莽大森林中，找不到路在何方。瑞安地产的股票在香港证券市场上连连下挫，股东们要求罗康瑞给出一个合情合理的解释，让大家对这个项目有信心。

三年拼命努力，想把事情做对。然而，事物常常不朝人们期待的目标发展，人们无法避开意料之外的事，人们每天都在面对未知。但迷路不等于走错路，也不代表不可逆转的失败。事实上，这是清醒觉悟的时刻，我们需要勇气去面对尚无答案的问题。公司派人北上京城，南下深圳考察一些著名的科技创新园区。虽然"知识创新区"的理念不同于传统的科技园区，科技园区只是科技集聚区，那里没有大学，缺少生活，它仅仅是知识创新区的一个组成部分。创智天地项目的开发者们意识到，必须先学会"走"，才能再学会"跑"，首先要放下身段，向成功的传统科技园区学习。

我和公司同事在北京先后考察了著名的中关村和清华科技园。中关村是城郊接合部的一个"村"，关键中国科学院落户在此地，就成了一个小镇，改革开放搞活经济，以中科院物理研究所一批科技人员下海办起"先进技术"咨询服务部，慢慢形成中关村电子一条街，十多年时间成为中国第一个国家级高新技术产业开发区，被誉为"中国的硅谷"，它是非常自然生态成长起来的科技园区。中关村让我们恍然大悟，明白了先有产业才有街区如此前后秩序的简单道理。大道至简！创智天地的问题是把"产"与"城"的关系弄颠倒了，大学路只是盖了一片空房子，没有科技产业的街区就是空城一座！清华科技园公司的董事长梅萌原是清华大学的校长办公室主任，下海创业，凭借"清华"响亮牌子向银行贷款建了一幢十二万平方米的大厦，挂牌"科技园"，遭遇上海大学路同样的难题，科创小企业付不起租金，付得起租金的都不是科创企业。梅萌先生以北京人的幽默自嘲道，他们发展的过程有"卖身""赎身""从良"三部曲。在"卖身"阶段就是挂着"科技园"招牌却把办公楼出租给付得起租金的非科技企业，尽快还清银行贷款和利息，首先得活下来。"赎身"就是在具备了一定经济实力后，逐步清理楼内的非科技企业，引进成熟的科技大企业。"从良"是逐步做到大厦内的租户既有科技大企业，又有科创小企业和创业孵化器，实现创业的初衷和目标，使之名副其实。清华科技园的创业历程使我们看到了创业艰难百战多,大学路的"没人气"仅仅是开始,更难的事还在后头。我们又南下广东深圳、香港地区和台湾地区新竹三个著名科技园区考察。誉满亚洲的台湾地区新竹园区说起他们创始之初的艰难,感慨万千。台湾地区的优势是从台湾地区去美国留学并成为科学家的人数众多,但那些在美国功成名就且生活条件优越的华裔科学家不愿返台参加科技园区建设。为了吸引这些科学家,当局不惜血本,建设高品质的实验室,还一比一地仿建美国加州的生活场景:住房是美式别墅,街上栽上棕榈树,美式的休闲场所和西餐馆,开办小学、中学,聘请最好的教师,学制与美国的学校衔接,还有美国水平的医院设施,加上高于美国的薪酬,用科学家熟悉的美国加州生活方式来吸引高端科学家返台工作,而且让他们感觉到在台湾地区科技园工作可以得到更多的尊重,这正是华裔科学家在美国得不到的东西。台湾地区新竹科技园区成功原因在于它有工研院和实验室,有适合科学家生活方式的社区,有科研成果迅速转化为生产力的环境,产、学、研结合做得比较好。另外,三大科技园区还给我们一个深刻印象:科技园和孵化器都属于新兴产业,皆由当地政府投资创办,非私人企业所为。这让我们恍然大悟,SOM公司规划师做完创智天地规划时曾提醒罗康瑞先生,科技园、孵化器是政府投资做的新型产业,不是一般房地产开发商可以涉猎的项目,赚钱很难,因为赚钱的模式不一样。政府是长线投资,回报的目标是提拉一个地区的产业升级。但瑞安公司是企业,靠股东自有资金加银行贷款投资,要计算资本周转率,最好远离这样的长线投资项目。罗董事长对规划师的警告反复考虑过,也与分管该项目的市领导讨论过，瑞安公司愿意把"创智天地"、大学路的规划方案无偿贡献给上海，让政府自己做。但市委、市政府态度很坚决，此项目非瑞安莫属，政府看好瑞安人的创新力！瑞安公司开创的新天地，曾经给中国房地产业带来一个新名词：商业地产。选择瑞安公司开发科创项目，采用以企业为主体的市场化运作而不是政府行为是一种新的尝试，企业讲经济效益，讲投入产出，具有可持续发展性，不会因政府一届届更替而半途而废。罗康瑞最终还是答应下来，一诺千金，他想尝试做上海"科技地产"的始作俑者，再创辉煌。

创智天地大学路是瑞安和SOM城市规划设计师依照硅谷的模样规划设计的，是理想化的，而不是自然形成的。硅谷的成功之路是美国西部的"道"，不是上海杨浦区的"道"。吴家玮教授说：中国有些地方政府代表团访问美国硅谷企业时，常常提出一个共同的问题：你们能否在我们那个城市再造一个硅谷！美国人说，首先你们的概念错了，全世界只有一个硅谷，连我们美国东部城市学硅谷也学不像，何况你们中国人呢！

归根结底，城市文化才是最本质的问题。

2006年，上海城市文化生态可以概括成三大：大政府、大企业、大银行。当时有数据统计表明，上海的企业基本是两个百分之五十，一半是国有大企业，一半是外商大企业，创业小企业的生存空间相当小。政府的经济发展思路和政策是鼓励国有企业做大做强，对外商企业也是招大引强，没人把中小企业放在眼里，包括国家银行。新闻媒体每年要公布世界五百强排行榜、世界富豪排行榜，激励中国的企业挤进世界五百强序列，老百姓也是以个人财富能挤进中国富豪榜为荣。上海所处的工业化、城市化的历史阶段与二十世纪五六十年代的美国极其相似。

卡尔·J.施拉姆在其著作《创业力》一书中，对美国城市文化转型的历史做了精辟的分析：二十世纪五十年代至六十年代，美国的经济状况可以用一个"大"字来概括：势力强大的政府、缺乏竞争环境的大型官僚公司，以及限制工资竞争和经济灵活性的大型工会，构成了一个刚性铁三角，这个结构曾经给美国人带来一个经济稳步发展、保持低位通货膨胀、确保工作稳定的社会，带来了"美国梦""美国世纪"。但是，规模化经济既推动了大规模的标准化进程，同时也遏制了创新和发明，影响了社会价值观。在当时的美国家庭，父母教育孩子要好好念书，大学毕业后可以去大公司上班，去政府机构任职。社会普遍看不起创业的小企业，华尔街金融银行也不愿贷款给创新型小企业。这个崛起于五十年代的"铁三角"的经济体制运行到七十年代开始走向人们不愿意看到的衰退；加上越南战争的拖累，到了八十年代，美国货币系统崩盘导致经济危机。美国经济出现大逆转得益于整个九十年代轰轰烈烈的创业大潮，创业为美国经济带来了转机，获得重生，但它不是来自政府的任何一项政策和引导，而是来自民众，来自美国创业的历史文化传统，危机是美国创业大潮的内在动力。美国人亲眼见证了比尔·盖茨、史蒂夫·乔布斯等创业型商业巨头的崛起，人们不再像过去那样排斥创业型小企业，美国经济从原先的管理型经济转变为创业型经济。创业微妙地渗透到社会生活中，影响人们价值观和社会规范的转变，美国家庭的观念也发生了重大转变，越来越多的父母希望孩子大学毕业后去创办企业，去冒险。"支持创业、参与创业"成为美国人、政府和华尔街银行的目标，美国硅谷银行应运而生。经济关系的"铁三角"逐渐被"创业方盒"所取代，"创业方盒"是创业型小企业、大型企业、高等院校、政府部门，这些机构是创业生态系统的重要组成部分。它们一方面为各自的目标而努力，另一方面又能携手共建创业型社会。

对比是一面镜子：照见别人，看清自己。相当于社会思维观念的"身体"还处于美国二十世纪五六十年代，但杨浦区大学路的"头"已经伸进了美国二十世纪九十年代，中间相隔三十年。瑞安曾总结上海新天地迅速获得巨大成功的原因：比市场快了半步，而不是一步！因而新闻媒体报道称新天地的运气太好，时机把握那么准！创智天地比市场快了三十年，跑得太快了就要等，等三十年，也许二十年、十年，谁也说不准。

隧道尽头的微光乍现，大学路没有人气的原因愈来愈清晰。我们发现自己待在一个"井"里，目光局限在改变城市物理空间，而转型最关键的是人不是物理空间，是创新生态中人与人的关系，创新主体之间的经济关系、社会关系，虽然人与人的关系是看不见的。

看不见的决定看得见的，无形的东西决定有形的东西。

杨浦仅仅改变城区空间结构是远远不够的，重要的是改变我们自己，改变一座城市的文化。城市文化是千百万难以撼动的思维习惯，是千百万人身不由己的行为方式。

大学路的愿景是沿街露天咖啡座坐满创业创新人士，面对面交流沟通，爆发灵感火花，这是精神图画的物化，直观的现象背后是产业集聚的密度。否则，表面热闹是没有任何意义的。

做对事，首先要找对人。瑞安公司反思自己一路走过的每一步，发现招商环节没有找对人。公司从香港招聘来的商务总经理洪先生头顶着香港"太古城"招商核心人物的光环被引进瑞安公司，负责大学路的招商。隔行如隔山，洪先生想在创智天地广场办公楼填满那些愿意支付高租金的跨国公司，但罗康瑞不同意，罗先生坚持招一些成长中的科创企业入驻，但这些企业租金出不高，这让洪先生很为难，他感到自己在创智天地广场和大学路上的招商有劲使不上，拿不出新的招数。瑞安开始意识到创智天地不同于淮海路上的新天地。新天地是商业租赁空间，要看租金水平；创智天地绝不能靠收租金过日子，硅谷不是收房租收出来的，要看产业的经营水平。这就意味着瑞安不仅要建"运动场"，还要经营"球星俱乐部""球迷俱乐部"。

五、创业者的风骨

瑞安公司管理层和创智天地项目团队找到病因，并形成共识：大学路应该有自己特殊的商业模式。

2008年，大家回到原点，准备重新出发。但时运不济，金融风暴一波接一波掠过太平洋，惊涛骇浪冲上了上海滩。

创智天地项目在 2003 年出发时遇上了非典，2008 年再出发时遇上了金融风暴。上天总在选择出发的时刻来考验逆行者的意志。

非典的逆行者可以戴上口罩防御抵挡一下，但金融风暴差点击垮了瑞安公司。瑞安是香港企业，开发项目资金全部来自海外，瑞安公司各个开发项目不但断了海外新的资金来源，还有一笔三亿多美元的海外债券正好到期，若不及时归还，会引起连锁反应，其他国外金融机构都会涌上来追讨借款，一时间真是把人往绝路上逼！公司流动资金的"血管"被掐住了，最困难的时候，公司财务账上只剩下全体员工三个月的工资。若工资发不出，开发团队会散，人才会走，大学路会趴下。公司董事会不少人提出"创智天地"项目必须清场"止血"，低价卖掉撤出，否则将拖垮整个公司。

当大学路跌到谷底，手下人嚷嚷撤出，给人错觉自己离目标越来越远的时候，掌门人罗康瑞又一次面对人生选择，是放弃还是坚持？人生一直在面临选择，选择时一直有两个自我，一个对你说坚持下去，另一个对你说差不多了，该回头了。

有战神之称的巴顿将军说：衡量个人成功的标志，不是看他登上顶峰的高度，而是看他跌到谷底的反弹力。

瑞安公司召开了一个经理级别以上的管理层大会，安排在新天地电影院，阶梯式剧场坐满了人，罗康瑞登上主席台，讲话前先向所有人深深鞠了一躬，谢谢所有员工在公司最困难的时候不离不弃，没有人离开，他庄重表示：只要我人在，公司不裁员，员工不减薪，全公司要同舟共济，才能越过这场巨浪的冲击。剧院里静默了两秒，响起了暴雨般的掌声，员工们内心升腾起与公司共进退的热流。

罗康瑞说，大学路的项目坚守不退，当年新天地就是在亚洲金融危机中逆行而辉煌地诞生的。资金的问题他去想办法，公司的每个人只须考虑自己如何把事情做得更好。罗康瑞向他的家族借了一部分钱，也无奈地决定把大学路上一部分用于建立孵化器的SOHO住宅卖给炒房的投资者，像清华科技园梅萌当年干的事一样，先解决"活下来"的问题，活下来才有未来，活下来才有机会扭转局面，迈过那道坎。这一切应了中国一句老话：前途是光明的，道路是曲折的。创业的路上没有平坦的大路可走，只有那些在崎岖小路上不畏艰险的攀登者，才有希望到达光辉的顶点。

新任总监陈永明先生有着新加坡科技园区的工作经历和文化背景，他是一位擅长抓营运落地的人，总监不仅懂战略还懂落地的战术，被重新组织起来的团队再一次迸发出令人震撼的巨大力量。他们摸索总结出一套创智天地的创新生态系统的结构，同时组织各类创新文化活动，积极推动大学路街区的文化转型。大学路上一家餐厅改造成为创业培训基地，既能用餐又能办班的多功能饭馆，起了个对创业者很有诱惑力的名字"IPO"，IPO是英文Initial Public Offering的简称，中文释义是首次公开募股，公司上市。那里成为创业者的"黄埔军校"，罗康瑞、吴家玮、梅萌、吴志强（同济大学副校长、上海世博会园区总规划师）等知名科学家、教授、企业家纷纷应邀担任创业导师。

影响力最大的是创智天地与复旦大学工商管理学院合作举办"创业大赛",每年一次大赛是创业成果的展示,每周有创业导师讲座,吸引周边大学的学生和上海的创业人士参加。KIC公司和杨浦知创公司所做的一切在改写大学路的历史进程。

无论从哪个角度看,真正决定大学路命运的是改变城区千百万人的思维习惯,这是一场城市文化之战,也是灵魂之战。杨浦区委、区政府是其中最积极的推动者和领导者。陈安杰书记还为促进大学校区与创智天地街区融合做了许多开创性的工作,他主动走进大学,拜访复旦大学、同济大学等高校的校长,共商开放大学的实验室、图书馆、会场、体育场馆与社区知识工作者共享的有效措施。提出区政府派干部到大学挂职,大学安排教授到区政府挂职,这一政、校双向交流干部的举措对校区与公共社区联动发展取得极佳效果。

创智天地的运作方式发生很大转变,从"地产开发"向"产业经营"转变,着力打造适合大型科技企业,也适合创新创业小企业生存和发展的生态环境。当然,交的"学费"是巨大的。

创智天地没有照抄美国的"创业方盒",而是创造了一个"蜘蛛网"创新创业生态系统,把大学、科研机构、跨国公司研发中心、创新型企业、初创公司、风投和股权投资、专业机构、孵化与加速器,还有政府公共服务等连成一个网络。在这个生态链中,大、中、小企业可以共生共荣,错位竞争。当大企业集中力量发展核心业务时,初创企业可以通过承接大企业的外包业务而生存。

当罗康瑞和他的团队在坚持的时候，运气开始悄悄接近他们。在经历了金融风暴洗礼后，中国进入数字经济新时代。数字经济也称网络经济，在中国经济的 GDP 中所占比重日益升高，人们改变了它只是虚拟经济、"烧钱"经济的粗浅认知。而 KIC 在产业的发展方向上也踩到了点子上，他们选择了网络经济。第一批入驻创智天地的易保网络技术公司迎来了爆发式成长的新纪元，当年他们入驻 KIC 的理由很简单，大学路上有个上海财经大学金融学院"保险专业班"。易保公司创办人莫元武是从美国麦肯锡公司跳槽的创业者，面对上海各工业园区优惠政策、财政补贴的种种诱惑没有动心，他知道，优质的人才是易保生命线的道理。莫元武决定把公司从市中心搬至地处"下只角"的创智天地，是因为他发现自己公司的员工主要来源于上海财经大学的保险专业班。上海有十几所大学，却只有财经大学有"保险专业班"，可惜他们的教材太落后，与快速发展的保险市场差距太大。莫元武说，当时国内各大学这方面的教材基本处在保险软件的"新石器时代"，他真希望越过大学的围墙，亲自给这个班的学生讲授前沿的在线保险软件，并把自己的公司变成大学生的实验室。但事实上做不到，从人民广场到金融学院的空间距离是一小时车程，时间和空间都成为企业与"保险专业班"大学生日常沟通交流的障碍。莫元武惊喜地发现创智天地大学路的西端就是财经大学的校门，他毫不犹豫地离开中心城区来到杨浦区，连他的家也搬到大学路上 SOHO 房子里。校区、园区在空间上融合的好处是节省了时间资源，时间资源是效率的重要元素。他在创智天地的时间是易保网络公司迅速壮大，向全球扩张保险软件业务的日子。2007 年它的保险软件已进入印度、荷兰、日本市场，2008年进入欧洲的法国、瑞士市场，2009年进入南美洲的巴西市场，2010年骄傲地进入美国市场。公司规模也从几个人的创业型小企业成长为一千人的跨国公司。美国友邦保险公司董事长得知中国的易保公司中标他们的招标项目后，好奇地邀请莫元武到他办公室聊聊。友邦保险的董事长诧异地询问莫先生："你的公司怎么会放在中国？中国根本不存在创新的土壤，你们公司是如何生存并能做出创新产品的，而且超过美国本土的企业？"莫元武以美式幽默回复对方："世界上不缺少美，就缺发现美的眼睛。上海杨浦区四年前就建成了类似斯坦福大学附近大学路的智慧新天地，那里是一片滋润创新之花的土壤，可惜许多人没发现。"

EMC软件研发跨国公司是全球三大软件供应商之一，是苹果手机iPhone的"云技术"软件开发商。中国研发中心创始人范承工（Charles Fan）从美国总部调到上海组建EMC中国卓越研发集团。位于浦东的张江高科技园区等许多科技园区向他招手，范承工最终选择了创智天地，因为大学路的尽头是复旦大学。他带了几个人上午看现场，中午吃饭时讨论，大家都觉得没有比大学路更好的选择了，下午就拍板了。他与瑞安公司双方一见钟情，吸引他的理由很简单：一是上海的科技园区几乎都是各自为政，互相竞争缺少合作，而创智天地打破了有形和无形的围墙，"三区融合、联动发展"的理念好；二是离复旦大学近，EMC与复旦大学共同建立了一个研发实验室；三是创智天地和杨浦政府充满人文关怀。派驻上海的公司总经理李映先生说，创智天地的这三条优点与EMC倡导的"创新环境三角"理念有异曲同工之妙。EMC把与大学合作、与投资者合作、企业内部合作称为"创新环境三角"。七年时间，EMC中国卓越研发集团已从当年创业时的几个人，规模扩张到2000名员工，承担着大量的软件开发与创新项目，与EMC在美国的研发中心并驾齐驱。尽管EMC后来被戴尔收购，但仍不断在创智天地扩租面积，公司规模也一再扩大。

六、创造大趋势

有的企业是靠大趋势活着，有的企业是在创造大趋势。2013年至2018年，中国冒出了阿里巴巴、腾讯、百度、华为等一批网络巨头公司，它们让中国数字经济开始腾飞。人类财富的来源越来越不靠自然资源，最大的资源不再是传统观念中的石油、矿藏、稀土，而是大数据。数据是人为活动的结果，它在那里摆着，资源非常丰富，有没有能力把它开采出来，决定你财富能不能快速增加。数字经济不但可以成为巨大财富，还决定着一个国家的未来和国家安全。中国与欧美、日本等发达国家地区现在都站在同一条起跑线上，大数据又与制造业紧密相连。此时，"中国制造"已经有了全球影响力，"中国创造"开始进入全球赛道，成为中国人奋发的目标。

创智天地和大学路的角色就是为创新创业企业搭建一个平台，一个发射架。

此时的创智天地大学路已经建立了较完整的创新生态系

在创智天地举办丰富多彩的创新创业活动

统。它的名声传到北京、深圳……中国"云计算"的布道者田溯宁带着他的"云基金"从北京南下，直奔上海杨浦区，入驻创智天地大学路，整幢楼起名"云海大厦"，门外有上海市政府给他挂的一块牌子——上海云计算创新基地。云计算是互联网的升级版，田溯宁 1995 年从美国硅谷回来后一直致力于建立中国的"云计算"。

走进大学路上的云海大厦，你会发现一个秘密，楼上楼下就是云计算产业链的上游下游，它们不停地"生产"小企业，每做一朵"云"，就可以诞生一个创业企业。企业所占办公面积很小，但覆盖面很大，诸如手机支付平台、会展行业"云"技术平台、"云呼叫"平台……小企业可以服务大世界。

现在，创智天地范围内入驻企业超过一千家，其中软件及信息技术企业占了大头，其次为设计行业领头企业和现代服务业龙头企业，超大企业超过六十家，形成了大、中、小企业共存共荣、良性发展的产业氛围。瑞安公司也形成了独特的商业模式，开始盈利。

云计算、大数据及人工智能产业在杨浦的土壤里迅速繁殖、生长，证明杨浦的创新土壤有了很大改善，杨浦区成为上海创新版图上的一个增长极。2010年1月，杨浦区获"国家创新型试点城区"殊荣。

杨浦向创新型城区发展，面对的问题一直是校区、科技园区、公共社区的"三区"黏合度不够，有待互相跨界，跨界才能融合发展。跨界需要理念和胸怀：你要发展自己，还要会发展别人，发展别人就是发展自己。创智天地主动向复旦大学、同济大学跨界延伸，瑞安公司在受到美国金融风暴冲击的2008年、2009年向复旦管理学院资助六百六十万元开设"复旦—瑞安青年创业课程"，项目总监陈永明感到非常为难，公司流动资金快断"粮"了，拿不出这么多钱。罗康瑞亲自召开协调会，强调育人的事不能等，我们做的这件事意义重大，是主动为复旦大学填补创业教育课程的空白。罗康瑞认为，创业的种子要在大学生进入校园的那一刻就播下，培养年轻人的创业兴趣，让他们知道在学校需要学习什么样的知识才能使创业成功率更高。创业课程经过几年的探索与实践，2013年正式在复旦大学普及，成为学分制的通识课程，后来成为上海所有高等院校效仿的典范。

复旦大学管理学院陆雄文院长是思路超前的院长,他是"三区融合"的先知先觉者。一天,我在他的办公室,陆院长说,我很愿意搬出大学校园,像鸟儿一样自由,只要瑞安给我一块地,我就在创智天地建一个没有围墙的商学院。心有灵犀一点通,我们一拍即合,我试探性地给罗康瑞先生写了份报告,谁知他当天就回复邮件"同意"。我和陆院长的"聊天"聊出了一项事业! 瑞安公司在已经获得的开发地块上"挖"出一点七万平方米的土地,无条件送给复旦管理学院。现在一座建筑面积超过十万平方米的商学院拔地而起,屹立在创智天地的公共社区之中。一花引来百花开,复旦大学各学院纷纷走出校门寻找合作伙伴,"复旦创新经济走廊"逐步成形,渐入佳境。

2013年,随着新建的五角场商圈日益成熟,创智坊住宅区越来越多的知识工作者入住,周边办公楼里科技创新企业集聚,大学路设计之初愿景中的知识工作者汇聚的场面终于来临了。白天的大学路,阳光灿烂,街边撑开的遮阳伞下,外摆座位上满是喝咖啡、聊天的人群;入夜,华灯初上,大学路上店铺鳞次栉比,人气鼎盛。不少商店是大学生自己开设的创意产品店,开店者最了解大学生的需求,还有一些开店者已在大公司上班,受不了公司古板的束缚和没完没了的重复劳动,想换一种活法,到大学路上开店,做自己喜欢的事。开店不再是简单的谋生手段,而是不一样的人生,他们感到自己卖的是新创意、新款式、新口味,卖的是眼光,卖的是生活方式。按大学路周边的大学生和上海年轻人的说法,2012年之后的大学路开始变得越来越好玩了,越来越有创业创新的味儿了,他们目睹了大学路日新月异的变化。

杨浦区的创新环境大大地改善了，创智天地周边集聚了五个国家级大学科技园区、十个专业化科技园区。

创智天地和大学路成为上海公认的创新社区，创业者喜欢聚集在大学路，那里的文化创意、人文格调、艺术活力的氛围特征得到年轻潮人的不断追捧，给他们带来快乐，成为一种生活方式。业界称，瑞安公司的长处是会做"生活方式"，生活方式是城市的软实力。瑞安作为一家香港企业，靠境外金融机构贷款做成了一个跨度十余年的长线投资项目，而不是来自国内商业银行的贷款。

2013年，第二十五届上海市市长国际企业家咨询会召开，主题是"提升上海的城市软实力"。市长咨询会的外方主席、贝恩公司董事会主席奥里特·加迪耶什女士在考察之后，最终选择创智天地作为会外活动的地点，这是一种国际眼光。吸引她的是大学路周边的高等院校和正在成长的创业型小企业及活力四射的创业青年。加迪耶什主席在EMC中国卓越研发中心的办公楼里不仅看到了在电脑前苦思冥想的工程师，还看见了走廊上的健身器材跑步机、乒乓球室、咖啡茶饮厅。总经理李映介绍说，他的员工在上班时间随时可以去健身、散步、喝咖啡，当他们在电脑前没有想法的时候可以去放松自己，也许什么也不想的时候，是想得最多的时候，这句话充满哲理。她的心被打动了，她认为这些人群代表着中国未来的原创力。10月26日，加迪耶什主席、二十三位咨询会成员和市区领导在创智天地广

2015秋季InnoSpace国际创业集训营活动合影

场临时搭起的大帐篷内举行了一场创业创新的小型论坛,并参观了创新大企业和创业小企业,罗康瑞被推选为论坛支持人,他还有大学路东道主的身份,这一刻罗先生醉了。"智慧的碰撞,让我们看见上海未来的更多可能性",这是"洋高参"对大学路的评价,这场活动令大学路名震上海,引来无数关注的目光。

第九章

救　　树　　传　　奇

　　2002年，中国的城市化和工业化开始提速，各地都希望自己的城市快点变化，旧貌换新颜，于是"变"和"快"成为城市化的目标。上海数百个开发项目同时施工建设，整个城市简直像个大工地。距上海七百公里的江西省抚州市也不例外，一项"廖坊水库"的重大工程开工建设。水库占地总面积达三十七点八平方公里，正常蓄水的水位深达六十八米。这个水库的建设，是为了保护五十万亩农田不被春汛洪水淹没和附近的铁路不被水淹。因水库建设而被淹的村庄都要移民，那些山区村庄有距今四五百年的古宅和距今两千年的古树，它们都将沉入水底。此时，上海自打新天地问世后，保护城市历史建筑石库门的新理念正成为新时尚，人们把仅有百年历史的石库门当个宝。但地处腹地的抚州对有着四五百年历史的古宅和两千年历史的古树即将被淹没感到无奈。

于是，一个机遇降临，一个奇迹发生了。

一

创造奇迹的主角马达东先生是1973年出生的江西抚州人，那时候他已经居住在上海，常常来往于北京和上海之间。北京是中国的政治中心，上海是中国的经济中心，在这两座中心城市打拼，必须与政界、金融界、学界方方面面的人打交道。经历和阅历使他心胸打开了，他收获了开阔的眼界、有价值的资讯及厚实的经济实力。

2002年，马达东先生回家乡过春节，这次故乡之行改变了他的人生轨迹。江西抚州是个人才辈出之地，抚州的临川县更是藏龙卧虎之乡，秀丽的山川孕育出中国历史上杰出人才，北宋宰相、改革家王安石是临川的代表人物，他自号临川先生。中国的"戏圣"、明代戏曲家汤显祖也是临川人。王安石推行的"常平仓政策"在九百年后启发了当时的美国农业部长华莱士，让他找到了解决大萧条时期农业危机的方法，帮助罗斯福总统推出新政；汤显祖的《牡丹亭》使他在国际上享有东方莎士比亚的美誉。马达东也是临川人，历史上的"左邻右舍"给了他文化的滋养。

千里移树的马达东

宋朝以来，抚州通过科举制度有数百人入朝为官，明清两代抚州籍的士大夫更是不胜枚举，以至抚州有"才子之乡"的称谓。这些入朝为官的人告老返乡后，建造各式大宅颐养天年，成为当地的一种文化传统。这些老宅孕育了几十代家族，成为抚州独特的文化绵绵不断地延续着。廖坊水库将有三个县交界的村落被淹，水库采用边筑坝边清库的方式推进，被淹掉的村庄不仅要移民，树木和村庄里的房屋都要弄干净。

马达东回到家乡正遇上村民迁徙，看着满山遍野的大树被伐倒，庞大的根系被肢解后做成茶洗、根雕，他感到心痛！这么古老的树，这么强大的生命力，在铁锯之下说没就没了。许多明清两代留下的五百年历史的古宅，说推倒就推倒，砖墙上珍贵的石雕木刻被买古董的人买走。他联想起上海外滩的洋房建筑和石库门里弄不过百年历史，被人们珍惜，专家考证后被政府定为历史保护建筑和城市历史风貌保护区，而自己家乡几百年的古宅和上千年的古树只能无奈地消亡。

离开家乡返程的路上，马达东心情十分沉重，那些拆房和伐树的场景不断浮现脑际，挥之不去。一个灵感迸溅而出，我如果把这些古宅和古树搬出抚州，搬到上海，那会产生什么效果呢？上海是长江的冲积平原，千年古树十分罕见，超过一百年的古宅就成文物保护起来，中国两千年的文化并没有在这片冲积平原上留下太多痕迹。但上海却是中国面向世界的窗口，若把历史上辉煌过的最古老的华夏文明与最现代的国际大都市结合在一起，一定会给世界一个精彩！马达东激情澎湃，他下定决心要拯救家乡的千年古树和古宅的厄运，换一个空间让它再现辉煌。

机遇像个幽灵，最不容易得到而又最容易从指缝中溜走的就是它。当故乡的人们对"廖坊水库"工程带来的一次机遇还没察时，马达东却一把逮住了它。发现机遇不易，抓住机遇后的执行力更重要，所有的结果都是在执行后才能显现，证明你的确是抓住了一次千载难逢的机遇！执行前，一切都是扑朔迷离的。那么大的树怎么挖出来，怎么运到上海？栽在哪里？栽树的土地在哪儿？还有那些四五百年的古宅搬到上海可以做什么？创意是一回事，能不能落地是另一回事！出色的创意往往具有超前性，你把困难想多了，可能没胆量去干了，创新有时就凭一种直觉，有个五六成把握就砸钱下去干了！马达东先生是个做事很有主见，有很强执行力的人物，一旦做出决定，他开始着手组织一支拯救中国历史文化的团队。这个团队里有植物专家，也有古建筑专家，还有舟桥专家、工程师。这是一项很专业的巨大工程,他必须考虑得非常细致、周到。把这些古树和古宅从山里运送到上海需要逢山开路,遇水架桥。大树挖出后必须尽快栽回土里去,需要与时间赛跑。他还要开展大量的政府公关,争取临川县、抚州市直至江西省政府的批准和支持。在上海,他要为千年古树和古宅找到安身立命之地,闵行区委、区政府慧眼识宝,划拨一千八百亩土地让他建一座"古树园林"公园。

马达东为这个疯狂的梦想豪情万丈,投入的不只是深不见底的资金,还有全部的心血和生命力。他自费拯救古树古宅的梦想和激情感天动地,感动了许多政府部门、专家和合作伙伴。

二

机遇千载难逢,机遇又与挑战同在。追梦一旦起步,困难一个接一个迎面扑来。马达东雄心勃勃地要拔起一万多棵大树,把它们移到七百公里外的上海。这万棵大树中有些树已经存活超过了两千年,两千多年的古树等于是说秦始皇活着的时候,它就在了,山里的村民们奉为树神。村民们很担心树神被移走的命运,但是也很无奈,总比被伐倒的命好,总还有机会在这个世界上存活,大家只好虔诚地送别树神。移树的工作小心翼翼地展开,千年古树的树冠非常巨大,其一要给它"剃头",锯掉大部分带绿叶的树枝,减少移树路途上的水分消耗;其二要保护树神的皮,给树身缠满麻布,像个重度烧伤的病人,树怕伤皮人要脸,人与植物在这方面是相通的;其三是拔树时尽量能多带一点家乡的土。自带的泥土越多，意味着保留的树根越多，但大树的自重会超出平板卡车的载重能力，平板车最大载重不能超过五十吨，移树的工程技术人员要找到它们之间的平衡。树神被吊车装上巨型平板车，用铁箍、铁钉、线索固定在车上，还要挂上装着营养液的瓶子，一路"打点滴"补充水分。临出发前，技术员特地为树神披红挂彩，送行的村民们祈祷"树神爷爷"一路走好，一路平安。

运树的路途是坎坷的，舟桥专家在水库的库区架设了十几道通向山里村落的临时铁桥。有时突然山区一阵暴雨，山洪把桥冲垮，钢管散架顺流而下，一切重新来过。春天是植树的季节，春雨也带来无尽烦恼，山里路是原始的土路，一下雨，平板车很容易陷在路上。每次大树装车后，马达东就心情焦虑地望着天空，若遇乌云密布，山雨欲来，他就对着苍天祈求：老天，你要帮帮我或者你让我生个病，千万别把这个雨下下来。有时老天爷似乎听到了他的祈求，落了几点雨，乌云飘向别处，大树终于可以启程了。幸运不是经常降临的，大雨让山路变得松软泥泞，尽管大树被锯掉枝干和根系，但仍有几十吨的重量，泥泞的道路很难支撑平板车的平衡，为此翻车事故发生了数十起。每次都需要大型吊车赶来，大树被吊到另一辆平板车上继续赶路，因为大树要在最短时间内栽回土中，否则很难成活。这就需要马达东有许多备份方案和备用车辆，这些都是移树的成本。新的麻烦不断出现，有些是无法事先预料的。运树车在公路上遇到较低的桥洞，大树过不去，大家不得不把地面往下深挖，让车辆通过后再恢复路面，这个施工过程需要非常迅速，尽量避免堵塞交通影响到其他车辆通行。高速公路收费站的宽度有限，直径五米的树身无法通过，只有把收费口亭子拆掉，大树过去后再恢复原样。这些令人惊诧的壮举没有各个省、市公路局的大力支持是不可能做到的。马达东为此花费了许多心血，磨破了几层嘴皮，过着哪儿都是家，哪儿都不是家的日子，这才让不可能变成可能。

一棵棵古树历经艰险终于到达上海，早已准备好的工人立即将古树栽种下去。移树是很有讲究的，大树的朝向须依照在原生地的朝向方位，同时，树下的泥土也一起打包运来，按照比例混合上海本地的土壤再重新埋好。抚州的一万多棵大树移栽到上海是一项浩大的工程，在这期间有上百名专家、工程技术人员和园林工人参与工作，动用了几十辆重型装载车，铺设了上百公里临时道路，架设了十余座临时铁桥，运送了上千车次江西的原土到上海。很多人吃苦受累，还有人为此受伤，一路风餐露宿，日夜赶时赶工，作为总指挥的马达东付出的心血可想而知。

7月，骄阳似火，一位上海本地的植物老专家闻讯来到种植现场，他放眼望去，古树巨大无比，没枝没杈没树叶，树身缠满麻布，简直像一株株光秃秃的根雕。老专家转了一大圈，临走只扔下一句话："无知者无畏！"

结局很难说。许多想做第一的人都倒在路上，成为先烈，只有少部分人有幸成为先进。马达东作为一个追梦者，心态很重要，要有一颗平常心，我尽力了，即便身陷沟壑，也要仰望星空，人生的最大意义是在探索未知的旅程中。当下要做的是保持脸上的微笑，他要有自信，相信梦想成真，否则怎么稳定团队的军心，继续向着既定目标，义无反顾地走。宋代诗人杨万里有诗曰："莫言下岭便无难……一山放出一山拦。"他要求园林工人们像对待自己婴儿般地每天精心护理大树。作为"老板"，他也不例外地参加。

苦心人，天不负，到了9月，一棵棵古树终于冒出新芽，大家兴奋无比，那心情就像医院重症护理室里的护士，看到被自己精心抢救护理活过来的婴儿，可以让她妈妈抱回家了。那位老专家又出现了，他对此并不乐观，说你们别高兴得太早，只有三年后树还接着生长才说明它们真正成活。

站在高处看着这一大片冒出新芽的"根雕"，场面壮观，但谁也不敢肯定古树能活下来。在皎洁的月光下，马达东在"根雕"间一棵一棵抚摸它们，夜深人静时才能聆听到古树的心声。马达东说：当你和大树静静地待在一起的时候，它会告诉你"好想再活五百年"。

2008年8月，麦莎台风时期，养护工作又经历了一场大考验。由于防护准备做得好，狂风骤雨没能把古树掀倒。耐心是伟大的东西，但它看上去平凡，是一种伟大的平凡，谁有耐心谁就会成功。三年后，锯掉的枝干旁伸展出新的枝叶，上万棵大树八成多活了下来，尤其那棵两千年的树王，经历风险获得了重生。若干年，奇迹出现了，树王不但枝叶繁茂。当初为了远途运输固定大树砸进树身的铁钉，居然因大树的年年生长硬是把铁钉挤出了树身，"吐"出钉子！你还会认为这棵两千

这棵两千年的江西临川古树历经万难,在国际大都市的土地上生存下来,它好想再活五百年。

年的大树是衰弱蹒跚的老人吗?它也许还能再活上一千年,比移树人的寿命更长。

此时在江西,古宅的抢运也在进行。廖坊水库的工程进展很快,大家都在跟时间赛跑。马达东聘请的古宅复建木结构负责人陈玉龙和周鲲两位专家,要求老师傅在拆房前绘制图纸,对古宅构件都进行严格的编号、拍照、建档。这是四五百年前的建筑材料和工艺,早已失传,拆卸后很可能无法复原,他们把该想的事都要想到,但留给他们的时间有限。他们把古宅拆解成零部件,一箱一箱打包以便运往上海。有一幢四百余年历史的古宅让专家们为难了,它的梁和柱牢固相连,无法拆开。大家围着柱子转,却找不到机关奥妙在何处,直到一位老师傅发现柱子中一根木销，当木销拔出以后，整体结构才可以按顺序拆开。陈玉龙说起最让他惋惜的是一处五百年历史的老宅，由于长期无人居住，屋里堆放稻草，小孩子在屋里放爆竹，在他们赶到之前就已失火烧毁了。

古宅零部件运抵上海后放置在马达东提前租下的空厂房内，古宅复建专家周鲲陆续整理出五十多幢古宅的石材构件。木料容易腐朽，不朽的是石材。这些古宅根据石材匾额的时间推算，依照家谱能追溯到两千多年前的家族史。当秦始皇统一中原时，上海还是一片沼泽地，而江西是秦始皇"车同轨，书同文，统一度量衡"的推广地区，大道一直修到江西。那些上千年的古树默默地见证了历史。那些古宅的建造者倾注了自己人生的理想和对后人的期许，他在建筑用料、设计和做地基时都是百年大计。当时很多石刻是花费了近十年时间完成的，在历史的演变中，一些被人为毁坏，上面涂抹的泥土及残留的"文革"时期标语，是当地人为了保护历史遗迹所做的伪装，但还是未能逃脱劫难。

古宅的建筑构件迁移到上海，它们到底可以派什么用处呢？现代人是不可能再住进复原后的古宅里去的，古宅的空间布局与当代人的生活方式格格不入，住在古宅里如同住进历史博物馆，只会被历史所淹没，让人窒息。若要让这些古宅再存活几百年，甚至更长时间，需要赋予它新的内涵，符合当代人的生活方式、价值观和审美观。关键这新内涵是什么？新功能是什么？空间如何布局？一连串的问号如何把它拉直，成为令人惊喜的惊叹号。

2005年，在上海闵行区的古树园林内，第一座古宅被谨慎而大胆地复建，它是用来思考和研究的。这片古树园林加上古宅，成为闵行区一道新的风景线，吸引来众多的参观者，人们留下的不仅是赞叹、敬佩，还有许多建设性的意见。

马达东并不满足从中国历史中寻找答案，七零后的年轻人与他的上一辈人不同，具有了放眼世界的目光。他游历世界，看到欧洲许多国家两三百年的民宅保护得相当好，仍在使用，既现代又舒适；五百年的古堡变身为现代旅馆和展览馆；一千年的教堂游人如织，仍是祈祷的圣殿。欧洲建筑能存活几百年，究其奥妙在于巧妙运用石材，还在于欧洲人具有不断更新建筑的理念，不断给予它们新的生命力。在亚洲，保护历史建筑做得比较好的是日本。他看到日本京都居然有那么多唐宋时期风格的建筑，距今四五百年历史的老房子保存得如此完好精美，这让他汗颜！他想明白一件事，其实中国不缺赋予建筑几百年生命力的传统工艺，北京的故宫能存活几百年，在于它使用了楠木作为建筑材料，并且不断修缮。多年前，一场猝不及防的暴雨，使北京许多新城区成为一片泽国，街上可行船，唯故宫安然无恙，宫内无数的石雕龙头喷水排涝，几百年前的地下排水系统做得如此完美！马达东说，每次看到这些精美的东西，内心都有触动，每一次触动都是一种力量的积淀，积淀到一定程度的时候，就想找地方去释放。站在世界看祖国，眼界是完全不同的，国内的城市化潮流正处在照搬和临摹美国现代建筑的阶段，看谁的楼建得更高。而此时的美国城市恰好与中国反了个一百八十度，反思"现代城市主义"带来的弊病，正在向欧洲小镇学习，"新城市主义"成为主流，激活二十世纪的文化遗产，城市再生成为时尚。城市再生的主导思路是步行优先，绿色生态，公共交通便捷，工作、生活、学习各城市功能区合理混合。欧洲城市的建筑，存在百年算新建筑，存在三百年才算老房子。在中国古代，抚州的古宅能保留四五百年。到了当代，为何新建的房子只存在了几十年就要推倒重建呢？马达东决心为中国城市化的未来做点引发思考的事情，让国人和世界看到我们这代人中还是有人愿意不追求房子的物理高度，而追求存活时间的长度，让子孙在一两百年后仍然能看见我们这代人造的房子。他要发掘中国民族文化精髓的东西，而不是一味地追随西方，做出与众不同的东西，不光让国人，也让西方人眼前一亮，感受东方文明的震撼。他头脑中的东西渐渐清晰起来，慢慢地具象化：在千年古树园林之中，错落有致地布局着一幢幢复建的五百年历史的古宅，古宅掩映在葱葱绿荫之中，它们是迎合当代人生活方式的建筑空间，屋子里每一件家具的原料都是循环几百年再次利用的金丝楠木，经过名师巨匠精雕细刻打造出来，典雅而高贵，貌似天然，随手撞到的都是历史，充满了东方的神韵和玄机，里面的气脉和筋骨都是最中国的。

三

2009年，闵行古树园林内迎来了一位重量级的客人，安缦集团主席艾德里安·泽查先生。全球著名的安缦度假酒店集团总是选择世界上最具历史文化特色和最迷人的景点建造他们

四百年历史的古宅已改造成养云安缦酒店中国文化特色的客房

的豪华酒店。安缦集团主席艾德里安·泽查一直有意在上海建造安缦酒店,但地点已经寻找了十多年,他要找到上海最具人文价值的环境。他是慕名来到古树园林的,马达东陪他走进四百年前的古宅,坐在仿故宫的明式扶手椅上,触摸着古老的金丝楠木打造的长条桌,他的视线慢慢掠过古宅青砖上的印迹,此时门外古樟树林在风中发出飒飒响声,有樟树清香飘进屋来,艾德里安·泽查静静地待了很久。在他眼里,这些古老的建筑、家具、古树都是有生命的,而且一追历史就是上千年,他被深深震撼了。这一次,艾德里安·泽查没有犹豫,当场拍板与马达东先生合作,把上海的安缦酒店定在千年古树边上。古树古宅体现了上海的包容和海派文化,并赋予其新的意义,在安缦顶尖的运行管理中,它们将迎来全球卓越人士的共赏。

养云安缦酒店客房的内景，充满中国文化元素。

上海的安缦酒店取名"养云安缦酒店"。安缦酒店掌门人的总体构想，是对赣派古宅庭院重新设计，使其坐落在一片宁谧幽静的树林中，主题设计思想是林间村落。

古宅的复建开始了，国际著名设计师科瑞·希尔（Kerry Hill）带领一个设计师团队和中国设计师在争执中开始工作，真理常常站在各种意见的交叉点上。马达东先生作为投资方，只提出了一个要求：我希望五百年以后，这些建筑还在，让我们的子孙还能看见它。当投资方把标准提升到五百年的时候，中外建筑设计师对所有的东西都必须重新思考，谨慎对待。

一幢建筑的寿命不但与使用的建筑材料有关，还取决于承载建筑的地基，许多房子的开裂倒塌是地面沉降引起的。马达东关心百年后，这片地基的沉降不超过五厘米，建筑师按照这

院内幽静深远，有许多狭长的通道，被设计成里弄和门廊。阳光从木质的花格窗透过，光影舞动，树叶、器皿穿插在空间里，充满东方韵味。

个目标计算每幢古宅的地基和互相间连接的道路地基，须做到地下二十米。负责施工的上海建工集团董事长大为吃惊，那是上海延安路高架道路打地基的标准！他对马达东先生说：就冲着你这种情怀，我敬你酒。古宅与古宅之间的围墙，垒的是大青砖，每块青砖重达一千二百公斤，下面的地基也打到十多米深。养云安缦酒店道路下铺设各种管线的"共同沟"，其宽度可以六个人并排走。既然地基打得这么深，地下空间不能让它闲着，设计师对它做了巧妙的设计，让古宅的地下室具备自然采光条件。建筑师借鉴纽约曼哈顿私人豪宅的经验，每幢古宅的地下室都有一个可以逃生避难的安全盒，可防七级地震和核爆炸。安全盒像银行的地下金库，有专用的发电设备、饮用水装置和快速逃生梯。

对待地面上的古宅复建，马达东对设计师也有要求，既要遵循中国古代建筑的传统工艺，又要符合当代对舒适性的要求，其中有一座古宅经历了四次重新搭建改良实验才取得成功。在这个过程中，国际设计师与中国设计师逐渐懂得了彼此的追求，古宅再造是一种精神，是对生命的尊重和文化的传承。古宅经过巧妙设计，内涵特质最大限度得到保留，设计师只通过最细微的干预完成现代人宜居的需求，当代的舒适性天衣无缝地融入拥有四五百年历史的建筑肌理中。每幢古宅配备私人露天泳池和按摩浴缸，配有原生态氛围的中国庭院。建筑设计师们重新搭建出二十六座原汁原味的古宅。八年后，在喧嚣的城市郊外，养云安缦酒店终于诞生了。古树森森，溪水潺潺，仙雾中笼罩着一座座古宅，它们终于涅槃重生，星罗棋布于树林清泉之间，犹如一母所生的孩子，虽说是兄弟姐妹，但模样个性都不同，让人看完一个还想再看下一个；下一个虽很耐看，但上一个还在让人回味。七人才能合抱的樟树王，占据了安缦度假酒店的中心位置，树王移植到上海历经十多年的生长，已超过三十米，枝叶繁茂地矗立在蓝天里，树王身边安排了一口古井，两个木质水瓢浮在水面上，供参观者轻拂树皮后再舀水给树王沐浴，忍不住生出敬畏之心。树王的一边是安缦酒店的大堂，其外表是清水混凝土的现代建筑，但房高不超过古宅以示对历史的尊重。大堂内部则是被镂空的金丝楠木合围的空间，从地面直抵天花板。推开门，走进挑高超过十米的大堂就能嗅到金丝楠木特有的幽香，在第一时间给人视觉上的冲击力。树王的另一边是一座曾被作为私塾的古宅，重建后打造成古色古香的"楠书房"，里面的案几、座椅和各种摆设都是金丝楠木制作的。养云安缦酒店的客房设计体现了标志性的极简主义风格，极简是走过奢华的简单。轩敞明亮的卧室和起居空间，一扫繁复，保持简约，墙上不挂一幅画，每扇窗就是一幅风景画，窗外树影摇曳，蓝天上有白云飘过，不同朝向的窗户就是不同的中国写意画。设计师还在酒店长廊引入光和影的自然现象，长廊是镂空的青砖砌的，旭日初升至落日斜照，变幻的阳光穿过镂空的青砖，洒落一地的细碎光影，春夏秋冬无穷的变幻之美给住客带来生活情趣，使人感受到大自然的存在，由此重新认识生活的意义。

养云安缦酒店的设计和建造用了整整八年时间，古树的搬迁培育历时十六年，耗资数十亿。在这片树宅相守的度假村落中，不论你来自哪里，来自哪个国度，都能感受渔樵耕读的宁静，追寻时光，一追就是上千年。古宅古树历经艰辛来到这里，它们已经被注入新的灵魂和新的内涵，正踏上再创历史的漫漫长路。马达东先生说，在很久以后，久到我们所有人都已经不在了，但它们还在这里讲述一段精彩纷呈的故事。

树宅相守的养云安缦和楠书房已经在国际上享有美誉，成为欧洲、中东一些国家、皇室成员的度假胜地。意大利著名的千年小镇派人专程来养云安缦参观并共办文化论坛。养云安缦和楠书房也给当代中国城市化带来许多启示，它们已经不是欧美文明的追随者，而是华夏文明的继承人和开拓者，这是它全部的意义所在。

第十章

雅加达没有冬天

站在浦东陆家嘴上海中心一百一十八层高楼的大玻璃窗前，俯视这座活力四射的国际大都市，从三十余年前穿越而来的我们，有时简直不敢相信眼前的一切，难以平复内心的波澜，无限感慨三十余年前上海出发时的那个落后模样，落后到连印尼这样的国家也小瞧我们。

1992年的上海，公费出国还是件稀罕事。我在上海市政府新闻处工作，第一次公费出国，不是去人人向往的发达国家，而是去了第三世界的印尼。领受出国任务时才知这次出访的缘由：印尼一个政府部长代表团访华时参观了北京、上海、广州

1992年中国经济技术交易团带着长征四号火箭等先进技术亮相印尼

几个大城市，回国后大肆宣扬中国经济落后印尼整整二十年，西方媒体纷纷转载，国际影响很坏。印尼华人华侨为之惊诧，担忧国弱而受欺，害怕再遭一次排华反华灾难，纷纷向中国驻印尼大使馆反映，他们不相信会是事实，希望以正视听。此事震动了中国政府高层，指示全国八个省市联合组成中国经济技术交易团赴印尼雅加达，主要目的不是经济交易，而是展示国力安定侨心，要求上海拿出当时最先进的人造卫星、运载火箭、万吨级远洋货轮等亮相印尼。

长期以来，印尼在我心目中是一个经济落后的国家，不可能超越中国，更别提超过全国首屈一指的大上海，当到了雅加达实地一看，才知自己夜郎自大，不识庐山真面目。

改革开放前的中国人，对于国外的了解贫瘠得可怕，一直认为全世界人民生活在"水深火热"之中,甚至天真地想去解放他们。而当时上海的市民处在集体的"均贫富"状态,生活水平之低令当今的年青一代难以想象,以我一个市政府科长为例,准备出国我才知道国际上早已通用拉杆箱,公务员出国还提着帆布行李袋有碍观瞻,以我当时月薪几百元的水平是买不起拉杆箱的,只能从办公厅行政部借个公用的拉杆箱。公务员出国的着装也体现国家形象,可我当时家里没有一件像样的西装,按规定领到一笔四百元服装费,专款专用去友谊商店订制了一套西装外加领带。当时能走进那个商店的,一般是外国专家、外交官、华侨、中国出访代表团成员等。友谊商店类似苏联的"小白桦"商店,那里人民币可不流通,流通的是一种特殊货币叫外汇券。当时公务人员出国不仅服装由国家提供,连一日三餐也有补贴。上海的补贴方式为政府与个人平均分摊餐费,下榻的宾馆管我们的早餐,午餐由公款承担五美元,想吃好的自掏腰包,晚餐个人全额自理。市政府办公厅的干部看似是坐在政府"宝塔尖"上的人物,但也是个清水衙门,月薪有限,只有向老红军老八路学习,上战场自带干粮,我花几十元在商店买了三十包方便面。

人生第一次走出国门,对于我和我的家人是破天荒的大事,他们为我准备行装时发觉三十包方便面差不多占了半个拉杆箱。好在雅加达是热带城市,气温常年在30℃上下,不需要带更多衣服,几件内衣衬衫分别垫在方便面的四周,防止路上震碎了宝贵的口粮。

中国经济技术交易团阵容庞大,来自经济最发达的八个省市的二百五十人齐会上海，包了一架专机直飞印尼雅加达。上海经贸团的团长是市外经贸委张副主任，他有美国留学的经历，在虹桥机场的登机口望着统一制服的中国代表团成员，不禁哑然失笑。

飞机落地，雅加达机场大厅就让我们眼睛一亮，宽敞高大，充满印尼民族特色，气势远超北京和上海的机场候机楼。经贸团在排队过海关检查时，市外经贸委的小金姑娘，手里拿着一沓美元票子，每人发给十美元，让大家夹在护照里。我们不太明白什么意思，她小声关照：别多问，这是塞给海关官员的"好处费"，否则他们会刁难死你，把你弄到小房间问话，搜查行李箱，拖延时间。海关官员可是国门守护者呀！进关还要贿赂，这是我有生以来闻所未闻的怪事。我当然不愿意印尼海关人员乱翻我的行李箱，盘问我为何带这么多快餐面进入印尼，我会很难堪。排队轮到我时，只见一个中年印尼官员翻开我的护照，若无其事地用小手指一勾，就把那张美元票子拨进他跟前的抽屉里，看了我一眼，咔嚓盖上大印章，什么话也没问就放我过关了。我出关后感慨道："这就是一个超前中国二十年的国家？"身边一位经常出国的外经贸委处长悄悄告诉我，国际上有个贪腐国家排行榜，印尼排在首位。

走出候机楼，就见到等候我们的印尼华侨欢迎队伍。映入大家眼帘的是鲜花编织的大匾"热烈欢迎中国经贸团"，还有几位华侨姑娘给我们每人脖子上套了一个花环，我们又惊又喜，以为受到国宾礼遇，负责接待的李先生解释说，你们误解了，印尼是个鲜花很多的国家，花匾花环是印尼接待贵宾的礼节，很正常，很平常。

出了机场大门，我们发现，乘坐的大客车与国内不同，高大威猛，分上下两层。底层放置行李箱，取放便捷，乘客们坐在上层，视野开阔，坐得高看得远。而当时国内长途汽车的行李架是在车顶上的，乘客的行李需要爬梯子拎到车顶上去，费力又不安全，但人们熟视无睹，习惯成自然，怎么就没人想到改得人性化一点。车子开出机场不久，眼前出现一条我们从没见过的宽敞公路，十六车道，八车道来，八车道去，中间有绿化隔离带。一路上没有十字交叉路口，没有红绿灯，道路两旁多了金属防冲护栏，护栏外是五十米宽的草坪，草坪显然是有养护的，隔着草坪是防护树林，从不时闪过的树林缝隙间可以望见远处的田野、村寨，几株椰树斜斜地撑在蓝天里，一派热带风光。虽然上海1988年就有了全国第一条高速公路沪嘉高速，但是没想到第一次亲身体验高速公路的速度，却是在雅加达。

大客车在高速公路上欢畅地跑着，印尼华人李先生在车厢里忙前忙后结识新朋友，不停地发名片。他在雅加达开了一家咨询公司，买卖全凭三寸不烂之舌和一张永远微笑的脸，典型的皮包公司。他在印尼政府中人脉深厚，上至总统，下至税务官，这是上海经贸团给他钱赚的原因。

李先生手持车载话筒微笑着介绍完自己又介绍他的国家："印尼位于赤道，与中国不同，没有春夏秋冬四季，只有雨季和旱季。现在正逢雨季，是最舒服的季节，太平洋上飘来一片云就是一场雨，云飘走了太阳又露脸了。印尼没有冬天，鲜花开不败，果实结不完。印尼人夸口，只需一条裤衩遮羞，一条毛巾洗澡，不劳动仅靠野生的香蕉、木瓜、木薯也能活一辈子。老天爷太宠爱印尼了，过度宠爱必生懒人。"李先生说这话时，眼角瞟了一下身边又黑又瘦的印尼驾驶员："他听不懂中文，听懂了也没关系，他们自己也这么说。"李先生话多，滔滔不绝："印尼是个群岛之国，有一万三千多个岛屿，东西绵延五千公里。印尼有一亿人口，主要是马来人，华人华侨有八百万人，还有少量的印度人。中国人天性勤劳，聪明，生活在人家地盘上自然有危机感，有钱就存起来或者做个小买卖，想方设法让钱生钱，而马来人的生活习惯是有钱就花光，从来不存钱。所以，印尼老板给工人发工资是七天发一次，不是按月发。马来人拿到钱，不到一星期就花完了，又来赊账。在印尼，华人当老板，马来人打工的现象比比皆是。这让印尼政府很担心，所以印尼有个不成文的规定，凡是公职人员一律不准雇用华人，印尼的政府机关、医生、教师、邮电局等所有的公共服务机构，几乎没有一个华人可以入职。甚至还有更离谱的规定，机场登机要让马来人先走，华人后走，用这种歧视的政策来提升马来人的地位，贬低华人。但事与愿违，在机场，你们可以看见一个有趣的现象，华人离开机场几乎都是开着小汽车走的，最差的也是坐出租车的，而马来人是搭乘公交车离开的。你们在雅加达住几天就会发现，华人住豪宅的相当多，贫民区基本住的是马来人。政府歧视政策反倒激励了华人华侨要自强。"

李先生越说越激动："印尼华人华侨对你们的到来充满期待，我们不信印尼官方报纸说的，中国落后印尼二十年，印尼怎么可能与中国相比。"说者热泪盈眶，听者激情澎湃，但窗外的景色令我们内心矛盾，眼下的高速公路显然就超越中国，我们的科技成就展示会不会让华人华侨失望，搞得大家心里七上八下没有底。

我们经贸团下榻在雅加达一家五星级的Wisat宾馆，房间宽敞，空调舒适，宾馆大堂的一角还有印尼艺人的表演，他们身着民族服装，击鼓而歌，唱着古老的民谣。宾馆餐厅的印尼美食相当诱人，但我们只能咽下口水，各自在房间里开水泡面吃。当时正年轻，一袋热水泡面吃个半饱，咬咬牙一跺脚再泡一袋。房间里热水不够了，我就走出房门找服务员要点开水。走廊过道上很安静，我来回走了一圈也没找到印尼服务员，却让我发现了一个秘密，隔壁房间居然住着几个穿军装的印尼人，他们的房门半掩，门里有人说话。路过门口我瞥了一眼，房间地毯上堆着一些摄影摄像器材、高倍军用望远镜，"邻居"该不是印尼特工吧？第二天一问张主任，果真是。他笑一下说：正常，心虚呗。他们过去杀了很多华人华侨，对我们怎能没有戒备之心。

雅加达的清晨是在伊斯兰清真寺超级喇叭播出的祈祷声中唤醒的。仿佛吹过了城市起床号，大街小巷便有了动静有了活力，渐渐喧闹起来。

宾馆提供的免费早餐相当丰富，有面包、米饭、蔬菜、水果。每个团员不论男女都会在保持体面的状态下尽量多吃一点，希望撑到中午也不饿。

上午，全体团员去雅加达市国际贸易城展馆布展，我随张主任、李先生乘车去拜访雅加达省的省长和印尼经贸部部长。印象之一是雅加达的上班时间堵车严重，汽车慢得像牛拉车，让我有机会仔细端详街景。大街上高楼林立，长河似的车流穿梭在办公楼与酒楼之间，小街小巷则是百姓的市井世界，摆地摊的，卖早点的，运货汽车被困在人海中，急促地鸣着喇叭。与上海当时的街景既有相似之处，又有很大的差异。1992年的上海，街上的摩天大楼还是不多，街上小汽车很少，自行车形成长河，公共汽车塞满了上班的乘客，如同浮在河面上的小船。当时中国人羡慕的外国"小汽车成河"现象，我们在雅加达感受到了，其实是堵车！雅加达的公共汽车一律敞开式的，甚至没有车门，方便乘客在堵车时随意上下车，小贩们可以从前门登车，叫卖着穿过车厢从后门下车，甚至还有时间登上第二辆车叫卖。售票员没有座位，站在车门踏板上，每到一站就大声招揽乘客。一座八百万人口的城市，公交车为何在上班时间不显拥挤？李先生告诉我们，雅加达的公交车车费很贵，一站地两百卢比，相当于人民币七角，比当时上海贵了十倍，一个"贵"字挡住了乘客。雅加达街上的小汽车、摩托车几乎都是进口的，美国福特、德国宝马、日本丰田，难怪印尼的部长访华后认为他们已超越中国二十年，他们早已对外开放，觉醒比我们早了二十年。印象之二是建筑物上到处悬挂着印尼总统苏哈托的巨幅挂像，慈祥地微笑着。有一幅挂像是他正俯身接受一对少男少女献上的鲜花，他觉得印尼的对外开放就是他带来的，故而心安理得地接受那份祝福。

印尼国家经贸部长（左三）出席中国经济技术展览会开幕式并参观展销内容

　　李先生为我的好奇解疑释惑：苏哈托当司令时有"微笑将军"之称，当总统后又有"微笑总统"的雅号，其实他是心狠手辣的铁腕人物，执政二十多年了，还没有任何人敢取代他，他背后有强大的军队支持。

　　印尼是世界不结盟运动发起国之一，有一年的世界不结盟大会在雅加达举行。雅加达堵车严重，为了减少大街上的车子数量，印尼政府做出了一个新规定，私家车不满四个人不准上街，逮住了重罚。而雅加达拥有私家车最大的群体是华人华侨，华人各社会团体纷纷抗议反对，但政府不予理睬，于是华人社团中有人酝酿着上街游行请愿，有人赶紧密报苏哈托总统。苏哈托轻蔑地说了一句，给我在路口架上机枪，看谁敢上街游行！反抗声很快被压下去了。世界不结盟会议结束后，私家车上街必须坐四个人的规定也没取消，一直延续至今，成为雅加达应对堵车的一个办法，一旦被警察抓住了就重罚两百美元。

我问："谁家有急事，非得开车出门，凑不满四个人怎么办？"

"规定是死的，人是活的，老百姓自有老百姓的办法，权解决不了的事，用钱来解决。"李先生笑着说，"执法者是警察，你往他手里塞十美元就放行了。"

我满怀疑惑："警察敢在光天化日下受贿？"

"这算什么，哪个印尼官员不贪。从总统、省长、市长，到每个警察、税务官，谁是干净的，大官大贪，小官小贪，无官不贪。我们华人开工厂办企业，想活下去就得找靠山，印尼哪个官员不兼几家华人公司的顾问！印尼的高速公路是总统女婿经营的，印尼最有名的华人巨富个个是背靠苏哈托发起来的，做面粉生意、木材生意、军服生意。"

李先生说："我们马上去面见的这位省长，上个月还是陆军的一个师长，摇身一变就成了一省之长。他上午在省政府办公，下午要去照看他自己的几家工厂，他既是高官，又是私人企业老板。"

世上居然有这样的省长，我惊讶得伸出舌头没缩回去。

李先生笑道："这有什么奇怪的，带你们去见省长是要花钱铺路的。中国有句古话，世路难行钱作马，愁城欲破酒为军。在印尼，见什么级别的官，都有明码标价。所以，我给你们开出的咨询价格，一点都没多要。"

省政府大院的门口有警察站岗，李先生连站岗的警察都认识，塞点小钱没办手续就让我们进了貌似戒备森严的政府大楼。省长给予我们很高的礼遇，安排在贵宾室会见张主任，房间里还插了中、印两国的国旗。省长是个中年男子，皮肤黝黑，嘴唇上留着小胡子，军人气质明显，只是体态发福，与我们握手很有力。李先生担任翻译，与张主任你一句来，我一句去的，全都是外交辞令。我们的拜访目的是邀请他出席中国经贸展开幕式，为我们站台。省长没有拒绝，说他那天虽然事多，仍会争取参加。我们估计他可能会出席，也许有买卖可做，还有好处费进项。

拜访完省长和部长，我们马上驱车到雅加达国际会展城，张主任要检查布展情况。这是在一个废弃的旧机场改建的大型展览场和会议厅，占地规模相当大，据说是当地华人出资建设的。中国经贸团包了整个会展城。上海展厅的面积最大，陈列了人造卫星、火箭、远洋轮船、万吨水压机的模型，反正把我们能亮出来的宝贝都拿来了。

午餐时间，会展城虽有三四个餐厅，但只供应两种食品，美国肯德基和日本拉面，且价格统一，都是五美元，难怪团里发给每个人的午餐费是五美元，标准不是随意定的。我不喜欢肯德基，吃了一碗日本拉面，清汤面上漂着两片牛肉，根本吃不饱。好在我是经贸团团部成员，还有些"外请"的机会，张主任悄悄告诉我，晚上有一位侨领请吃饭，让我一起参加。我心里窃喜，又可以省下两包方便面。

"侨领"是指当地华人华侨领袖，是既有经济实力又有社会影响的人物。雅加达的侨领马先生与上海有贸易往来，他想尽一尽地主之谊。其实吃饭不是目的，张主任想通过马先生了解印尼的国情民情和华侨生活状况，为写报告做准备。

马先生在他自己开的餐馆请我们吃饭。席间，主要是他说我们吃。随着他的描述，印度尼西亚群岛的轮廓很形象地在我脑海里丰富起来。印尼是太平洋火山喷发的杰作，热带的阳光和充沛的雨水滋养出一片片海上绿洲，洋洋洒洒地飘落在地球赤道两侧。岛上有丰富的矿产资源、水产资源和森林资源。印尼的国民主要居住在爪哇、苏门答腊、加里曼丹、苏拉威西四大岛屿上。印尼有许多岛屿至今尚未开发，政府为了加快经济发展，把一些无人岛屿卖给私人开发。雅加达有位华人买下一个无人岛开发旅游景点，炸平山头后，工人们夜间烤火取暖，发现山上的泥土居然能自燃，以为白捡了个煤矿，谁料挖下去竟挖出了个金矿。这位华商找来专家对周围几个岛屿进行勘探，竟然都含金矿，他全部买了下来，成立一家"三宝"公司，专门从事岛屿开发，成为雅加达巨富。

马先生说，这个"千岛之国"拥有太多的资源，苦于缺少技术、人才和资金。苏哈托总统受东南亚国家经济起飞的启迪，选择了对外开放开发的国策，引进外资，开发资源。美、日、德等国投资者早已捷足先登。美国的福特汽车、高速公路、沃尔玛超市，日本的丰田汽车、摩托车，德国的发电设备，一家接一家企业登陆印尼。正确的国策带来印尼经济的高速增长，现在粮食基本实现自给自足，农副产品和一些初级加工产品出口有明显增长，参观一下雅加达的超级市场就知道了。

马先生从印尼的经济又谈到政治，他认为印尼的政治体制很奇特，军队可以直接参政，在各级政府和中央政府机构中，军人占了很大比例。这种政体与印尼的地理环境有关，一万三千多个岛屿居住着三百六十六个种族，经济水平低，社会动荡始终是困扰政府的大问题，军队发挥着独特的作用。西方一家媒体报道说，印度尼西亚群岛上没有一个村子不是由军队中士或上士领导，全国没有一家国有企业不是由上校或将军担任总经理的。这一切与总统苏哈托有关，他本人就是军人，通过政变上台担任印尼第二位总统的。他是个强势总统，有一段时间，雅加达黑社会势力泛滥成灾，雅加达市市长拿不出对付的好办法。一次几个黑社会的人翻墙进了一个部长的家，不但盗了财还强奸女眷。那个部长哭诉到了苏哈托总统那里，黑社会太猖狂了，连堂堂一个部长的安全都保证不了。苏哈托一怒之下，叫来了四军司令（海、陆、空、警察），下令全城大搜捕，把上了黑名单的和刑满释放的黑社会分子全部抓起来，监狱里关不下这么多人呀，苏哈托一挥手，全部拉出去毙了，雅加达从此就太平了。总统一句话就是法，不用法院判决。

聊天时，大伙儿都对印尼反华排华事件很关注。马先生说，这个问题很复杂，印尼华人社会的形成有着悠久的历史。一千多年前，就有华人在印尼居住生活了，他们把中国先进的种植、养蚕、冶炼、铸造、酿酒等许多文明带给印尼。按常理，印尼的原住民马来人应该感谢华人华侨才是，但结果令人遗憾。华人华侨生活在异国他乡，必须十分努力才能生活得好一些，加上中华民族天赋的勤劳聪慧，经商头脑发达，成为印尼的中产阶层，甚至进了巨富的"宝塔尖"阶层。印尼社会贫富两极分化严重是不可调和的社会矛盾，或者叫阶级斗争。

马先生继续说，每一次排华反华浪潮中，这些华人富商往往最易遭到暴民抢劫，高墙电网根本没用，不但工厂、家里洗劫一空，甚至家里的女人还会遭到强暴。我们华人华侨与马来人的宗教也不同，佛教是讲与人为善，普度众生；马来人士信奉伊斯兰教，讲的是有仇必报，宗教是矛盾的。居住在印尼的华人华侨大概有八百万人，只占全印尼人口的百分之三点五左右，为了生存，唯一的办法就是找靠山。几乎所有的华人企业都会请当地有权有势的印尼官员担任名誉董事，送钱送股份，以求庇护。印尼的官员是允许经商的，他们利用手里的公权为自己谋私利，加上身兼多个华商的董事，造成了印尼贫富差距悬殊，社会矛盾尖锐。印尼是个火山多的国家，整个社会更像个"火山"，民族矛盾与阶级矛盾交织在一起，积累到一定程度就会喷发，往往某个偶发事件就会成为火山口。马来人中的富有阶层大多有军队背景，没人敢惹，排华反华就成为火山岩浆必经之处。印尼是世界史上排华最严重的国家之一，尤其是苏哈托执政后，经常发生大小程度不同的反华排华动乱，许多社会矛盾冲突原本与华人无关，每次冲突最后都会演变成反华骚乱，抢劫、焚烧华人的工厂、商店、汽车、渔船、货物。这就是印尼华人华侨生活的现状。所以，华人华侨打心眼里盼望着祖国强大，强大到印尼的政府和马来人不敢对华人胡作非为。

马先生感慨道："国强则侨安。谁见过美国侨民受欺辱的事件？美国军舰马上开到你家门口了。"

一桌人听得心情非常沉重，甚至有一种悲愤之感，都觉得这次出访的责任重大，意义非凡。

在中国经济技术交易会开幕的前一天，为了扩大影响，我们不但在雅加达知名报纸上刊登了广告，还邀请印尼主流媒体记者到会全程报道。

记者招待会安排在雅加达市中心一家高级宾馆举行，定在上午九点。九点过后，原定的十五家媒体才来了三两个记者。李先生宽慰我们说："九点开会十点到在雅加达是很正常的事。雅加达堵车严重，但迟到的人从来不说迟到是因为堵车，而是说早上祈祷时，真主说九点不宜出门，所以才迟到的。"李先生笑侃起印尼老百姓的文化风俗：印尼的马来人信仰伊斯兰教，真主的意志至高无上，甚至丈夫要讨小老婆，只须在某个祈祷日回来后对妻子说，再娶一个女人回家是真主的旨意，妻子只有服从。当然，伊斯兰教也有规定，允许一个男子最多可以找四个老婆，对于一个印尼男人，找几个老婆就看他的经济能力。

果然，过了十点，印尼的记者们陆续到场了，每个人说的迟到理由是基本相同的："真主说九点不能出门。"

太有趣了，真叫一方水土养一方人。

我们按照李先生的指导，记者招待会首先要"招待"记者们吃好喝好，准备了大量的蛋糕、点心、饮料和好酒。记者们吃完了才坐下来听我们发布新闻。临走时每个记者都收了一个信封，里面装了一百美元，如此才能保证新闻见报率。

第二天的开幕式特地安排在上午举行，比较符合印尼的"国情"，提高印尼政府高官的出席率，因为他们下午要去照看自己的公司。经济技术交易会是免费开放的，不少雅加达市民来参观展览厅。最有意思的是一些华人华侨主动带着他们关系密切的当地马来人参观展览，并主动用马来语帮我们做翻译，介绍中国的先进技术。一些马来人对人造卫星不懂也无多大兴趣，但对万吨远洋轮船十分关注，惊奇地问："是中国自己生产的吗？"因为印尼还造不出万吨轮，只能花重金向美国、日本购买。华人的脸上那种无比自豪的神情给我留下深刻印象，我当时脑子里闪过一个念头，要是中国能生产美国波音飞机那样的大飞机就好了，印尼的华人华侨该多么自豪骄傲啊！

中国经济技术交易会展示的是刚刚打开国门时的科技成就，对比欧、美、日发达国家还是落后了一大截，我们很担心难以做成生意，回国不好交差。事实竟然出乎我们意料，每天都有合作项目签约、订单入袋。上海外经公司的展台上有一种椰壳加工活性炭技术，吸引了二十八家印尼商客竞相洽谈。活性炭是生产黄金的添加剂，印尼是黄金生产国，椰树成林，椰壳遍地皆是，缺的就是提炼加工成活性炭的绝活，中国这门技术让印尼人大开眼界。印尼总商会的会长对中印经贸交易活跃的现象看出了门道，说了句大实话：发达国家的技术先进，但

上海经济技术代表团团长张强（左三）拜访中国驻印尼大使钱永年，我（左一）陪同在座。

价格也"先进"，印尼接受不了。发达国家的设备自动化程度太高，取代了人工，有悖于印尼政府解决高失业率的政策。而价格具有竞争力、质量较好的中国技术，十分适合印尼追求经济高速增长又困于基础薄弱、财力不足、国民素质不高的国情。

中国经济技术交易会展出仅五天，中印双方成交合同一百四十四项，成交金额达一点零五亿美元。雅加达的媒体给予充分报道，印尼华人社团的好评如潮，侨心为之振奋，扬眉吐气，中国经贸团达到了预想的出访目标。

在雅加达交易会期间，让我们有机会深入印尼社会进行观察。不得不承认，印尼在某些领域超过中国，所谓寸有所长，尺有所短。

我们在雅加达市中心的苏迪曼大道上,看到街边成行的摩天大厦,心里不由暗暗敬佩。当时的上海,虽说有不少大楼开工建设,但楼房还是刚出地面,最高的建筑是外滩的联谊大厦,显得孤独、不成气候,缺少美国纽约第五大道的气势。在日本的 Sogo 超市,日本三菱、松下的家用电器,比利时的微型计算机,德国的厨房刀具,各种进口食品,各种新鲜水果、鱼肉蔬菜,商品琳琅满目,应有尽有,消费者推着购物车或提个购物篮选购商品,中意的就放进购物篮里。我望着悠闲地挑选商品的顾客,联想到上海商业街的百货公司,掏钱买东西要看营业员的脸色。你挑选一次,营业员的脸色就难看了,挑选第二次她们就很不耐烦:"你到底想不想买?"顾客与营业员的争吵斗嘴在商店里随处可见。大家万分感慨,纷纷说:"上海早就该引进外国超市了,我们上街买东西就可以自由选购,不用看营业员的脸色了。"团里一位处长说:"领导总是担心引进外国超市会冲击民族工业,害怕百货公司关门倒闭。不过,现在的市领导思想都很解放,上海很快就要与法国、日本合作开设超级市场了。"

展览交易会快结束时,张副主任宣布,大家辛苦,每人发二十五美元奖金。我口袋里虽然有了几张美钞,在超市里逛来逛去舍不得买,又不好意思推个空车走过收款处,仅仅买了两包最廉价的印尼饼干。我舍不得花钱还有一个原因,我是第一次见识美钞,觉得很稀罕,想着带回去和家人共同分享这份稀罕,只要一买商品,这份"稀罕"就没有了。

雅加达的国家微缩公园从另一个视角让我们开了眼界。它把印尼群岛上几十个民族的名胜古迹和当地建筑，按照1:1的比例仿真建造在公园里，分区域设置。这个公园占地面积很大，需要用三天时间才能看完。印尼微缩公园真正迷住了我们，参观一个区域就是看一部民族的文明简史，那些稀罕珍贵的衣裳服饰，闻所未闻的生丧嫁娶风俗，竹筒制作的印尼民族乐器，古朴悦耳的民族音乐，手舞足蹈的艺人表演，令我们目不暇接。在这些民族村中，唯独没有华人的民族建筑和服饰，让人感觉是印尼当局的刻意抹杀。但这个公园还是给我们启发，中国也可以建一个中华民族的微缩公园。

雅加达的野生动物园让我们有了一种全新的体验，游客乘车游览猛兽区，狮子、老虎、金钱豹在我们车外逛来逛去，这个场景中国只是在电视台播放的国外野生动物园节目展现过。上海、北京等各地的动物园依旧延续人们围观笼子里动物的传统方式。雅加达还有创新之处，建了个"猛兽亲近区"。一只孟加拉虎和一只金钱豹趴在宽敞的石板凳上，让游客坐在它们身旁合影。经贸团的女同志都不敢上去尝试，李先生一再鼓励我们试一试："这只老虎早已驯服了，瞧它的肚子吃得饱饱的，绝对不会咬人的。"为了证明一下，他第一个坐到老虎旁示范，伸手摸摸虎背，甚至在老虎头上拍了两下，吓得女同志惊叫，怕它跳出来咬人，老虎只是摇头甩尾，像只得宠的家猫。我顺手拉了个男同志上前分别坐在老虎的左右，口里急喊："快拍照，动作快一点。"我们的坐姿基本是随时准备跳起来跑开。那只老虎眯缝着眼睛朝前看，对我们无动于衷。突然，老虎缓缓朝我转过头，盯着我的大腿看。天哪！我的大腿就在虎口之下，

在印尼的动物园,我抱着凶残的金钱豹一起合影。

在印尼动物园,大象给我套花环。

它一张口，我的腿就玩完了。我不敢再往下想，担心逃跑惊吓了老虎，后果更可怕，硬着头皮等着拍完照片，轻轻地站起来，快步离开这只猛兽。我的勇敢尝试鼓励了其他团员纷纷上去与老虎合影留念，但女同志们还是不敢，她们大多穿着裙子，怕老虎顺口咬下她们的大腿。

走出猛兽亲近区，我脑海闪过一个念头，国内的动物园与雅加达的猛兽亲近区差异在哪里？中国人还沉浸在"杨子荣打虎上山""武松打虎"的打虎英雄传统观念中，而印尼已经进步到保护野生动物，人类要与猛兽和谐相处的新思维阶段，与欧洲发达国家十分接近，甚至在同一条跑道上了。

印尼的气温基本保持在 28℃～34℃ 之间，在雅加达的大街上可以同时看见穿汗衫的行人和穿皮夹克的人，让人感到不可思议，是印尼人耐温性高？李先生为我们释疑，穿皮夹克的人肯定是骑摩托车的。印尼人认为摩托车高速行驶时的热风会让人感冒，皮夹克是用来挡风的。我诧异地提问："他们为何不骑自行车呢？"李先生愣了一下，回答我说，自行车在印尼是比赛和郊游休闲的工具。我顿时无语，自行车当年在上海依然是上下班的交通工具，而雅加达已进入机动车时代。

我们无法深入雅加达平民家里去观察生活，只能开车走马看花般游览街区。高档住宅区的道路笔直，一处处花园别墅，绿树掩映着白色小楼，幽静整洁，空气清新。而贫民区的住房低矮，通道狭窄，污水横流，臭气冲天。路边小食摊边一些苦力吃饭连筷子饭勺也没有，三个手指捏个饭团，蘸着盘里的菜

身后是一排排的海滨别墅

汤下饭，十分可怜。高档住宅区和贫民区都有一个共同特点，家家户户窗前的长廊上放着一排纳凉的椅子。富人家的长廊上放着编制精美的乳白色高靠背藤椅，穷人家放的是结构简单的竹椅。谁穷谁富，看看院里的椅子就知道。穷人和富人一样渴望天伦之乐，在劳作一天之后，全家围坐在星空下，喝着咖啡纳凉。我还注意到贫民区的自来水不是接入每家每户的，而是一个集中供水点，那里有几个水龙头，有人挑水，有人收钱，还有一些妇女蹲在那里洗衣服。上海当时也有这样的给水站，为家里没有自来水的居民集中供水。1992年的上海，还较少见到像雅加达如此漂亮的高档住宅区。虽说穷但大家均贫富，徐汇区一些高档别墅也是新中国成立前留下的，大部分市民依然住在老旧石库门弄堂里，我也不例外。

　　当我徜徉在雅加达海边的白沙滩上，椰林树下，面朝蓝色大海，那片海洋就是中国地图上的南海，海的尽头是我的祖国。回眸身后一排排高档的海滨别墅，高楼林立的大街，能感觉到印尼国民没有满足于大自然恩赐的蓝色海岸，坐享其成，正在奋斗，沿着海湾建了高速公路，建了亚洲一流的国家微缩公园，建了和谐共生的野生动物园、海滨游览公园，还有新颖的超级市场。印尼人有理由为他们的成就感到自豪和骄傲。

不比不知道，走出国门吓一跳，我相信经贸团每个人都已经看到了这个差距。

印尼早在1969年就实行对外开放开发的国策。举国上下努力奋斗，在第一个二十五年发展规划（1969—1994年）期间取得很大成就，经济年平均增长率为百分之六，而1969年的中国，正处在特殊时期，与大发展的机遇擦肩而过，国民经济几乎走到了崩溃的边缘。天佑中华，中国的发展列车回到正轨，以邓小平为核心的中央领导集体做出决定，实行改革开放的国策，奋起直追经济全球化的大潮。若把两国的国策对比一下，中国比印尼多了一个"自我改革"，改变自己释放出来的能量是无穷大的，这是中国国策的高明之处。中国追赶世界瞄准的目标一直是西方发达国家，印尼这一声骄傲的叫喊，才让我们发现身边的跑道上还有一名赛手，谢谢他给我们注入了加油的动力。

雅加达没有冬天，而上海的春天已经来了。等着吧，二十年后再见分晓，这是我当年离开雅加达时的一份心情。

二十五年弹指一挥间，今日中国已是国力强盛、科技发达，军力迈入先进国家之列，航空母舰问世，导弹驱逐舰参加国际维和，为我国商船远洋护航，接回战乱之国的我侨民、游客。吴京编导的电影《战狼Ⅱ》里的一句话——"犯我中华者虽远必诛"让我激动得热泪盈眶，我的感受是身旁那些年轻观众难以体会的，因为他们没有我在雅加达的那段经历。这些年来，但见中国与印尼贸易往来不断增加，两国政府间友好交往频繁，再也不见印尼反华恶性事件的报道，印尼华人华侨忍气吞声过日子的一页翻过去了。今天中国人的国际地位日益提升，因为每个人的背后有一个强大的祖国，诚如《战狼Ⅱ》电影表达的那样：中国护照不能保证把你送到世界任何一个国家，但能保证把你从任何一个国家接回来。

第十一章 干杯，巴黎

我第一次踏上法兰西大地是在二十一世纪第一个春天，当飞机平稳地降落在戴高乐机场时，我太太转过脸来神情兴奋又有几分不自信地问我：我们真的到法国了吗，真的到巴黎了？！她是平生第一次踏上欧洲的大地，又是到了我们心目中最浪漫、最有文化底蕴的国度。过去我们是从电影《巴黎圣母院》，从巴尔扎克、雨果的小说中一个个人物了解一个平面的巴黎，今日终于见到了一个活生生的立体的巴黎。我没想到此行竟然与巴黎结下了缘分，更没想到七年后我会率领上海一个代表团来巴黎洽谈商业街区合作事宜，并引进巴黎顶级奢侈名牌"爱马仕"。

2001年，作者在巴黎市著名的巴黎圣母院前留影。

  初识巴黎，令我们震撼的是香榭丽舍大道两行望不见尽头的行道树。高大的树冠居然被切割成一方一方长条形的绿色艺术品，远远望去就像一根根上海的"绿豆棒冰"立在那里！太有艺术想象力了，切割如此巨大的树冠，修剪的机器该有多大呀？中国唐诗有"二月春风似剪刀"，中国文化讲的天人合一，依赖大自然的伟力；西方人崇尚万能的工具改造世界，马克思墓前的一句话就是"问题在于改造世界"。这是东西方文化的差异。另一个让我没想到的是香榭丽舍大道的路面，依然铺设着上海话中的"弹格路"。弹格路在上海人眼里是落后的象征，在时尚之都的巴黎百年不变。我一时糊涂了，是谁先进谁落后？我们的导游是个在法国留学的上海姑娘，她告诉我们，香榭丽舍大道是在一片沼泽地上建起来的，你们看到的弹格路并不是一块块组合在一起的小石块，而是一条条长一米五的石柱，用打桩机一根一根砸进沼泽地的,我们踩到的每个小石块,其实是条石的顶端。

我多年后才明白,弹格路还有特殊功能,下雨时路面不会积水,都渗入了地下,成为城市第二水源,像海绵一样,即我们今天时髦的"海绵城市"。

一条美丽的塞纳河穿越这座城市,把巴黎分为左岸和右岸。香榭丽舍大道位于塞纳河右岸,建于1853—1870年的巴黎旧城改造时期。站在一百五十年前修筑的大道上,令人感慨万千。从协和广场到凯旋门是这条大道的首和尾,大道两旁坐落着许多商店,露天咖啡座,供人们在树荫下、遮阳伞下休闲聊天。当你登高俯瞰巴黎全城,那些华丽的建筑群在阳光下熠熠生辉,它们是一百年、两百年前,甚至是三百年前的建筑,今天仍然在居住、办公、购物,这些都让我感到震撼和不可思议。进入二十一世纪,中国的"旧城改造"以燎原之势燃遍神州大地,几乎每座城市都在进行旧城改造,我们一些市长充满了"旧貌换新颜"的造城热情,却没有保护保留历史建筑的理念。有位县长曾自豪地宣称:他一星期就拆掉了一座县城。但是建设新城时又缺少百年大计的目标,只图"快"和"变","面子工程"遍地开花。新房子建了二十年就已经成为"老旧房"等待拆了重建。

大街上中国旅客的比例相当高,很少有人放慢脚步欣赏这些历史建筑,大都是"到此一游"的拍照。他们也没有闲心享受巴黎的阳光,步履匆匆地出没于奢侈品牌店疯狂购物,晚上到"红磨坊"观看艳舞。毕竟国门刚刚开启，外面的世界太精彩。中国游客在欧洲购买奢侈品牌的消费狂潮震惊了世界，也惊动了中国政府高层。2005年，我创立了淮海路商业街经济发展促进会并成为首位会长，卢湾区政府给我的一个任务是，尽快与巴黎香榭丽舍大道联系，结为友好街区，引进法国奢侈品牌，把中国人的奢侈品消费拉到上海来，拉到淮海路来，带动区里的GDP。二十世纪二三十年代，淮海路在法租界时期是"霞飞路"，具有"东方香榭丽舍大道"的美誉，两个街区有着天然的历史渊源。区政府特拨款五十万元，作为我们的活动经费。

我与巴黎这座城市的交往就这么开始了。

走出国门与法国著名商业街建立友好街区，从哪里下手呢？国家外经贸部欧洲司帮了我们大忙，当时中法贸易逆差严重，他们正为此犯愁，闻讯上海的淮海路想与巴黎商业街结为友好街区，开展贸易往来，感到也许是一条减少贸易逆差的良策。中国驻法大使亲自出面协调，香榭丽舍大道管委会同意与上海代表团见面洽谈合作。我们赶紧飞往巴黎。双方见面采用早餐会的形式，法国人的早餐很简单，一杯热咖啡或果汁，再加一个羊角面包。一条长桌，一边坐着香榭丽舍大道的十一位执委，对面坐着我们淮海路商业街代表团八位成员。对这次见面，我是做过功课的。我必须对巴黎和法国人有所了解。法国人特点是浪漫、自信又很务实，他们自认为他们的语言和发音是全世界最优美动听的。法国人一般不说英文，虽然他们懂英文。他们认为他们的文化遗产和文化创意是世界数一数二的。我对巴黎和香榭丽舍大道的历史也做了功课，那是在1853—

2007年作者（左一）站在巴黎街头接受电视台采访

1870年期间，在拿破仑三世指令下，一个铁腕人物奥斯曼拆了巴黎老城建了一座辉煌了整整一个半世纪的巴黎。法国人有理由骄傲。

香榭丽舍大道执委主席是维京连锁书店公司的总经理，他首先致辞欢迎我们到访，说了一番客套话。我以淮海路促进会会长身份介绍淮海路商业街的历史概况，淮海路商业街有百年历史，促进会成立刚满三年，当我讲到淮海路还是二十世纪二十年代法国人创建的时候，只见对面十一个法国人脸上露出奇怪的表情，他们开始交头接耳。我以为我说错了什么，身旁的法语翻译悄悄提示我，对面的法国人没听说过淮海路商业街，只知道上海有条南京路商业街。这下轮到我们中国人愕然了，上海谁人不识淮海路的大名？淮海路是上海人心目中最美的一条商业街。我再强调了一遍，淮海路在二十世纪三十年代被誉为东方的巴黎、东方的香榭丽舍大道。谁知这句话引起了执委会主席的反感，他竟不客气地打断我的话说，香榭丽舍大道有三百年的历史，执委会成立有一百年的历史，他不相信中国在七十年前就会出现与香榭丽舍大道比肩的商业街。

他直截了当地问我此访的目的。

我也直截了当回答他，希望两街结为友好街区。

这位法国人的嘴角露出一丝不屑。一位执委打破了几秒的尴尬，以一种法国式的幽默讲了一段真实的历史：六年前，北京市政府派专人来联系香榭丽舍大道委员会，提出王府井大街想与香榭丽舍大道结为友好街区。理由是：王府井大街和香榭丽舍大道同为两国首都的知名商业街，香榭丽舍大道委员会一口答应。北京市政府组织了隆重的签约仪式和商业论坛，邀请全国著名商业街代表参加，几百人济济一堂，热热闹闹开了三天会，还特别邀请了两国大使共同见证庄严的签约仪式。法国人说，签约之后，三年没联系过，法国人曾主动发函联络，但北京没有回音。另一位执委补充说，这几年中国不少省市商业街来到巴黎与我们结为友好街区，签约、拍照，然后消失得无影无踪，像什么也没发生过一样。后来我们终于明白了，你们中国人根本不是为了建立友好街区，开展贸易往来，只是想借香榭丽舍大道的名气抬高自己的身份。我们听了面面相觑，为同胞们脸红。当然，我们又不会在外国人面前贬低兄弟省市，于是反复强调我们不是政府代表团是企业家，我们是来谈生意的，是真诚希望合作。但在法国人眼里，你们都是中国人，中国人就是这个样子的。两街合作的事他们始终不松口，早餐会不欢而散。结束后，陪同在一旁的中国驻法大使馆一秘对我无奈地说，法国人就是这么直截了当，不讲情面，不会说客套话，这是文化差异。

淮海路代表团几个成员都是企业老总，各自找客户去了。我和秘书长王道南坐在巴黎的旅馆里发愁，回去如何交差呢？仍心有不甘。一个疑问绕在我心头：为何法国人知道南京路，不知道淮海路，难道他们忘记自己的祖先曾侵略中国，在上海留下法租界的遗迹？而时间仅仅隔了百年，还是法国人故意选择遗忘侵略殖民的历史。

王道南懂一点法文，儿子媳妇也在巴黎工作，他出门去四处活动。真叫天无绝人之路，王道南兴冲冲地跑回旅馆来告诉我，香榭丽舍大道执委贝纳先生主动为我们联系了巴黎另一条著名商业街圣日耳曼大街委员会，圣日耳曼大街的历史比香榭丽舍大道更悠久，名气更大，他们很乐意与上海淮海路结为友好街区，贝纳先生约我们当天晚上与圣日耳曼大街秘书长莫卢女士见面。贝纳先生虽说是香榭丽舍大道的执委，同时也担任圣日耳曼商业大街的执委，也许这位法国人被我们的真诚所打动，会议结束后他主动找了圣日耳曼委员会的会长和秘书长，这真是天上掉下个馅饼。

可是，圣日耳曼大街的名字对我们上海人是很陌生的。新华社驻巴黎记者为我们解疑释惑，她是从中国驻法大使馆知道了上海淮海路来到巴黎的事。她说，圣日耳曼大街是有七百年历史的商业街，被巴黎市民称为他们自己的商业街。她说，你们上海都对"巴黎左岸"这个名字不陌生，上海也有"左岸咖啡馆"。圣日耳曼大街正是闻名遐迩的巴黎左岸拉丁区，公元558年修建了圣日耳曼教堂，教堂周围逐渐形成贵族居住区，而右岸的香榭丽舍大道是属于新兴资产阶级居住区。奥斯曼总督大规模改造整个巴黎市区时，圣日耳曼街区是规划最重要的部分。它曾是萨特、巴尔扎克、罗丹、毕加索等作家、青年艺术家、哲学家和知识分子的家园，也是法国政治家，大学生喜欢的商业街，法国的总统、总理当选后都会到这条街上的咖啡馆来庆祝自己的胜利，对于酷爱文化和历史的巴黎人来说，令他们自豪的圣日耳曼街区有五十多家电影院，两百多个画廊，五百余个咖啡馆，我国革命的先驱周恩来、邓小平，大艺术家徐悲鸿、冼星海等名人在法留学期间都曾去这条街上喝过咖啡。

这么有名的商业街，为什么我们中国人不知道呢？只知道香榭丽舍大道。新华社驻巴黎记者说：这个不奇怪，巴黎市民普遍认为圣日耳曼大道是属于巴黎人的，而香榭丽舍大道属于巴黎乡下人和世界各地游客的商业街，各国游客就把香榭丽舍大道的名字带到了全世界。你们上海市民不是把淮海路视为自己的商业街，把南京路看作外地人和外国游客逛的商业街吗？与法国人只知道南京路不知道淮海路如出一辙。所以，淮海路与圣日耳曼大道结为友好街区才是门当户对呢。

当晚，我们在一家餐厅与圣日耳曼大道委员会秘书长莫卢女士会面。莫卢女士是个开朗直爽的法国中年妇女，精力充沛，善于与人打交道，她曾开过咖啡馆，当过老板娘，丈夫是个专

2007年,在巴黎一家餐馆内,作者(左一)代表淮海路促进会与巴黎圣日耳曼大道委员会秘书长莫卢女士(左二)签署中法两街合作备忘录。

业摄影师,后来关了自己的咖啡馆担任专职的秘书长。见面几分钟她就应允双方建立友好街区,双方还签了一份合作备忘录,我们特地开了一瓶法国香槟酒庆祝。分手时,莫卢女士主动与我拥抱,尽管我对这样的法国礼节有些不适应。第二天,莫卢女士亲自陪我们参观了圣日耳曼大街的商店,法国著名奢侈品牌"爱马仕"的总部就在这条大街上,我们特地去了著名"花神"咖啡馆和"双瓷人"咖啡馆坐坐。"双瓷人"咖啡馆的门面大一点,其名气就是咖啡馆里放着两个彩色的瓷人儿,我上前一看,原以为是什么中国著名政治家或者诗人,结果竟然是两个穿着清朝官服的普通官员,让我十分失望,这就是巴黎人心目中的中国代表?咖啡馆内部不大,我们只能买杯咖啡坐在门外椅子上,悠闲地看着街上人来车往,感受巴黎人的时尚生活方式。这样，淮海路商业街和巴黎圣日耳曼大街"恋爱"了。

之后，圣日耳曼大街委员会与淮海路促进会经常保持邮件往来，并且每年互访一次，增进彼此了解和感情。

我们希望用行动彻底改变法国人对中国商业街的负面看法，关键是要做点实实在在的事。时任卢湾区商委主任的吴荷生提出，在淮海路引进巴黎顶级奢侈品牌"爱马仕"和"路易威登（LV）"，"良禽择木而栖，引来金凤凰"，不怕二三线品牌的"群鸟"不跟随。

2007年，我们陪同卢湾区江小龙副区长去巴黎拜访了爱马仕公司全球总裁帕特里克·托马斯（Patrick Thomas）先生。由于圣日耳曼委员会的推荐，爱马仕总裁给了我们最高的礼遇，在他们公司总部顶楼的露台上举行欢迎晚餐。法国人的晚餐是一种文化享受，文化是需要慢慢品味的，"品"是需要时间的，不仅餐前有鸡尾酒会让人们交流，结识新朋友，餐后的告别方式也是充满法国特色，时间常常超过半小时，大家显出恋恋不舍的样子，不想离开即将消失的美好夜晚。作为中国人，你再有急事也要耐下性子与大家聊天告别，不断拥抱贴面，说一些称赞主厨手艺好，给人留下深刻印象之类的客套话。

在促进会的努力下，一批法国、意大利的奢侈品牌店有了在淮海路商业街开店的愿望。这些奢侈名牌拎包要卖两万元一个，一条皮带要卖五千元。为什么卖这么贵，中国的消费者还趋之若鹜？作为会长我必须弄懂，做个明白人。名牌的背后最本质的东西是文化，我开始研究这些名牌的家族和文化内涵。

2007年作者（左四）率淮海路促进会代表团访问和考察巴黎香榭丽舍大道、圣日耳曼大道、蒙田奢侈品商业街并拜访三条商业街的行业协会。

第十一章

干杯，巴黎

研究巴黎的奢侈品牌不得不涉及这座城市的历史文化。不是所有的人都知道所有的名牌，对于买名牌的人，可以成为他信心的基础，就是买的地方要有品牌，这是在巴黎买的，"巴黎"两个字给他信心。所以，我们政府想通过引进外国奢侈品牌店把中国人的消费拉回国内，其实是一厢情愿。巴黎为什么在全世界这么有名？它什么时候出名的？我寻根溯源发现巴黎在1853—1870年曾经历了一场翻天覆地的旧城改造，才有今天辉煌的巴黎。

巴黎主要是由十六至十八世纪形成的环状路网和房屋组成，街上到处是露天公厕，给水系统的污染时常引发疫病流行。1853年奥斯曼总督奉拿破仑三世皇帝之命，委托景观建筑师阿方德和工程师贝尔格兰德实施改造计划。

奥斯曼推倒了巴黎两万间旧房子,将工人阶层的市民逐往郊区,建起了宽阔的林荫大道和以街心花园为轴心的放射性道路。巴黎的道路修建总长度由1852年的两百三十九英里,到奥斯曼1870年离任时达到五百二十五英里,巴黎每五条道路便有一条是奥斯曼修建的路。在道路两旁种植树木是奥斯曼改善城市环境的重要成果,并成为巴黎城市的特色。他创造了奥斯曼式住宅,六层高的街面楼房,底层做商铺,中间几层做住宅,楼顶作为用人间,这种建筑样式很快风靡欧洲。我们今天在淮海路商业街上看到的法式建筑,就是奥斯曼式商住两用房,淮海路与当年英国人建造的南京路商业街最大区别在于林荫大道,夏天绿叶茂盛如华盖,为逛街购物的送荫遮阳。奥斯曼还在新建的大街上新增了三千二百盏瓦斯灯照明。夜间有了照明,改变了人们日出而作、日落而息的生活方式,充分利用起晚上时间逛街购物和娱乐。灯泡照亮了卢浮宫与各个住宅区的街道,大量的百货店、时装屋、餐馆和娱乐场所纷纷落成,新巴黎的城市氛围由此形成。奥斯曼还铺设了八百公里的给水管道和五百公里的排水管道,解决了城市市民用水问题,减少了疫病流行。与此同时,他还创造了公交马车,总计有五百七十辆。马车不再是贵族的专利,平民只要愿意支付车费就可以坐上公交马车。

法国巴黎在1855年举办了世界博览会,也是由奥斯曼一手操办的。巴黎从此成为欧洲的城市典范,成为欧洲的骄傲。巴黎街上的商品自然比别的城市卖得贵,它有很高的文化附加值。

道理弄明白了，我在中法商业街文化论坛的演讲中说，我们引进法国奢侈品牌，不是为了给自己脸上贴金，也不是借光炫耀，而是同台竞技，以此看到自己的差距，就近学习人家的工匠精神、敬业精神和对自己历史文化的尊重。2010年上海世博会期间，法国的主要奢侈名牌爱马仕、路易威登等公司纷纷落户淮海中路。

2010年，上海经过了二十年的旧城改造，以完全崭新的面目呈现在世界面前。上海的巨变让法国人感到无比震惊，中国人怎么一夜之间暴富了，大楼是新的，道路是新的，机场的设施那么现代化。当然，许多建筑是外国建筑师的杰作，例如浦东机场候机楼就是法国著名建筑师保罗·安德鲁设计的。我邀请香榭丽舍大道委员会的执委访问上海，并在新天地的"透明思考"餐厅吃饭。中国琉璃炫目的餐厅，餐桌上的中式餐具，中西融合的菜肴，让法国人赞不绝口。香榭丽舍大道的大皇宫总经理感叹道：新天地已经在文化上超越了我们巴黎。另一位执委感叹道，浦东机场通往市区的大道比巴黎戴高乐机场的道路漂亮整洁，巴黎现在的道路太脏太陈旧了。我带着法国人参观了茂名路上"花园饭店"，这座五星级酒店的裙楼部分在二十世纪二十年代曾是法国总会，建于1926年，具有法国宫廷建筑风格。大宴会厅穹顶上的五彩玻璃和打蜡地板保护得十分完好，既有法国历史文化内涵又有现代艺术装饰，宴会厅还钉了一块铜牌，注明是哪位法国建筑师设计的。这让香榭丽舍大道执委们深感意外，他们迫不及待地要求坐在咖啡厅里来上一杯咖啡，品味建筑装饰，欣赏窗外美景。法国人对淮海路有了新的认知和发自内心的敬佩。他们开始相信淮海路促进会是真的想与他们合作,而不是借用巴黎的名气。我们充满了自信,香榭丽舍大道委员会不主动开口,我们故意不提结为友好街区的事。

2010年5月,圣日耳曼大道委员会一个正式代表团来到上海,与淮海路促进会在锦江饭店正式签约结为友好街区。在卢湾区副区长江小龙和巴黎六区区长勒考克先生的见证下,我代表淮海路商业街与巴黎圣日耳曼大街会长斯杰科维奇先生(巴黎著名"花神"咖啡馆的董事长)庄严签字。在签约仪式上,勒考克区长的讲话中特别邀请淮海路促进会到巴黎六区政府的大礼堂举办淮海路文化周。我在发言中邀请法国人在淮海路上举行圣日耳曼大道文化周、爵士乐表演、巴黎电影展,并把淮海路每年一届的玫瑰婚典安排到巴黎举办,让上海的新娘新郎们在法国教堂里举办集体婚礼。双方还谈出了一个大胆又浪漫的创意:中法两街在2010年圣诞节一起亮灯,让这个创意成为中法两国的新闻事件。圣日耳曼大道和淮海路的行道树都是梧桐树,浪漫的法国人在每年圣诞节用一串串灯珠把梧桐树装饰成一只只高脚酒杯的模样。入夜,路灯下的街道就像巨型的长条桌,两排行道树如同盛宴餐桌上排列整齐的高脚酒杯,望不到尽头,美不胜收。我的灵感来了,建议把淮海中路四百多棵梧桐树也装饰成高脚酒杯,尽管巴黎与上海有六个小时的时差,但不妨碍我们两地在同一天向媒体宣布:上海和巴黎两条商业街同时亮灯。新闻标题就是"上海与巴黎的干杯"。这事一定会在中国和法国引起轰动,吸引更多的顾客。

创意有了,钱从哪里来?淮海路上四百多棵梧桐树,用白

2010年5月，作者（右二）代表淮海路商业街与法国巴黎圣日耳曼大道会长斯杰科维奇先生签约结为友好街区。卢湾区副区长江小龙（右一）和巴黎六区区长勒考克（左一）为见证人。

2010年5月，法国巴黎圣日耳曼大道委员会访问上海淮海路商业街，作者（左二）以会长身份接待随团来访的巴黎六区区长勒考克（左一）参观上海新天地，新式石库门令法国人赞不绝口。

色灯珠装饰成高脚酒杯，估计需要几十万元。我们来不及找赞助商，还是圣日耳曼大道委员会为我们解难，找来了一家法国红酒公司赞助淮海路。

真可谓"福兮祸所伏"，正当我们与法国赞助商谈妥合作细节时，上海媒体上冒出一篇文章，批评淮海路上的梧桐树一年三百六十五天被彩色灯珠缠绕，是对植物生命的不尊重，影响大树的生长。2010年上海进入世博会开幕式倒计时，各政府部门压力巨大，不敢犯一点小错。淮海路促进会向区园林局递交的"中法两街共同亮灯"申请报告迟迟得不到答复，区政府最终反复研究考虑，取消中法两街亮灯计划，但是巴黎名牌爱马仕、路易威登等商店在淮海路上如期开张，对我们而言也算做成一件实事。

其实爱马仕在淮海路上开店也并非一帆风顺。爱马仕的第一家门店开在静安区的恒隆广场，那是一幢现代摩天大厦，而卢湾区提供的两幢楼是二十世纪二十年代的法租界工部局老房子，典型殖民地式外廊式建筑，深得爱马仕公司青睐。静安区政府一听爱马仕要离开南京路搬到淮海路非常着急，世界名牌离开南京路似乎有损静安区投资环境的形象，极力阻止爱马仕离开，而卢湾区政府要求爱马仕必须工商注册在卢湾才允许开业。两个区的"拉锯战"造成了爱马仕淮海路店无法在2010年上海世博会期间按时开业。一天，我接到好朋友蒋琼耳女士的电话，说爱马仕原来的中国总裁是法国人，不懂如何与中国政府打交道，现在换了一位中国人曹伟明先生担任中国区总裁，他想认识我，大家见个面。同济大学毕业的蒋琼耳曾在法国留

2014年9月14日，法国顶级奢侈品牌爱马仕上海店开业，作者（中）与爱马仕全球总裁帕特里克·托马斯（右一）、爱马仕中国区总裁曹伟明（左一）合影留念。

学，学成回国后帮着法国著名建筑师夏邦杰做事，后来就与爱马仕合资，创立了中国的奢侈品牌"上下"。上下与爱马仕同在淮海路上原法租界工部局的两幢老建筑中，新的上下品牌注册在卢湾区，门店开业没问题，但法国总部希望爱马仕与上下姐妹店同日开业。我这个会长当仁不让，通过一家公关公司去游说两个区政府，改善投资环境，非常重要的一条是要让资本自由流动，自由选择设店的位置，打破行政壁垒才能获得投资环境好的名声。当然，也让爱马仕上海店内部在产业链上做些分工，最终以爱马仕静安区老店不搬家，新店的部分业务注册在卢湾区而获圆满结局。

让我没想到的是蒋琼耳的上下品牌在巴黎商业街上也开了一家门店，这也算是上海和巴黎的"干杯"吧。

form # 第十二章

走进一个美国家庭

阳光移过了一道又一道子午线,我们从上海出发时太阳当头照,当飞机降落在美国芝加哥机场时,黑夜已离开密歇根湖跨到了太平洋西海岸的上海黄浦江。迎接我们的依旧是阳光和比阳光更灿烂的侄女夏梦(化名)的笑脸。她未满一周岁的儿子伊恩坐在洋丈夫杰夫(化名)的胸兜里。与她一年来往的微信里看到,这位美国出生的洋丈夫不但帅气而且具备"上海好丈夫"的特点:上得了厅堂,下得了厨房。出门是华尔街"大摩"(摩根士丹利公司)的高级主管,下班直奔家里忙着给儿子换尿片,分担家务。美国的劳动力成本太高,高级白领也请不起保姆,夏梦只好牺牲个人的新闻专业,回归家庭做个专职妈妈,直到孩子能独自上学再重新就业，这是美国人的生活方式。夏梦原是上海电视台财经频道派驻英国伦敦的记者，每天早晨7点半准时在上海电视节目露面，播报欧洲财经新闻，才华横溢，能入她眼的才子很少。运气不错，上天最终给她送了一个"老外"小伙子，纽约华尔街德意志银行派驻伦敦金融城的职业经理人杰夫，他后来跳槽到了"大摩"。他俩的缘分开始于泰晤士河畔的一个派对上，两个不同国度不同肤色的俊男靓女，走到人生事业的巅峰，双双坠落爱河，走进婚姻殿堂。按照婚前约定，他俩在上海举办一个中国式的婚礼，然后在芝加哥举行一个美国式的婚礼。本人荣幸地被他俩指定为中国式婚礼的证婚人。就这样，我认识了杰夫和来沪参加他婚礼的父亲安德鲁（化名）和母亲玛丽亚（化名）及他的两个兄弟，在接触过程中我很意外地得知，安德鲁和玛丽亚并非美国本土人，而是来自东欧的移民，安德鲁是斯洛伐克人，玛丽亚是乌克兰人。移民的时间是1968年。时间在这个点上有特殊的含义，那是苏联入侵捷克的日子，这个家庭的移民史让我充满了好奇。

安德鲁先生是与儿子杰夫、儿媳夏梦一同来机场迎接我们的，这对父子性格反差极大，安德鲁像个老顽童，生性活泼快人快语，时不时幽默几句又恰到好处，他在哪里出现哪里的气氛立马活跃。杰夫先生外表不苟言笑，待人彬彬有礼，高深莫测，摸不清他在想什么，有点令人敬而远之。

这次赴美是自由行，我与太太汉云的哥哥立寅、嫂嫂兴芸组了个"四人亲属团"，平均年龄超过六十岁。中美两亲家分别住在地球的两端，今日相会在芝加哥，双方心情特别激动，内心涌动着热流，仿佛老朋友几十年相逢。夏梦还觉得没完全表达出那一刻的心情，便与我们每个人紧紧拥抱，这是异乡遇家人呀。兴芸迫不及待地从洋女婿胸兜里抱出小外孙，鸡啄米似的在洋娃娃脸上留下印记。平时话少的立寅与话多的安德鲁忙着把一件件行李搬上候机楼前停着的汽车上，他俩用肢体语言交流，配合默契。我和太太汉云拉着夏梦仿佛有说不完的话道不完的情，我还没说完她接过话头滔滔不绝。兴芸与洋女婿交流着，她直接把上海话变个调儿当"英语"讲，说得洋女婿一愣一愣地翻白眼，逗得我们哈哈大笑，夏梦忍不住过去解围，翻译几句，杰夫顿时恍然大悟。幸福的大家庭气氛笼罩着所有人。

我走出候机楼，真想对着这个陌生城市大喊一声：芝加哥，我们来了。

一、心态不同看美国

二十年前，当我首次踏上美利坚大地，走出旧金山机场时，我也似乎对那个城市喊过一声："美国，我来了。"那是与一个陌生人打招呼，心里充满好奇又有些莫名其妙的紧张。虽说彼时中国已经重新打开国门二十年了，但美国在我的印象里还只停留在图片、电影中，我很想亲手触摸直观感受一番。1996年我每月工资区区三千元，连张飞美国旅行的机票也买不起，何况还有在美国旅行的吃用开销。两个老朋友知道我的心思，帮我实现了这个奢侈的愿望。

当朋友陪我坐在旧金山一个山坡上美国兵营改建的麦当劳店里吃着夹肉汉堡，望着窗外金门大桥在水面升腾的一团团雾气中时隐时现时，有一种梦游的感觉：我真的在美国了？在开车去拉斯维加斯的高速公路上，车窗前闪过的一辆辆小汽车让人感到震惊，简直像奔跑的儿童玩具，崭新得如刚刚下线出厂的车，在广阔原野的衬托下，像一幅幅油画美不胜收。我忍不住好奇地问，美国人的车为啥这么新？好朋友汪总边开车边笑着答道："人家三年就换一次车，能不新吗？"是啊，感慨自己国家的小轿车基本处在能开动就不换车的生活水平，差距太大了。高速公路上的集装箱大卡车也与国内不一样，一尘不染，连车轱辘都铮亮，照得出人影。回想自己国家公路的大卡车，个个灰头土脸，车尾排气管吐着黑烟，轮子永远粘满泥污，一开动漫天扬尘。初到美国的所见所闻令我感慨万千：什么叫世界头号发达国家！那是一个不得不正视的现实，自己在用羡慕嫉妒的眼光看美国。

　　相隔五年，我再次访美。那时，我已下海，月薪是从前的七倍。2001年秋，我已经有实力带着太太自费到访美国，我们去了纽约、华盛顿，心态也在悄然发生变化。抬头看看纽约第五大道的摩天大楼，心想上海的楼不比你们低；高速公路的轿车、集装箱卡车怎么就没了五年前的新鲜感。仅仅五年，上海赶上来了，马路上的奔驰、宝马、奥迪轿车不比美国少，连"城市病"也一模一样，堵车严重。悄悄向导游打听了一下美国普通人的平均收入，竟然与自己差不多，顿时又添了几分自信。

　　这次芝加哥之行，与第一次访美隔了二十年。中国二十年的变化太大了，GDP超越日本直逼美国，上海的房价超越了美国二线、三线城市。我的心态又有了变化，那是全球视野下的开放心态，已经学会用欣赏文化差异和借鉴经验教训的眼光看美国。虽然隔着辽阔的太平洋，我们这一家中国人居然与一个美国家庭攀上了亲家。我们这次自由行是来"串门走亲戚"的。出发前，我们就让夏梦为她父母和我们在芝加哥市区合租了一套一百二十平方米的三房两厅的房子，每天租金两百七十美元，两家人一平摊，每天租金一百三十五美元，比住宾馆实惠，上海人不差钱了。尤其是我们后来住到夏梦的婆家，安德鲁的郊外别墅时，听说他的邻居正急于出售一套带花园的大别墅，四百多平方米，售价七十万美元，折合人民币大约四百六十万元。夏梦鼓励我买下来，她知道我有这个经济实力，我在上海中心城区的一套一百四十三平方米的公寓房子就值一千多万元，我抛掉上海一套房就能买下芝加哥郊外两套大别墅。

上海的城市日新月异地变化，虽说美国芝加哥二十年城市变化不大，但两个城市各有所长，各有所短，仍有许多值得上海学习借鉴之处。我们租的房子是1920年建的，我们所在的北惠普街区是一百年前建的，房子、街道都显得陈旧。美国总统特朗普竞选时总结得很到位：这些年美国的钱都用在世界各地打仗上了，没用在城市基础设施更新上。

美国加州一直想建一条高铁线，"纸上谈兵"讲了十年也没落地，据说原因是在穿越私人领地的极高难度和经济效益差，加上竞争对手航空业的阻挠，这在中国的体制里都不是问题。

我们住的北惠普街区旧归旧，仍然很整洁。出租屋是一幢两层楼的独栋别墅，这片街区是由几百个独栋小别墅构成的，在几条纵轴线上呈行列式一排一排依次展开，每幢房屋后面带有小花园，种些花花草草和放置垃圾桶。我们这幢房屋的主人自己住底楼，二楼出租给租客。房子的外表有一种历史文化的凝重感，结实深沉。室内却与时俱进，装饰雅致，迎合现代人审美的眼光。有三间卧室，客厅与餐厅相连，面积很大。厨房、卫生间也不小。大冰箱、电视机、煤气灶一应俱全。屋内收拾得干净整洁，床上的被子柔软舒适。这样的生活水平与我在上海的日常生活条件差不多。上海与芝加哥的差别在于城市的人口密度。上海中心城区的人口密度高，芝加哥则相反，我们居住的北惠普街白天也见不着几个人，这应该是美国二十世纪四十到六十年代城市化浪潮普遍犯的错误，城市向郊区蔓延，中心城区普遍衰退，出现"空心化"。我们在这一街区住了十天，竟然没见过一个清洁工，谁在做保洁工作呢？一个高寿的百年老街虽老但气质不凡，干净整洁，要是换一个空间，放到上海去，无非两种命运：要么是正在颓塌中的"脏、乱、差"地段，等待拆迁；要么已经夷为平地建了高楼，老房子都被碾碎压在了地下。上海目前善于建新楼，缺的是更新和经营历史建筑的理念，城市公共文化的形成还在路上。芝加哥的城市公共文化相当成熟，这条百年老街的环境保洁与建筑更新是每户居民自家的事，不需政府督促。人人自觉地保持街区整洁，垃圾不落地。加上芝加哥空气清新，灰尘很少，下一次雨就把街面冲洗干净了。由于居住人口稀少，各类商店开不出来，购物必须开车跑很远的路，让我们切身体验到美国是个名副其实的"汽车上的国家"。生活遇到的难题是我们英文太差,太太和他哥嫂基本不会说,我的英语用上海话说是"三脚猫",蹩脚透顶。一提这事儿我就痛恨我老部队的连长。四十多年前,中美两国绝交二十年后正式建交,我鬼使神差地"觉悟"到要学一门世界通行的语言,与几个战士开始偷着学英文背单词,结果被那个满脑子极左思想的连长发现了,叫到他办公室狠狠训了一通,扣我一顶吓人的帽子:"你是不是想叛国,否则你学外国话干啥子?!"学习的火苗被掐灭了。当我重新燃起学英文的激情时,已三十五岁,记忆力大打折扣,刻苦努力却成效不大,学了十几年也是个"哑巴英语"。即便如此,我依然自信满满,觉得我们四人出门,凭着我几句"三脚猫"英语,不至于在芝加哥吃不上饭,找不到厕所。

但在芝加哥的"自由行"让我深切体会到,我对自己的英语水平还是太自信了,实际情况就是语言不通在一个陌生国家的城市"自由行",根本无法自由,连每天最基本的吃饭都成了问题。好在我们已处在互联网时代,夏梦给我手机上下载了Google导航地图和Lyft叫车软件,找不到路时她可以用微信直接指导,购物结账时用手机"中译英"软件,一键搞定。

有句话说得很形象:美国是汽车上的国家,中国是互联网上的国家。

美国亲家安德鲁是个热心肠的人,他住在郊外却一直记挂着在市区的我们,他安排我们几乎游遍了芝加哥的各个著名旅游景点,西尔斯大厦、千禧公园、艺术博物馆、内河游船和密歇根湖游船等。

芝加哥号称美国的"摩天大楼"发源地，西尔斯大厦一度是世界上最高的办公楼，有一百一十层，建于二十世纪六十年代。一百零三层专门设置了供观光者俯瞰全市的观望台，距地面四百四十二米（2013年11月被纽约的世贸中心一号楼打破纪录）。2016年，第一高楼的纪录又被上海中心大厦打破，高度达六百三十二米，一百一十八层。安德鲁、杰夫、夏梦带着儿子和我们四个上海人站在西尔斯大厦一百零三层观光台上，我没有稀罕感。上海中心大厦的建造和管理者顾建平总经理曾是我在市政府办公厅同一个办公室的老同事，上海中心大厦竣工还未对外开放时，我已经捷足先登地上了观光层大厅，俯瞰全上海。我在西尔斯大厦观光时就向安德鲁一家发出邀约：你们再来上海时，我一定请你们登上海中心大厦观光台俯瞰上海，观光层比西尔斯大厦还高。话一出口马上有点后悔，我一时忘了这些亲戚是世界第一大国美利坚的国民，会不会伤害了对方的自尊心。他们很愉快地接受了邀请，没有任何不快之意。事后一想，也许美国亲戚根本不在意我强调的那个高度，也许他们早已知道上海中心大厦是美国SOM公司和美国KPF建筑师事务所共同设计的，人家没点穿。也许是我想多了。

二、生活方式差异化挺有趣

夏梦、杰夫的婚礼让我有点失望。我原本指望他们的婚礼在芝加哥一个高高尖顶的天主教堂举行，在管风琴或者唱诗班

在芝加哥参加侄女夏梦与她美国丈夫杰夫的美式婚礼，简单温情，不拘一格。

的圣歌音乐中，身着西装打着黑领结的杰夫与披着一袭圣洁白纱的夏梦，接受神父对他们的祝福，就像好莱坞电影里一样。杰夫妈妈的想法竟然与我们一样。但这对年轻人选择了乌克兰人社区一个艺术馆作为婚礼举办地，与上海的中式婚礼差异不大。双方父母也只能双手一摊表示无奈。婚姻是两个年轻人的事，婚礼只是让这人生的美好时刻有一种仪式感，以此与亲戚、朋友共同分享这一神圣时刻，这便是美国文化所表现的"自由"，你内心怎么想的就可以怎么去做，还会得到大家的尊重。

我们参加完夏梦、杰夫在城里的美式婚礼，也就告别了出租屋的生活，搬去郊外安德鲁的别墅住十六天。搬家那天，我们提早起床，早餐后把每个房间尤其厨房收拾干净，回归原样。夏梦来电话关照，房东不来与我们当面交接房子，只要把钥匙留在桌上就可以离开，女房东在这十天中只与我们偶然见了一面。那还是我们刚到的第二天早上，她穿着睡衣走出后门伸个懒腰，回头一眼看见我从后楼梯轻手轻脚走下来，我吓了她一跳，她也吓了我一跳，好在双方很快反应过来：房东和租客。于是我给对方一个微笑对方也还我一个微笑，就算打了照面。她凭什么如此信任我们几个中国人？不怕我们临走搬掉些什么。夏梦解释说：这是中美思维文化的差异。美国人更容易信任一个陌生人。中国人正相反，对陌生人的戒备心会重一些。但是倘若你骗了美国人一次，那就是失信，失信的人在美国社会寸步难行，所以，诚信在美国文化中非常重要，视之为生命。年轻的夏梦一直没有弄清，中国人为何对陌生人充满了怀疑和不信任，我后来告诉她二十世纪五十年代的中国人与今天的美国差不多，互相信任，自家的房门钥匙是可以挂在弄堂口的守门人那里的。

我们退房撤离前的表现，夏梦几天后告诉我们房东给予的评价很高，欢迎我们下次来芝加哥时再租她的房子。

那天安德鲁是特地开车来接我们去他家的。9月中旬，芝加哥处在夏末秋初的季节，阳光照在脸上热辣辣的，站到树荫下立马凉爽。芝加哥空气透，洁净度高，这是在上海难以享受到的。上海一直处在建设中，空气中的飘浮物太多，整个天空总是灰蒙蒙的，太阳射线穿不透厚重的雾霾。从工厂退休的立寅忍不住问道："我们到芝加哥十几天了，无论从空中望下去还是地面坐车，怎么没见过厂房？芝加哥这么大的城市，没有工业？"

这个问题又给了安德鲁一个幽默的机会：过去确实有很多

工厂，不过现在都去了中国。他说这话时神秘地眨眨眼，含义颇深。他以前去过上海，知道上海由于承载了太多的工厂而使空气中充满了工业排放的废气。

是的，美国几乎最大的化工企业都去了中国。1962年美国海洋生物学家雷切尔·卡逊写的《寂静的春天》一书出版，书中揭示了化学工业对人类健康的危害，此后美国出现了许多环保组织，阻止化工厂污染空气和水环境的行为，造成了化工企业成本加大，生存困难。二十世纪九十年代，中国的招商引资的盲目，一度为这些企业打开了一条生路，我们赖以生存的土壤、空气、河水都出现了污染问题。美国人把有公害的企业转移到了中国，他们在本土做起了健康产业，金融、生物科技、新能源、互联网，那是利润丰厚又无公害的产业。

车在出城时已过了上班早高峰，但仍有堵车现象。接近郊区，道路开始畅通，公路两旁的楼房少了，视野变得开阔，远远近近都是绿荫葱葱，芳草碧连天。安德鲁居住的社区是绿树掩映下的一幢幢别墅，让人精神为之一爽。二十世纪五六十年代，美国的城市化浪潮中，人人梦想在郊外有一幢带花园的别墅和私家车，它成为美国梦的一部分。中国的城市化浪潮比美国迟到了四十年，但浪潮之汹涌澎湃是美国遥不可及的，中国的人口基数大呀！安德鲁1968年移民美国时正赶在这个鼓点上。美国当时正处在经济发展的上升期，赶得早不如赶得巧。

中美两国居住观念差异很大，芝加哥的有钱人住郊区，钱少的人住市区，因为失业救济机构中心都在中心城区。上海的富人住在市中心，因为最好的医疗、教育、生活设施集中在交通便利的中心城区，自然房价也最高，而中低收入市民住在城郊接合部，房价要低很多。住在市中心是一种身价的象征。安德鲁的别墅是一幢带车库的两层楼房子，与左邻右舍形成了一个社区。安德鲁介绍说，这片土地是他二十世纪七十年代买下的，当时是一片玉米地，通水通电通煤气的公用基础设施由政府来做，别墅外观和内部结构是安德鲁与建筑师共同设计的，安德鲁是电器工程师，家里电器的位置从设计到安装全部按照他和夫人的个人喜好安排。这种个性化的做法在东欧是不可想象的，计划经济国家的房屋是政府统一设计建造的，一个模子里压出来的，单调乏味，没有个人"自由发挥"的余地。所以，安德鲁就觉得美国很对他胃口。他们别墅的客厅和餐厅面对一片几百平方米的大花园，买下时撒的草籽现在已成绿茵如织的草坪。当年栽种的一排小松树作为与邻家花园的隔离栅栏，现已长成了参天大树。不远处可以看见中学的操场，随风传来学生一阵阵打橄榄球的喝彩声。他的三个孩子都是这个中学毕业的。周边有两个大型超级市场，也不缺酒吧和特色餐厅。总之，该有的都有了。

我们四个中国人在一个美国家庭开始了短暂却终生难忘的生活。文化差异其实是件挺好玩的事。首先中美两国吃的文化习惯不同，我们习惯吃米饭、炒菜，喝热水；安德鲁一家人吃面包、冷牛奶、蔬菜沙拉，喝冰水。美国人的午餐很随意，取出面包，切成两半，夹入培根、腌鱼片、奶酪，在微波炉中加温，再切一盆水果，然后每人一杯冰水就是一顿饭。初来乍到，我们不敢放开手脚炒菜做饭，就煮速冻水饺，烧一锅热汤。中美两个家庭围坐在餐厅的长条桌旁，我们邀请他们尝尝中国的水饺，他们邀请我们尝尝夹肉面包棍和水果，中美饮食文化在餐桌上大融合。但是双方语言交流有障碍。安德鲁掏出手机，对着它说了一通英文，然后递给我们看，屏幕上同时出现英文和中文，双方脸上露出会意的笑容，"OK,OK"的单词双方都会不约而同地蹦出口。翻译器有时不争气，经常出错，也可能是口音不准，屏幕上出现一些莫名其妙的话，大家对此哈哈一笑，于是不约而同地"NO,NO"，并乐此不疲。

桌子那头，杰夫正在照料伊恩吃饭，伊恩的手指上沾满了番茄酱，涂得满嘴满脸，鼻尖上也沾了一点红。安德鲁对着手机说了一句话，拿给我看，屏幕上显示：杰夫是个好爸爸。我马上点头同意，并对着手机回应道："是的，不但是好爸爸，还是好儿子，好丈夫。"安德鲁不失时机地幽默了一下，他的手机屏幕上显示：杰夫的爸爸也很好，逗得我们哈哈大笑。这顿午餐足足吃了两小时。

文化是千百万人难以撼动的思维习惯，是千百万人身不由己的行为方式，它体现在每一天平凡的日常生活中。

安德鲁与我们四位中国人都已是退休老人，享受着国家养老金。我们四个中国老人的口头禅是"不服老不行"。但安德鲁的字典里似乎没有"老"这个字，他上下楼梯都是咚咚地奔上奔下像个小伙子。每天早上起床下楼来，真诚与我们每个人招呼，还要对着窗外的阳光打招呼，"sunshine, Have a nice day"（阳光，美好的一天）。然后嘴里哼着小曲，制作他的美味早餐。安德鲁对早餐十分重视，他说，一天的能量是从早上开始提供的，早餐吃得好，才会有充沛的精力。咖啡是不可缺的，把咖啡豆倒入自磨咖啡机。咖啡机工作时，他开始用刀把新鲜番茄、辣椒、花菜、洋葱切成片，再从冰箱里取出烟熏肉、奶酪，夹在面包中，喝着自磨咖啡用早餐。他夫人玛丽亚有时故意从他的早餐盆里夹几片蔬菜尝尝，安德鲁马上做个护住自己食物的动作，像个孩子，逗乐了我们大家。

有时餐后余下一点甜菜汤，玛丽亚会说，安德鲁，finish it（完成掉）。安德鲁朝我们摊摊手做出无可奈何的表情，用手机翻译说："我是人类的垃圾桶。"我们马上说："你是人类的宝贝！"他眼睛一亮说："是的！"

初秋的芝加哥，我们四个中国人穿着长袖衬衫，安德鲁仍然是短袖汗衫，问他凉不凉，他拉起胳膊上长长的汗毛说，不冷，我有毛皮"裘衣"。其实他是患过胸腺癌开过大刀的，做过化疗，胸口留下一道长长的疤痕。他没有被生活打垮，对开刀化疗这事儿不忌讳，做了个在胸口抓一把扔掉的动作，说："已经没了，什么都好了。"

我们四个中国人都年过六十，就觉得自己很老了，生命开始倒计时了。安德鲁年龄比我大，但他对生命充满热情，对每一天的到来都有新鲜感，有感恩心，无论是晴天、阴天、雨天。晴天给他带来好心情，雨天也不错，后花园的草坪不用浇水了，园子里种植的蔬菜有了上天恩赐的雨露，门外的两辆小汽车和家里的玻璃窗被雨水冲刷得干干净净。下过雨后，空气更加清新，树叶更加绿了。安德鲁甚至说，他可以听见草的滋滋生长的声音。

我们稍稍留心一下那些创新创业的成功者，他们首先是个热爱生活的人，善于从生活中发现美的人。记得一位科学家说过，科学发明是有规律的，八个字：长期积累，偶尔得之。长期积累是指对生活对任何事物保持新鲜感和好奇心。难怪全世界有百分之七十的诺贝尔奖得主生活在美国。这种新鲜感、好奇心成为千百万个家庭的思维习惯，成为一城一国的文化时，其创新力是其他国家无法匹敌的。美国长期占据着全球创新大国的位子难以被撼动，与这个国家多数人保持好奇心的文化习惯密不可分。

在安德鲁家生活的十六天，最难忘的是篝火晚会，那蹿上蹿下的火苗永远留在我的记忆中拂之不去。那是一个黄昏，安德鲁提议说，玛丽亚今天有点累了，做晚饭需要一个小时，我们可否喊外卖，吃比萨？他眼光扫来扫去征求我们意见，大家都赞同，尝一尝西式晚餐。

在等候比萨的过程中，安德鲁说，吃完晚饭还可以举行篝火晚会，我们一听就兴奋起来。火盆是现成的，一直放在花园的草坪中央。我们一起把屋外的铁质小桌、椅子搬到火盆旁边，围了半个圈。安德鲁搬来一些旧木条说："这些都是装修房屋时拆下来的旧地板，留着就是废物利用。"

比萨在半小时后送到，打开食盒，一个是二十八寸的番茄培根比萨，一个是肉末蘑菇比萨。比萨很可口，一桌人吃得乐融融，玛丽亚切了盘洗净的生芹菜，端上桌，我们大家就用手捏着一根芹菜，蘸着色拉酱、奶酪吃，清脆爽口。

天色暗淡下来，篝火生起来了，安德鲁找来两件绒球衣给我和立寅套在身上，怕草坪上气温太低会着凉，真太有人情味，细致入微。

旧木条在火焰中噼噼啪啪响着，火光映红每张脸。玛丽亚端来了一个木制盘，上面有三个小碟，一碟子新鲜葡萄，一碟子开心果，一碟子饼干和巧克力棒。她回屋里又拿来三碟，分别放在两个小桌子上，顿时增加了愉悦的气氛。

玛丽亚忙完厨房的事，也加入进来。但这么美妙的夜晚，我们不能干坐着，语言不通阻碍了我们的情感交流。当语言无力之时，音乐可以代替。我提议大家唱歌吧，安德鲁突然想起什么，奔回楼里，取来了吉他，他真是多才多艺，调准了音，他开始弹奏捷克民乐，我们就击掌应和。我们想唱中国民歌，也想听听他们的乌克兰或斯洛伐克民歌。

我唱了一个《听妈妈讲那过去的事情》，太太和她哥嫂一起跟着合唱。

嫂嫂提出唱个《莫斯科郊外的晚上》，我忙用中文阻止，"不能唱，乌克兰人不喜欢俄罗斯人，会破坏晚会气氛。"

轮到安德鲁唱歌了，让我吃惊的是他唱起了《喀秋莎》，这不是苏联卫国战争时的著名歌曲吗？！爱国歌曲是可以流芳

最令人难忘的是安德鲁（右一）在他家后花园草坪上安排的几次篝火晚会，作者（左二）和立寅（左一）等家人与安德鲁共唱双方熟悉的苏联著名歌曲《喀秋莎》，安德鲁夫人玛丽亚（右二）不断送来小点心助兴。

百世的，中国五零后这代人喜欢这首歌，很快成为篝火晚会的全体合唱："正当梨花开遍了天涯，河上飘着柔曼的轻纱，喀秋莎站在峻峭的岸上，歌声好像明媚的春光。"中国人、美国人（实际上是斯洛伐克人、乌克兰人）的语言不同，曲是一样的，音乐没有国界，一曲终了，大家都很激动。苏联的歌曲，影响了中国和东欧国家一代人。让人感慨不已的是之后的六十年，世界变化如此巨大。二战后，苏联如此强大，成为世界霸主之一，与美国平分世界两极，形成东方与西方两大阵营，苏联的计划经济模式影响了东欧和中国几十年。虽然昔日强盛的苏联已解体了，但历史是绕不过去的，生活还在继续，梨花照样年年开放，每天的太阳照样升起，只是换了人间。

三、生活理念让一个国家伟大

问中国人什么事最大，答案是民以食为天，还有比天大的事？眼下中国人肚子吃饱了，追求吃得好，唯一的担心是食品安全，但美国人不担心，因为污染环境的企业都去了别的国家。在上海去菜场买菜，我专挑有虫眼的菜，虫敢吃我就能吃，说明农药用得少。安德鲁家里的新鲜蔬菜用水一冲，凉拌了就吃，他家种的菜从不用化肥，自家生产肥料。在上海，蔬菜不入水浸泡一小时，清洗三遍，不煮透我就不敢吃，吃了就胃痛腹泻。虽然国家出台了史上最严厉的《食品安全法》，媒体也不断报道每年的食品检测安全率已达百分之九十八，但被严重污染的土地、江河修复仍旧需要时日。所幸的是，国家也提出来绿水青山就是金山银山，越来越注重环保了。

安德鲁有一句话让我开了窍：食品安全最根本的是与人们的生活方式有关，别啥事都把责任推给政府。他欣赏美国的生活方式，每个人在生活中顾及他人，顾及生存环境。它不但体现在每个人的思想观念上，还体现在制度保障上。安德鲁随手从桌上拿起一根香蕉，指着商品粘贴纸说："你看，代码四零一一，表明产地是委内瑞拉，有问题可以追溯到这个农场。"我问："每个水果都有吗？" 安德鲁非常自信："当然啦，你看我水果盘里橙子、梨子，是美国本土产的，代码四四零九。"食品安全要从源头抓起，并可追溯，让食品生产者和加工者有敬畏之心。

食品安全不仅盯住生产者，还要盯住消费者，这也是美国人生活方式的一部分。我们又聊到了生存环境的重要一环"垃圾分类和处理",这与每个消费者有关。我问:"美国人如何区分可回收的垃圾和不可回收的呢?"安德鲁马上拿起一个罐头和一瓶果汁说:"这些商品出厂,已经贴了不同颜色的标记,让消费者一目了然,哪些包装物属于可回收的,哪些属于不可回收的,把它们放进不同的垃圾桶。"

安德鲁家有两个垃圾桶,黑色的是不可回收垃圾桶,白色的是可回收垃圾桶,每周四才有车来收集一次,那是当地政府雇用私人垃圾回收处理公司来收集的,除了可回收和不可回收的垃圾,还有园林垃圾(草木泥土)。垃圾车的颜色是与垃圾桶配套的,让居民容易识别区分。居民们每两周要支付五十美元垃圾处理费。扔垃圾要付钱,居民会小心处理自己的垃圾,在源头就开始控制了。

安德鲁家的厨余垃圾,凡是含蛋白质的全扔进一个垃圾粉碎机,打碎后放回花园的土壤作为肥料。安德鲁说,就像土壤不断为人类提供食物一样,它也要"吃饭"。我有疑问:你家的菜园子"吃"得了这么多吗?他拉开大冰箱的冷冻室,底层有专门的一格留给厨余垃圾,香蕉皮、土豆片、橙子皮,包装在一个个塑料袋中冰冻起来。需要施肥时取出来解冻,用粉碎机打碎,放回土地去。

我提出了一个让安德鲁猝不及防的问题,美国的私人垃圾回收公司是如何处理收集到的垃圾的?安德鲁说美国已经采用了垃圾回收再利用的先进技术,希望我们俩共同推动中美两国合作，把这项新技术带给上海。我回到上海后就在《新民晚报》上发了一篇文章《美国家庭丢垃圾不容易》，并为引进这项先进技术找了政府许多部门。令人欣慰的是上海在 2019 年 7 月开始实行垃圾分类的新制度，并提出到 2022 年实现生活垃圾零填埋的目标。

中国的城市化最缺的是"人"的城市化，即人们思维习惯和行为方式的城市化。"人的城市化"是指城市公共文化水平程度，其内容很简单——人人为我，我为人人，核心思想是"顾及他人"。工厂的人们要明白一个简单的道理：当自己偷偷排放有害污水时，农民就用被污染的水灌溉粮食、蔬菜、水果，运回城里给你吃。相互伤害，这是问题的关键。

住在美国一个中产阶层家里回头看中国，中国的确富起来了，富带来了"富"的问题，我们大家没有准备好！中国一个庞大的中产阶层正在崛起，现在他们正面临一个难题，创业的基因能否传承，能否做到可持续发展。中国不少创一代家庭出现富二代"啃老族"的懒人，坐享其成，不思进取。

其实，富裕的美国同样面临这个问题，美国人从文化和制度两方面着手解决这些社会问题，安德鲁夫妇养育子女的行为方式，投射出美国人培育"创二代""创三代"的国家文化。

美国人对自己的孩子抚养到法定年龄十八岁就是尽到父母的养育责任了，孩子十八岁后不能再依赖父母，必须走出家门自己养活自己，否则会被周围的人瞧不起，社会压力很大。父母的爱是一种本能，也是一种智慧的力量。聪明的爱与糊涂的爱，最终的结果决然不同。

安德鲁的大儿子马丁，毕业于麻省理工学院，靠银行贷款读完大学，上学时的生活费靠打工赚取，现在马里兰州拥有84公顷土地，做生物技术；二儿子杰夫从美国西北大学毕业，他也是靠贷款上大学，毕业后进入德意志银行，派驻英国伦敦金融街。父母的财富是父母的，与二代无关，孩子要独闯天下创造财富。但中国没有这种文化和制度安排，我的女儿在美国读完高中读大学，学费、生活费、零用钱全部由我和太太承担，孩子也认为天经地义。因为中国的父母都是这么做的，你不这样做，孩子会认为父母不爱她。许多父母甚至还要承担孩子结婚的买房、婚礼等所有费用。最离谱的是儿女结婚成家后，许多父母还在用自己可怜的养老金补贴儿女，养育孩子的孩子。

从杰夫、夏梦对儿子伊恩的养育方式，可对美国传承创业文化略窥一斑。伊恩五个月后让他自己用手抓食物吃，坚决不喂食。商场里有出售塑料围兜，用它兜住从孩子嘴里漏下来的食物，一开始伊恩吃得满嘴皆是，弄成大花脸。坚持几个月后，孩子就能准确地把食物放进嘴里，然后再学习用饭勺进食。而中国的孩子是靠父母喂饭长大的，一口一口地喂，甚至端着碗追着孩子喂，直到能够用勺子吃饭，不允许用手抓饭吃。在美国，孩子摔倒了，父母坚持不扶，鼓励他自己爬起来。伊恩经常像"爬行动物"一样跟在父母后面爬，从客厅爬到厨房，爬上楼梯到二楼的房间，让他从内心产生想站起来走路的欲望。

每天孩子睡觉前，夏梦坚持给孩子讲小熊、小兔子、小猫的故事，孩子眼睛东张西望，似乎没有听进去，夏梦还是不厌其烦地每天晚上讲，相信总有一天他会有兴趣的。孩子爱读书的习惯就是从听故事开始的，孩子长大后的语言组织能力和表达能力也是萌芽于听故事。

父母陪伴很重要，孩子第一个模仿的对象是父母，反过来说，父母是孩子的第一个老师。所以，许多美国职业女性有了孩子就辞掉工作去陪伴和教育孩子，为孩子养成良好的生活习惯和学习习惯付出辛劳，培养他们自立的能力，不是事事依赖父母。而在中国，双职工的孩子基本靠爷爷奶奶外公外婆带大，缺少父母陪伴。隔代哺育孩子往往过度宠爱，让孩子失去了养成独立生活习惯的良机。每个家庭的习惯汇总在一起就成了民族文化，这种文化习惯影响着一个国家的创新力。

安德鲁是移民来美国创业的第一代，他当时十八岁，到达美国时，身上只有五美元，非常努力，非常能干，后来成为电器专业的工程师，他会自己修理汽车，会设计自己房屋的电器设备布局，把自己的卧室、客厅、厨房、洗浴间安排得非常舒服、便利。这种勤奋、幽默伴随了他一生，成为他家的习惯和文化，并遗传给他的后代。

安德鲁和玛丽亚现在就是享受生活，享受每一天的阳光、空气、绿色、美食、美景，包括与朋友、邻居聚会，篝火、烧烤、唱歌、弹吉他、弹钢琴。而中国父母的晚年生活就没那么轻松和幸福了，大多数人贡献给了第三代。

近两年，中国开始倡导创业的新文化。创业成功的第一代，皆会身不由己地为自己子女安排舒适的生活。但结果恰恰相反，"安排"让二代既没有奋斗的成就感，也没有失败体验的落差，人生觉得没劲没乐趣不刺激，对父母的创业精神不愿继承，对挥霍钱财没有节制，内心只有一个声音，父母留给自己的财富这一辈子也花不完，还要奋斗干吗，还要那么辛苦干吗？！

其实在美国也是一样，年轻人要创业须离开自己的家乡，去其他城市寻找机会，甚至到发展中国家去吃苦，寻找发展机会。美国创二代是走向世界的，自认为是世界公民，不只是一个美国人。

四、移民家庭的历史穿越

我在安德鲁家里生活了十多天，最深切的体验是美国是个世界几大洲移民组合的国家，芝加哥城是个缩影，它是由不同的移民社区组成的，包括乌克兰人社区、斯洛伐克人社区、犹太人社区、韩国人社区，只有中国华人聚集地称为"中国城"（Chinatown）或叫"唐人街"。但连接这些不同人种社区的文化纽带是美国梦。

我们在安德鲁、玛丽亚家住了十六天，直到告别的前夜，安德鲁、玛丽亚在与我们晚餐后的聊天中，讲出他惊心动魄的移民历史。

1968年，十八岁的安德鲁被迫离开被侵略者占领的祖国，

美国芝加哥市中心唐人街一景

去远方寻找新的青春梦想。安德鲁的姑妈早年去了美国，姑妈的女婿是美国军人，正派驻联邦德国，安德鲁与她取得联系，前去投靠。离开捷克斯洛伐克需要护照，护照上不仅要有联邦德国签证，还要有捷克斯洛伐克的政府、社区、警方、军方的盖章，按正常渠道是办不出来的。机灵的安德鲁穷尽一切手段，居然顺利地拿到了国内证件和奥地利、联邦德国驻捷克领事馆的签证，剩下的便是选择离开国境边防的恰当时机。边防士兵半夜里换岗是越境的最佳时机，换岗的士兵往往是在梦中被叫醒的，正迷糊着呢，而岗哨的灯光昏暗，很容易蒙混过关。

临走的前一天，安德鲁才把这个决定告诉母亲。之前，他不敢说，怕母亲又哭又闹走漏风声，他搞到一辆菲亚特小汽车，准备了一星期的面包和香肠，并带上了他的父亲。9月19日，他们开车到了奥地利维也纳，然后到了德奥边境的一个小镇上住下来，摸清了边防检查站情况，半夜里很顺利地通过边境岗哨进入了联邦德国。姑妈的女婿开车来迎接他们。

安德鲁在联邦德国住了一段时间，发现德国人并不欢迎他们。他决定去美国碰碰运气，听人说美国梦是对全世界有梦的年轻人开放的。他去美领馆申请签证，签证官问他需要多少时间逗留在美国。安德鲁随口说："三个月吧，问题都解决了。"签证官一头雾水，又问："你三个月想解决什么问题？""了解美国，看看他们是否喜欢我。"

安德鲁抵达美国后，开始了创业之路，他坚持不在美国的捷克斯洛伐克人圈子里混，尽快融入美国主流社会。父亲对他不与家乡人混在一起很不理解。一天，他带上父亲去斯洛伐克社区，听那些家乡人在谈论什么。老乡们为故乡的一条河流走向争得面红耳赤，谈论当年家乡的节日是怎么过的，怀旧、乡恋，聊过去的事儿占用太多时间，这个群体一直游离在美国主流社会边缘。安德鲁远离他们不停地学习，学习语言，学习技术，他很快成为一个电气技术工程师。他一生在奋斗，创新力特别强，帮助这家公司壮大起来，退休前已是这家美国公司的副总裁。

乌克兰是盛产美女的国家，玛丽亚在姑娘时绝对是美女，她比安德鲁大了三岁，但安德鲁被她迷住了，不断发动追求攻势，最终被他追到手了。安德鲁爱了她一辈子，到老了每天还要亲她好几次。

安德鲁逃离家乡后，当地政府闻讯开始追究，给他发了书面通知，并附上一张机票，命令他回国，否则将遭到判刑。安德鲁不予理睬，当地法庭就缺席审判，判了他二十年在铀矿劳动改造，二十年的铀辐射也肯定要了他的命。他的弟弟因受哥哥的事牵连，考进医科大学而被剥夺入学资格。

多年后，失去"医生梦"的弟弟，在没有"斯洛伐克梦"的社会上混出点名堂了，结识了许多政府上层人物，经过他的疏通，若干年后，总统颁布了特赦令，解除了安德鲁二十年劳教的审判，意味着他可以拿到签证"衣锦还乡"了。

1980年，安德鲁带着夫人回到斯洛伐克，但政府还是安排了两个特工远远地跟踪。玛丽亚很快感觉被人跟踪，就问丈夫，安德鲁说："是的，我们被跟踪了。"他突然转身大胆地走到那两个人面前，拿出一张地图，告诉他们：我们今后几天的安排，将要去哪里哪里！让那两个跟踪的特工十分尴尬。以后再也见不着这两个人了，当然也许换了其他人。

安德鲁的家乡是在经济基础较差的斯洛伐克。斯洛伐克选择资本主义制度，但并没有给自己的国家带来富强，身在美国的安德鲁常常资助他的父母，改善他们的生活条件，成为当地人的骄傲。

安德鲁的第一个儿子出生，接着又生了两个儿子，家庭和事业都非常完美，像中秋的一轮圆月，幸福满满。安德鲁对他这一生非常满意，坐在大壁炉的客厅里，喝着葡萄美酒，聊起往事，尤其人生中这段惊心动魄的经历，他对自己当年的选择相当自豪。人生漫长，但紧要处就是一步两步，走对了，人生的历史完全是不一样的。

与安德鲁出来闯荡美国的斯洛伐克人，不是人人都那么幸运，相当多的人是不成功的，原因是他们喜欢抱团在一起过过小日子，自己人与自己人做些小生意，走不出斯洛伐克人的小圈子，也就无法融入美国主流社会，感觉和发现不了商机，不能分享美国经济快速发展时期带来的巨大红利。

中国坚持社会主义制度，同时实行改革开放的国策四十年，经济快速发展的红利，一部分人抓住了，成为"先富起来"的群体，人与人拉开了贫富差距。但中国正在让弱势群体脱贫，脱贫的路上，一个也不能掉队。

资本主义的美国和社会主义的中国，如今成了全球的"老大"和"老二"，相比之下，当下中国的国运比美国更好些。在一个美国家庭生活的日子里，让我看到两国间的差距。看到差距，才知道如何去缩小差距。美国是个创新大国，创新之源是文化，打开国门吸引世界各地的人才一直是美国的国策，移民带着不同国家的文化背景而来，美国把全世界的文化作为创新的源泉。移民只有勇于吃苦，敢于创新才能在美国生存下来并过上好日子，这是美国成为全球创新大国的奥秘。中国必须更加开放，吸引全球文化资源，才会让中国成为创新大国，让中国更伟大。

历史老人不停变幻的脚步，让中美两个大国有合作有竞争，但并不影响普通百姓的夏梦和杰夫携手组成"中西合璧"的幸福小家庭。

第十三章

带着好奇去越南

一

我们这一代中国人，对邻邦越南几乎家喻户晓。记得上小学时，老师常提到越南如何艰难地抗击美帝国主义侵略，中国的粮食弹药如何通过一条神神秘秘的"胡志明小道"送往抗美前线。总之，在我们印象中，二十世纪的越南一直在与几个大国打仗，先是跟法国人打，接着跟美国人打，再后来，越南掉转枪口跟中国人打。越南"全民皆兵"的游击战是向中国人学的，徒弟居然敢动手打师父，好在师父留了一手，该出手时还得出手。

这一仗是1979年开打的，其实中国人真的不想打这一仗，国家正忙着改革开放，向美国等西方发达国家打开国门，引进外资，引进先进技术，国家亟需从之前的阴影里走出来，尽快让老百姓富起来。这一仗总算让越南明白了一个道理：大国就是大国，地区的事不是它一个小国所能做主的，也让越南从打败美国的头脑发热中清醒过来，美国从越南撤军的主要因素是美、苏、中三个大国"掰手腕"导致世界格局新改变的结果。1986年越南重新调整国策，放弃穷兵黩武扩大国家版图的梦想，主动向中国示好，又一次师从中国，仿效改革开放之道，走上了富民强国的正确之路。中越两国是邻邦，好比和一个同学从小打打闹闹几十年，却从来没去他家玩过，家里是啥光景啥模样，一直让我充满好奇，尤其是1979年那场战争，越南一些城市被中国打残后恢复到什么程度？还有，越南用"一代少女的青春换取国家现代化"的奇葩故事是否仍在继续？

二十世纪八十年代，中国人敢拿着护照去"老冤家"美国的土地上晃一圈，却不敢去越南遛个弯儿。全民皆兵的越南正在舔血疗伤恨未消，去旅游就是作死！但也有胆大包天的，比如我的朋友上海作家张重光先生，怀揣一张中国身份证跟随广西一位做边贸生意的小老板跨过中越边境，徒步加三轮摩托车，走遍了北越几个城市，还闯了人家首都河内。一路上他多次遇险，最严重的一次让越南公安把身份证没收了，没有身份证怎么回国，急得他不知如何是好。广西小老板指点他，得用行贿的办法要回自己身份证。八十年代的越南穷到极点，行贿成本极低，那个越南公安领着张重光到集市上，指着摊位上一堆中国进口水果糖，一瓶老白干酒，张重光付钱。那越南公安当街坐着，把水果糖一颗颗剥开糖纸品尝，一瓶酒一口口抿干，足足等了一个多小时，才把身份证还给张重光。

到了九十年代，两国关系虽然正常了，凡去过越南的人回来都说越南太脏，太落后，堂堂的首都河内竟然没有公交汽车，满街的摩托车像一群狂蜂，呼啸而来，呼啸而去，一辆摩托车可坐上四五个人，像耍杂技的。一千万人口的城市有四百万辆摩托车，从日本的"雅马哈"到中国的"力帆"都齐活了。那时越南已经引进了中国台湾地区的商人，合资建了摩托车制造厂。年轻人得先有摩托车才能找到女朋友。海防市的宾馆还不如中国县城的招待所，换住客竟不换床单、被子、枕头。老鼠大白天自由自在地在墙角床头穿梭。上海去越南考察的政府代表团的人回来说，男同志还能将就一下，女同志真受不了，打电话投诉到前台，喊来了个女服务员。对方毫无愧色地说，我们更换床单、被子是有时间的，一星期换一次，从来没人提过意见。女同志提出最低要求，枕头被头油浸染到发黑，太恶心了，可否换一换。女服务员说她做不了主，就让宾馆经理来解决，经理的"水平"就是不一样，顺手把枕头翻了个儿，扭头就走，谁知枕头背面还是睡过人的……

2019年初春，《文汇报》退休资深记者孙中连约我去看越南，两人都带老伴去，我们都已年过六旬，再不去恐怕这辈子无法满足那份好奇了。我们是旅行社安排的自由行，网上预订国际五星的洲际酒店，吃和住肯定没问题，导游是越南当地派的。我俩一个是资深记者，一个是市政府前新闻官，此行感

2019年春，作者（右二）与上海《文汇报》经济部原主任孙中连（左二）各自携夫人一齐游越南，在胡志明市的市政大楼前合影。

兴趣的是1979年那一段历史，当中国士兵唱着《再见吧，妈妈》那悲壮的告别之歌奔赴中越边境战场时，越南政府是如何全国总动员的，如何对国民自圆其说，要对自己的大"恩人"开枪？我们带着好奇上路了。

二

越南是个狭长形国家。我们的发现之旅选择从南部的胡志明市进入，从北部的河内市回国，这是越南二十世纪战争史的轨迹。

胡志明市在法国人、美国人占领时期叫西贡，1975年，北方的越南解放军开进这座城市后更名为胡志明市。此时，胡

保护完好的胡志明故居

志明已过世整整六年了。这份荣耀，他奋斗一生但没有看见。

西贡市更了名，但穿越这座城市的西贡河还叫西贡河，随处可见的国父胡志明挂像笑呵呵地向人们挥着手，与随处可见的法式殖民地建筑相映成趣，成为外国旅客拍照的背景，很有越南味儿，有历史纵深感。战争的回忆，无论对越南年轻人还是外国游客都已成了生活和旅行的调味品。当年的南越总统府，如今是统一会堂；当年的美军罪行纪念馆，如今更名为措辞中性的战争遗迹博物馆，也许为了方便美国游客参观。对我来说，战争遗迹博物馆比法国历史建筑遗迹更吸引人，打小听到的越战传说，在战争博物馆一一得以验证。谁料美国、法国等许多西方游客的兴趣与我们中国人相似，且老年群体为主，也许美国游客中有当年的越战老兵，中国游客中有援越抗美的老战士，当年兵戎相见，如今共同见证历史。博物馆里越南小学生仿佛老树林里的一片新绿嫩芽，带来无限生机活力，

胡志明市战争遗迹博物馆内的美国侵略军的坦克、大炮

他们是来接受革命传统教育的，大家都要记住历史，防止重演。

博物馆的小广场上堆满了美军撤离越南时遗留的飞机大炮，西方游客兴趣最大的还是馆内的照片（估计是当年美联社记者的杰作），西方人惊诧于自己先辈或是自己曾在这片土地做过的恶事，给这里的人民带来多大的苦难：一颗从天而降的美军炸弹让刚出母体的婴儿和母亲及参与接生的妇女全部成为横七竖八的尸体；面对美军枪口苦苦求饶的越南妇女；一个美军士兵手里提着身首分离又血淋淋的越南军人尸体，脸上露着胜利者的得意。而我相信，这幅照片对于这位美国大兵在心理上的伤害将会在若干年后显现出来。上天是公平的，这么血腥的场面会像恶魔似的缠他一生。这些美国大兵在国内原本是学生、工人或商贩，在家庭也许是个好儿子、好丈夫、好父亲，但在越南战场上为何如此泯灭人性，兽性大发？当这些幸存者回到美国，重新去当他的"好儿子""好丈夫""好父亲"时，一位西方游客在胡志明市战争遗迹博物馆,参观南越傀儡政府的断头台和把受刑讯的人塞进铁笼里抬到烈日下暴晒的残忍刑具。

心理状态还会一样吗?难道一个人可以在人性与兽性之间随意逾越吗?

原先我们在胡志明市的旅游计划中是没有战争遗迹博物馆的,还是远嫁美国的侄女在微信里提醒我们,战争遗迹博物馆和古芝地道是胡志明市必看项目,法式历史建筑没什么好看的,巴黎比它们更美。我们在胡志明市的游览只有一天时间,看古芝地道一来一回的路上需要半天,很无奈。古芝地道是越南南方青年打击美军的遗址,这是两个对比强烈的历史遗址。越南人对付美国大兵一点也不手软,据说越战时期,距离西贡六十公里的古芝,奋起反抗的南方青年在越共领导下,学习中国抗战时期的地道战,十年时间挖的地道纵横交错,长达两百公里,甚至挖到美军二十五师的司令部下面,他们经常从地下冒出来,突袭美军,等敌人反应过来,他们又钻入地下……这种"家里闹耗子"的战术让美军伤透了脑筋,每日胆战心惊。在古芝,

越南是个狭长形的国家，缺少辽阔的纵深腹地。一位西方游客正在研究这幅越南地形图。

到处是游击队挖的陷阱，美国大兵若一不小心掉入陷阱，下面全是各种尖利的竹矛。古芝地道让我联想到美国的动画片《猫和老鼠》，越共游击队简直就是那只聪明伶俐的老鼠杰瑞，而美国大兵像极了笨拙的汤姆，不断遭到杰瑞的捉弄。越共游击队这些想象力从哪里来的？不是从天上掉下来的，老师是中国人，古芝地道战的战略战术来自中国抗日战争时期冀中平原人民的创造。遗憾的是，博物馆里没有提及这段历史。

胡志明市的导游阿 S 老想领着我们去看他们西贡的历史：法国殖民者 1880 年建的天主教堂，1886 年建的邮政局，1909 年建的大剧院，1907 年建的市政厅，阿 S 大概是想把西贡最有特色的建筑展现给客人看，与上海人的思维相近，喜欢带着外地客人游览外滩的西洋建筑。而我们这次访越的兴趣全在探究那几场战争，为何越南在二十世纪打了一场又一场的战争，

战争硝烟消散几十年后,残酷的战争成为历史的记忆,西方游客最感兴趣的就是看当年的越南战争遗迹博物馆。

1979年还与中国打了一仗。越共政府是怎么想的,老百姓是怎么看的?阿S对我们这方面提问表现出警惕和谨慎,表示政治问题去河内说,还说自己那时还没出生呢。他一路上只说风景和建筑不谈政治和历史,我们对他很不满意,婉转地启发他,你作为导游起码对自己民族的历史要讲得清楚,这一切与年龄无关。孙中连直言自己十年前就来过胡志明市,当年那位导游说,1979年那一场战争就该让中国人教训教训北方佬。阿S沉默,最后来了这么一句话:"我们南方人只讲经济,不问政治。"但阿S还是答应我们改变行程,浮光掠影在教堂、邮局、市政厅门口拍照留影,大部分时间花在了战争遗迹博物馆。我对阿S说,你带我们看的历史建筑法式大教堂、大剧院和市政厅,把它们所建的年代串起来说明一个事实,征服一个民族不只凭枪炮,而要用文化,宗教先导,军队紧随,最终

胡志明市到处可见法国殖民地历史建筑

目的是建立殖民政权。越南幸亏出了个胡志明，唤醒了一个民族的独立意识，他不愧为民族英雄，受到整个越南民族尊敬，同样也受到世界尊敬。

胡志明市的现代摩天大楼不多，法式的多层建筑比例相当高，椰树、芭蕉树是城市的"巨伞"，虽然太阳下的气温高达34℃，但我们不觉得闷热。西贡人的心态平和，每个人都有一份自己的事做，看不见乞讨者和流浪汉。最重要的是让游客有安全感，胡志明市没有小偷，反倒是当年殖民越南的法国，现在已成为世界游客最不安全的国家，所有的游客背包不能背在身后，必须挂在胸前，以防小偷和强盗。

坐在街边露天座位上，喝着越南的咖啡，突然发现越南姑娘并非像我们想象的又黑又瘦。她们皮肤白嫩，长腿细腰，穿着开衩到腰际的奥黛,粉红的,蓝色的,里面一条飘逸的白色长裤,一点也不逊色于上海的旗袍女人。随着女人们迈腿,奥黛轻薄的下摆掀起,仿佛盛开的花瓣。斗笠在越南姑娘头上是一种美的装饰,不仅仅为了遮阳保护姣好的脸蛋儿。反正我们在马路上没有看见挽着外国游客胳膊浪笑的越南姑娘,阿S也矢口否认越南政府曾有用"一代少女的青春换取国家现代化"的说法。我们嘲笑他,那时还没有你呢,反正你对自己国家的历史知之甚少,还不如我们这些外国游客。反倒是我们用自己的眼睛观察,今天的越南少女特别能吃苦耐劳的形象给我们留下深刻印象,街上常常看见她们顶着烈日劳作,而男人们却避在凉快处饮茶。难怪当年那些南方"女越共"在牢房受尽各种非人折磨,至死不供出战友。这是渗进她们的血液中骨子里的刚强,甚至超过越南男人。

胡志明市在地理上很像上海,一条西贡河穿越城市,靠着海边却看不见蔚蓝色的大海,看海须驱车去百余公里外的海边。

三

下一站专门看海,越南的芽庄是世界著名的旅游胜地,风情万种的滨海小城。海滩很大很长,美丽的海滩弧线一直弯到目光够不着的远方,远方是中国的南海。在海滩边漫步,你可以走得很远,并且一直走在树荫下,斑驳的阳光像金色的小花,洒落在你发上。一边是浩瀚的南海,一边是成排的椰树林和它背后的豪华宾馆,世界顶级品牌的酒店似乎都在海滩边占有一席之地。一家接一家,前不见首,后不见尾地一幢幢连接着。

每家五星级宾馆都在海滩上划出自己的区域，撑起一顶顶遮阳伞，伞下有一排排躺椅搁在细沙滩上，三点式泳装的外国女郎和肥肚腩的外国老头趴在烈日下晒着白皙的皮肤。当然，他们不时往身上涂抹防晒霜。高纬度的北欧缺少阳光，他们每年要来这里让皮肤吸收紫外线，像口渴的骆驼吸饱水分。很少见东方人趴在躺椅上晒日光浴，东方人不缺紫外线，尤其越南南方的妇女。在海滩边卖椰子、冰激凌的越南少妇用斗笠和头巾把自己裹得严严实实，她们卖一箱冰激凌也买不起一瓶防晒霜。

芽庄让我想起海南岛的三亚，它们有相似之处，都有美丽的海湾，细白沙滩，蓝色海水，潮起潮落。不同的是三亚湾的椰树荫下坐满了东北的退休大伯大妈，广场舞的音乐成天嘹亮地响彻云霄。而芽庄的椰树荫下，到处是悄声细语的世界各地游客，年轻人居多，外国人居多，一家三口的居多，喧闹的只有酒店前大道上的成群摩托车。越南人都骑在摩托车上，步行的是各种肤色的游客，成为芽庄的特色。

河内是我们越南之行最后一站。从海滨小城飞往首都河内只需一个半小时，事先已知道接我们的导游名字：阿武。

在机场迎接我们的是个一米八的帅哥，见面就给我好印象，来接我们的车也是一辆新的进口车。河内已经是个像模像样的现代化城市，新城区的宽阔大街、摩天大楼与老城区狭窄拥挤的旧屋形成鲜明对比。河内也堵车，车窗里望出去，不是德国的奔驰就是日本的本田，看来河内早就结束了没有公交汽车的历史，进入了汽车时代，只是没有他们自己的国产车。摩托车

越南首都河内的老街上，摩托车是市民主要的交通工具。

绕行在我们左右，像水里游鱼，自由快捷，还一车带了全家，小的坐在身前，太太坐在身后。满眼皆是摩托车，自行车屈指可数。嘿，胡志明市和河内都好有个性啊！

导游的个性完全不同，十分开放。阿武直爽，不像阿S说话吞吞吐吐，他一上车就主动自我介绍，他是医生世家，父亲是外科医生，在市区开了一家两百平方米的私人诊所，他本人是中国广州中山大学留学生。我们四人异口同声地问道："学医的？"

他在前座回头一笑："国际贸易专业，不想继承父业，学医要背太多的东西，不喜欢，我喜欢自由自在。"

我们一路问他一路答，有问必答，特能侃政治，与中国首都北京的老百姓相似，北京人侃政治顺嘴就来，不打草稿，连街上卖红薯的大妈都会像煞有介事地与人聊国事：听说今年山东省的财政不错……好像她刚参加完中央政治局会议。

阿武说，越南的土地制度与中国不同，中国的土地全部收归国有，越南实行国有、私有和企业所有制。越南私人建房须向国家购买土地，当然也可以从私人手里购买，中心城区的土地价格不菲，中心城区的还剑湖一带土地价格每平方米约合人民币十五万元。城郊的土地便宜些，有两万元人民币一平方米的。政府对私人建房只有一项死规定，私房的建筑高度不能超过十五米。河内老城区的建筑不高，抬头可以看见天空，超高层建筑都在新城区，开发商不是中国人就是韩国人。

我们车子在老城区转悠，阿武指着窗外一幢幢颜色各异的多层小楼说："这些都是私房，首层做客厅，二层是厨房和餐厅，三四层做卧室，五层放杂物，每层大约五十平方米。每个市民买下土地，想建什么房任凭自己的兴趣爱好，所以房屋千奇百怪，建筑外立面颜色也不同，很难统一。这些房子现已老旧，个人想改造苦于资金不足，有钱人想拆了重建，又怕引起左邻右舍的矛盾。政府想统一改造旧城区，必须先向私人购买土地和旧房，价格吓死人只好放弃。倒是你们中国，土地是国家的，政府进行旧区改造时，只要给足老百姓补偿就可以。城市改造整体规划，美观漂亮。唉！所有的制度都是有利有弊的。"

政治是经济的集中表现。我们扯到政治上来了，阿武他懂。

我单刀直入地问，在越南一星期，每天晚上在宾馆里看电视，一个频道一个频道地搜索来搜索去，越南的电视剧都是生活片，为何没有抗法、抗美的战争电视剧。越南与法国人打了几十年，又与美国人打了几十年，都是历史大片的好素材，为何一部也看不到？

阿武想了想说："越南是个小国，现在一切服从经济建设，可能怕得罪那些经济大国吧。"

我们几个人一起好奇地问："越南老百姓对法国殖民者和美国侵略者，你们最恨谁？"

阿武直爽地回答："年青一代已说不出来了，他们没经历过。只听上一辈人说，法国人比较小气，美国人比较大方。"

这个说法让我惊诧，侵略者哪有"大方"这一说，是越南国民对入侵者的麻木？

我们又从越南文字为何看上去像英文，聊到越南民族的历史。阿武说，越南最早使用的文字是中国的汉字，大约从中国西汉开始的。十七世纪，法国人来了，法国传教士在拉丁文基础上为越南人创立了二十九个字母，六个声调，就成了越南的语言文字。曾有段时间越南恢复过中国汉字，后来为了摆脱中国文化影响，又沿用法国人创立的越南语言和文字，一直到现在。

反正堵车在路上，时间充裕，大家越聊越多。我说，打小时候，老师就告诉我们，越南与中国是"同志加兄弟"的国家。我喜欢研究历史，知道我们两国的渊源可以上溯到秦始皇那一辈。2014年，广州市政府邀请我所在的公司去做一个历史文化的保护性开发项目，位于西汉南越王赵佗的王宫遗址旁。这个遗址是广州在1983年搞旧城改造开挖地基时发现的。我从当地文物专家们介绍的情况得知,早在公元前219年,秦始皇统一六国后,派出大将屠睢领兵五十万,攻打岭南百越之地,由于水土不服,大败而归。第二次是公元前214年,又命任嚣为主将,赵佗为副将率大军再攻百越,大获全胜。不久秦王朝灭亡,汉高祖登基。这时,任嚣已去世,赵佗继位,他起兵兼并了桂林郡,建立了南越国,号称"南越王",南越国下设"桂林、象、南海"三郡,其中,象郡辖两广西部和越南中北部。当时的越南中北部属中国领土。我问阿武是否了解这段历史。

谁料阿武一点也不回避这段历史,说:"越南历史上曾是中国的附属国,曾叫过大越、骆越,在唐末五代之乱后,独立建国,国号是越南。"

阿武领着我们参观河内重要景点国子监。说国子监和胡志明纪念馆是越南对青少年教育的重要场所。国子监在中国历朝历代是考状元的考场,但在河内却演变成了纪念馆。走进去一看,纪念的是中国的孔子。国子监有三个大殿两个广场。前殿供奉的是孔子像,不少人烧香磕头,期望子女好好学习,考试取得优异成绩,很像中国的孔庙。中殿供奉着孔子的四大徒弟,颜子、曾子……后殿供奉着越南学有成就的先贤。国子监里看不到拉丁文演变的越南文字,所有的挂匾、条幅全部是中国汉字。我们参观过程中,看到学校老师带来了百余名小学生,参加孔子祭奠仪式。一个穿着中国道袍似的越南老者手握三炷香,口中念念有词,小学生们齐齐坐在小板凳上东张西望,老师们则在督促孩子们专心听讲受教育。我心生感慨,越南小学生的人生教育课竟是"尊孔",一些被别人奉若珍宝的东西,我们

越南河内市国子监是国家对青少年教育的重要场所，让人吃惊的是前殿供奉是中国圣人孔子，其建筑形式很像中国的孔庙。

自己却不够重视。

阿武说，越南的大学、中学、小学上下课至今仍沿用中国击鼓的方式。我们说，中国的小学、中学，上下课反倒是采用西方国家的摇铃或按电铃。

这让人忍不住感慨，文化这个东西真是厉害。

我又联想起1979年中越之战时。有件事当年让我百思不解，那时我正在空军服役，就在中越开战前夜，部队的排长以上干部被集中起来看了一场"内部电影"，竟然是美国的《巴顿将军》。我不知军队高层怎么想的，是战前动员？我们中国不缺英雄呀，董存瑞、黄继光……都是以身赴死的榜样。但《巴顿将军》那部电影拍得真好，当时国内还真拍不出那么好的战争片，反正看完那部电影，每个中国军官都感觉血管膨胀，心里毛毛的，手头发痒，军官们把自己的部队带成了虎狼之师，兵锋所至，所向披靡，打出了大国的威风。许多年之后，我才明白，"内部电影"是一种入心入肺的文化。教训越南需要我们的士兵完胜而归，靠的是战术头脑和先进武器，不是舍身堵枪眼。

我似乎悟出点什么：弱国（经济、文化落后）是拍不出战争大片的，所以我在越南看不到抗法、抗美的战争大片。

实际上到了二十世纪七十年代，二战后形成的社会主义阵营已四分五裂，八十高龄的毛泽东审时度势，提出了"三个世界"的理论，以发达国家、中等发达国家和发展中国家"三个世界"来划分全球的阶层，中国自然成了发展中国家的"头"。"第三世界"国家把中国"抬"进了联合国，成为常任理事国。越南成了"第三世界"国家的小兄弟。

四十年前的战争已远去，世界格局又发生了变化。中国、俄罗斯、印度、巴西异军突起成为"金砖国家"，而越南却向美国伸出橄榄枝，沿袭中国闯出的改革开放之路前行。历史的大剧发生戏剧性变化，没有重复，但常常是押韵的。

我们与阿武在市中心的还剑湖边喝茶聊天。河内的老城区是以还剑湖为中心的，还剑湖的传说与越南的英雄黎利有关。相传在中国明朝统治之下，黎利发动起义赶走了明朝军队，建立黎朝。据说黎利在起义之前，在还剑湖得到一把宝剑，此剑具有神秘力量，助他打退明朝大军。胜利后，湖中的一只巨龟取走了宝剑，藏在湖底，以备越南有不时之需，该湖因此被称为"还剑湖"。坐在还剑湖边饮茶，阿武的心情应该与我们这些中国人不同。国内有人把越南称为陌生的邻国，意谓"说不清猜不透"的国家。

看不清的叫未来，回不去的叫历史。

还剑湖畔是商业集中区，十分热闹。随风飘来节奏感很强的现代音乐，露天咖啡座和餐桌边坐满游客，中国人、美国人、法国人、越南人，大家开开心心地吃吃喝喝，有乐队助兴，有歌手唱歌，几十年的恩恩怨怨似乎抛向九霄云外。

战争的目的不是为了战争，曾经鼓舞我们士气的电影主角——美国巴顿将军的自传体回忆录的书名也叫《狗娘养的战争》。

战争已经过去，我们是在享受前人留下的和平遗产。和平真好，因为来之不易！

第十四章

年少不知父恩重

年少时，我最不爱听的是我父亲在饭桌上讲他过去与日本鬼子拼刺刀的陈年往事，话说三遍就没味了，他说了很多遍。他打仗厉害，打他的孩子也很厉害，我们兄妹三人是在他棍棒教育下茁壮成长的。

我年龄刚够十八岁就被父亲送去当兵。1970年冬末收尾的日子，我的同龄上海中学生还在边疆或深山里插队干农活，我已经穿军装了。参军是当时年轻人最好的也是唯一的锦绣前程，就这件事我挺感激父亲的，他的战友当时还在部队当领导，为我发个声音就从"后门"溜进了"革命大熔炉"。我的

1969年，作者（后排中间）插队下乡前拍摄的全家福，前排右一是父亲，左一是母亲，中间是妹妹，后排左一是弟弟，右一是最好的老同学。让他一起拍全家福，可见我们关系之好。胸前佩戴毛主席像章是那个红色时代的特征。

人生规划是父亲做的：比别的中学生早一年去下乡插队锻炼，十八岁正好达到了参军的年龄，子承父业。"一辈子不脱军装"是父亲为我做的人生规划，其实是为了弥补他人生的缺憾。他十六岁参加新四军，1953年就脱军装转业到地方工作。他一直不适应地方政府工作，职务也就原地踏步，究其原因是战争年代造就的"炮仗脾气"，一点就炸！与老战友们见面，人家都是师长、司令了，他就后悔军装脱太早了。

父亲为我做了好事，我并不领情。他一面在为我做人生规划，一面叹息我只长个头不长本事：什么事都靠在老子身上，有本事自己去闯！这话很伤我的自尊，我根本就没想让老子规划我的人生之路，明明是他自己瞎起劲，还骂我没本事。十七岁正是男孩子的叛逆期，我表面顺从，内心抗拒，暗下决心：走出这个家门，再也不靠他了，我要用行动证明自己。我一定会长本事，而且要超过他。父亲伤人自尊的话成为我人生最初奋斗的动力，随着在部队学习成长，人生观、世界观发生了很大变化，生命不息，奋斗不止成为一种惯性，持续到现在。

别人离开父亲会很伤心，但我却心花怒放，就像主人一不留神乘机逃出笼子的小鸟，从此天高任鸟飞地自由了，我打内心再也不想回那个家了，永远离开那个只会用巴掌讲道理的父亲。我小时候很傻很呆，估计是被他打傻的。挨打的时候，常常猝不及防，比如，写字坐姿不端正，饭桌上端碗拿筷的姿势不对，作业本上出现了红色的二分，冬天赖在床上起床动作太慢，等等，他扇过来的耳光风驰电掣，让人根本来不及躲闪。他用带兵的标准要求我们，手段却是"军阀作风"。最令人不可思议的是我与邻里的小伙伴打牌他也管，他站在背后看，我打出好牌他不作声；我出错牌，他会一跺脚，骂一声"没出息"，甚至长叹一口气"不看了，看了让人揪心"，这牌我怎么打得下去？！其后果是我越来越怕他，像老鼠见了猫，甚至去楼下与小伙伴们玩耍都提心吊胆，生怕超过他规定的时间。最严重的是被小伙伴欺侮了也不敢还手，因为只要被回击的那位孩子的家长上门告状，我挨的揍更重。就在我穿军装的前夜，还挨过他一个耳光。旁人提醒他："这么大的孩子再不能打了，要记仇的。"我父亲自信地一跺脚:"他敢!"

　　真的,借我两个胆我也不敢!父亲在我眼里就是一只猛虎。我父亲在战争年代长期从事情报工作,他的手上有功夫,能一击封喉;我感觉他连睡觉都睁着半只眼,有响动马上能醒来。他说过有一次他被两个国民党特务堵在被窝里,他以一敌二照样脱身而去。他一抬腿,腾空而起的被子正好蒙住了去他枕头下摸枪的特务,他搁在屁股下睡觉的那支手枪响了,立在床脚拿枪指住他的特务应声倒地,他又对蒙在被子里挣扎的特务连发两枪,寒冬腊月穿着汗衫裤头消失在黑夜里。这就是他与众不同之处,别人通常把手枪压在枕头下睡觉,他搁在被窝里,一支冰凉的手枪压在身下能睡着吗?他照样呼呼大睡。还有一次他被堵在一个村庄的庄口,两把明晃晃的刺刀突然交叉架在他面前,他愣了一下,没防备!身后还有追兵,一支特务便衣队远远地追来。他急中生智,上前给了其中一个士兵一个巴掌:"瞎了眼啦,放跑了共军我要你脑袋。"然后飞奔而去。当特务便衣队赶到,才知道放跑的是真正的共军,敌人为了抓他就把整个村庄围起来搜查。父亲溜进一个私塾学校,逼着私塾先生脱下长衫让他换上,又把私塾先生赶到灶间烧火,他戴上眼镜装模作样地听孩子们念书,敌人朝着琅琅书声的教室张了两眼没盘问就走了。凭着机智和本事,他经常从苏北解放区到江南敌占区取情报,没有被敌人抓到过一次。近年来,我看了不少谍战片,真替当年的父亲捏把汗,若被敌人逮住了,他如何熬过特务的酷刑……父亲技高胆大还不怕死,其实是死过几回没死掉,命大。当年在粟裕将军指挥的"苏中七战七捷"中的邵伯保卫战中，父亲胸部中弹负重伤，三天三夜不省人事，没有呼吸没有心跳，战友们正准备往棺材里放，一位女军医路过他的担架顺口说了一句："再放一天看看。"一句话救了他的命，第四天他长出一口气活过来了，命不该绝。小护士在他能走路时，还扶着他去看过那口棺材。新中国成立后，那位女军医在上海铁道医院当领导，记得父亲曾领着我们兄妹登门谢过恩呢。

俗话说，胆大的怕不要命的，不要命的怕找死的。"不怕死"还帮助父亲在"文革"中逃过一劫。"文革"中我的家也遭遇抄家，父亲挨批斗。父亲每天除了挨斗就是坐在家里写"认罪书"，写了一份又一份总也过不了造反派的关，造反派总能挑出各种毛病让他重写，家里纸篓里装满了被他捏成团的废纸。他索性不写了，看造反派能把他怎么办。他就这么个炮仗脾气，人家压得越凶，他炸得更厉害！母亲劝他，人在屋檐下，不得不低头，那些造反派都是些单位里的小混混，野心勃勃辣手辣脚的人，过去上班偷懒的鬼点子多，现在整人的歪点子也不少，别惹毛他们。果然造反派来电话命令父亲去单位一趟，父亲的"炮仗"一点就着，气呼呼地去了。明知山有虎，偏往虎山行，他把年轻时当情报站长那股劲拿出来了。他的单位在延安路外滩的一幢高楼里，面朝黄浦江，窗前景观很美。造反派头头办公室在顶楼，摆开了架势要整他。面对一屋子撸袖攥拳的造反队员，父亲一点不胆怯，他是憋了一肚子气去的，三句话不对路他突然咆哮起来，屋里的气流乱了，人人耳膜嗡嗡响，父亲猛的一拳砸在办公桌上，桌面竟然在这一拳下开裂了，一屋子的人被这一声呐喊一铁拳镇住了。父亲趁着大家愣住的瞬间，来了个擒贼先擒王，隔着桌子反手揪住造反派头头胸口的衣服，然后猛的一个顺转，大拇指顶住对方的喉结，喝了一声"别动，动了老子马上要了你的命"。他一下子回到了当年潜入敌后对付特务使的一击封喉的绝招。父亲大声对一屋子人咆哮："老子跟日本鬼子拼过刺刀，跟军统特务交过手，还怕了你们这几个小毛孩子？！老子在战场上死过几回了，不差今天这一回，今天来了就没准备回家。"说着就揪住造反派头头衣领往窗口拖，造反派头头是个瘦高个儿，人比我父亲高，但被顶住喉结，乖乖地跟到窗口。一屋子十几个造反队员没见过这种阵势，傻了眼不知如何应对。这时，父亲一把推开窗户，窗外就是黄浦江，公交车在马路上来来往往像火柴盒那么小，往下瞅一瞅都让人胆寒。他喊道："你有种，跟我一起跳下去；你没胆量，老子先送你下去，自己再跳下去。"这时，一屋子的人才反应过来，这个抗日老干部是来真的了！纷纷上来动手"劝架"，我父亲大喝一声："你们谁靠近，我就把他扔下去。"一屋子人赶忙放软档好言相劝，造反派头头也服软讨饶了，父亲才松手，骂骂咧咧地离开了造反派办公室。一屋子人在他背后自我解嘲地说，这个老干部就是一介武夫，没文化，今天是秀才遇见兵了！不过从此以后，再也没人找他麻烦，也不叫他写"认罪书"了。对这样的父亲记仇有什么用？唯一的办法是让自己早点长本事，干出漂亮的成就，让他服气！他本意是恨铁不成钢，以为棍棒敲打可以让我们百炼成钢。

有了这样一位父亲，我比同时入伍的战士们就成熟了那么一点点，体现在我比他们多了一点想法：不混出个人样来就不回家去见他！目标很具体，一定要在部队入党提干。二十世纪七十年代最吃香的是草绿色军装，但稍有区别：士兵两个兜，贴在胸膛上；军官四个兜，威风八面。走在大街上，姑娘们都会不由自主地多瞅你两眼，这是那个时代的价值观。

我的兵龄从1971年1月算起，进步很快，当年入团，第二年入党，第三年作为提干苗子送军校培养。在部队年年受嘉奖，还立过三等功，可见我的努力我的奋斗我的付出要比其他战士多得多。抗洪救灾时，我一个大城市的小白脸，照样扛起百斤重的草袋子，赤脚在冰冷的泥水里飞奔。发高烧40℃，仍然不吭声地与其他战士抬木头，被大家发现后硬逼着住了几天卫生队疗养院。当时我在空军是维护轰炸机的地勤人员，分配到文化程度比较高的仪表加自动驾驶仪专业。部队为了提升业务水平，举办默画电路图比赛，飞机自动驾驶仪电路图非常复杂，电容、电阻、电子管一大堆被纵横交错的电路连接在一起。其实大家默画的速度差距不大，我硬是练就了一手特殊本事：两只手握两支笔同时画不同的线路，左右开弓，一心两用！在大家惊讶的目光中提前默画完电路图，受到领导表扬。按部队规定我第四年可以回上海探亲，但我故意找借口推迟了一年。原因是虽然提了干部但军官服没及时发下来，我硬是等到军装发下来后才"衣锦还乡"。这一招果然灵，身穿四个兜军官服的我让父亲刮目相看了。探亲假七天，他总喜欢带着我去会会他的战友、老首长，听着那些老战友的赞誉，那份得意从他眼神里可以一览无遗。他认为这是他的功劳，教子有方，似乎不是我努力的成果！算了，谁让他是我父亲呢，不跟他计较了。

第十四章 年少不知父恩重

那时，上海国企青工的工资是三十六元，而我一提干就是月薪五十二元，那是大锅饭时代年轻人中的高薪，从小一起长大的小伙伴、老同学们羡慕不已。我把积攒了一年的工资给弟弟买了一辆崭新的凤凰牌自行车，还让家里的生活用品焕然一新。当时干部家的家具是国家配给的，贴着"公家"的小铁牌，老得简直都"掉渣"了。自打我懂事开始，家里就没有添置过一样家具，那是因为钱全部吃到肚子里去了。说起家里缺钱的事，也与父亲战争年代养成的习惯有关。父亲说当年每一次攻城战役前，团长要组织敢死队，阵前喊一嗓子：不怕死的给我站出来。他准是从队列里站出来的那一个。常年的战斗生活让他总结出一条规律，子弹专找不长眼的。另外，参加敢死队的还有一个特别待遇，可以预支伤葬费。新四军平时伙食差，两稀一干，见不到荤腥。"刺刀要见红，碗里要有肉"，这帮敢死队勇士拿了伤葬费凑在一起下馆子，今日酒肉穿肠过，休管明天子弹迎面来。攻城战斗打响后，敢死队员们一个冲锋全部杀进城去，敌人还没反应过来，后续大部队倒是一些战士牺牲在反扑上来的敌人的机枪子弹下，敢死队员大部分活着回来了。年轻时形成的习惯伴随着他一辈子，他经常把老战友叫到家里来聚餐，红烧肉、鲫鱼汤、洋河大曲酒，喊一声"冲啊"，几个战友如狼似虎扑了上去……这是父亲最开心的时刻。家里哪怕没有隔夜粮了，他照样烟酒不能少。我母亲说，这家就是被他吃穷的，又拿他没办法，谁让自己结婚前没发现革命军人的"真面目"呢。自打提干后，我成为家里崛起的新生力量，父亲的地位日薄西山。在逛街时，南京路家具店一张新款折叠式沙发吸引了母亲和我们兄妹三人，翻开是床，折起是三人长沙发，沙发很有创意，价格实惠，才五十元。上海人对划算交易的激动涌了上来，弟妹们一个劲夸好，我明白一家人的意思，二话不说去账台付钱。买完三人长沙发，弟弟妹妹还舍不得离开这家店，在我付钱的时候，他们又看中两个单人沙发，说配套一下就更完美了，而且单人沙发不贵，每个二十四元，人在购买的冲动状态，很轻易地一口答应再付钱。给家里彻底全面配套。商店可以送货上门，我们陪伴运送沙发的三轮车一起进入大华公寓，吸引了楼里邻居们各种复杂的目光，在那个物资匮乏的时代，沙发代表一定的社会阶层，许多十三级的老干部家里才有配套的沙发。第二天，居委会主任就登门来了解情况，说有人反映，你们家一夜暴富，钱来路不明。母亲听了很生气，说"那是我大儿子买的"，并把我叫了出来。居委会主任一看我穿着四个兜的军官服，就马上折服了，军队干部的收入远远高于地方，不只是政治地位，说："我清楚了，这是儿子孝顺父母呀！我们楼里总有那么些人，见不得别人比自己好。"买了新家具全家只有一个人不高兴，我父亲硬说沙发是资产阶级生活方式，他宁愿坐无产阶级的硬板凳，也不坐资产阶级的沙发，并发毒誓：若他坐沙发就烂屁股。我和母亲知道，问题不在沙发属于哪个阶级，这是他对大权旁落的不满。父亲说到做到，沙发从新到旧几十年，他硬是没坐过，真是个有"骨气"的汉子！

父亲的态度改变似乎成为我进步的可持续动力，"不懈奋斗"成了我的信条，二十三岁就成为飞行师的师党委秘书，成为部队中公认的年轻有为的干部。但我没有停下脚步，常以先

1975年，作者在北京攀登八达岭长城，怀有一股"不到长城非好汉"的气概。

辈鲁迅先生为榜样。鲁迅说他把别人喝咖啡的时间都用在工作上了，我把战友们通宵打纸牌的时间都用在看书上了，甚至星期天也不放过自己，从上午学习到下午四点准时"收摊"，然后去部队的公共浴室泡个澡，算是对自己一天辛勤工作的犒劳。我是六九届初中生，实际只有小学毕业的文化水平。我靠自学和参加文化补习班，读完了全部初中，高中的语、数、理、化课，并考上了南京航空学院大专班。记得大专班开学第一天，南京大学的教授开讲前先评论一下全班学员的语文考卷，说有两张考卷令她非常欣赏，可以作为全班的范文，其中之一就是我的语文考卷。1975年，历史的脚步已接近"文革"的尾声，虽然极左思潮仍占据主导地位，但民间的"自由化"思潮暗流涌动。我那时已在空军部队教导队担任飞机自动驾驶仪的教官，有了自由进出军营的权利。我的部队驻扎在南京机场，常骑车去市区联络父亲战友的子女。我把接触社会称为"透气",担心常年关在营房大院里关傻了。这些干部子弟开始私下传阅"文革"时的禁书:普希金的诗歌,托尔斯泰的《安娜·卡列尼娜》《复活》,还有国内的禁书《青春之歌》《红日》等。当然我也看了流行一时的革命书籍《艳阳天》《金光大道》,这是作家浩然的作品,他的《创作经验谈》给我启示,点燃了我的作家梦。我开始偷偷地练习写小说,自认为人生的目标可以上一个新台阶。一开始自己很兴奋但写出的小说、散文,寄给报纸、刊物,基本的命运是退稿。父亲知道了此事,就说帮我找个前辈作家当老师。父亲参加过著名的歼灭国民党七十四师的孟良崮战役。"文革"结束后担任过上海《文汇报》总编的马达和他爱人秋枫当年是父亲认识的战地记者,战争中采访过我父亲。他带着我登门拜师,马达伯伯、秋枫阿姨住在徐汇区的一个老式公寓楼里,没有电梯,我轻轻松松走到四楼,回头一看,发现父亲还在三楼一步一步艰难地爬楼梯,抓住扶手使劲借力。我突然意识到父亲老了,腿没劲了,不是当年那只老虎了,赶紧掉头下楼梯去扶他。他甩开我的手,说:"我行的,还没七老八十呢,你走你的。"他硬气,靠自己的力量一步一步爬到五楼,歇口气才去敲门。那次拜师收获很大,秋枫阿姨很真诚地指导我:作家写出作品需要有大量的生活积累,没有几年时间下苦功夫,是当不了作家的。你准备两个本子,一个本子专门记录你在生活中感受到有意义的事,但不是流水账;另一个本子记录你观察生活的点滴思想收获和灵感。养成每天记些东西的好习惯,不断耕耘,坚持数年,自然而然就会写作了。她还为我写了封亲笔信去找老作家赵自。她问我:看过《不死的王孝和》

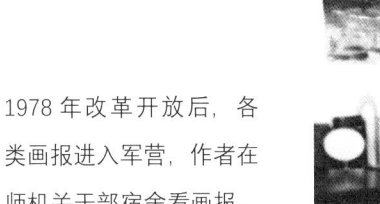

1978年改革开放后，各类画报进入军营，作者在师机关干部宿舍看画报。

第十四章 年少不知父恩重

这本书吗？我说看过。秋枫阿姨说："那就是他写的。"作家赵自先生当时正忙着《上海文学》复刊的工作。通过他的介绍，我还认识了大名鼎鼎的女作家茹志鹃，她的成名作是《百合花》，原本是部队作家。她的女儿王安忆当时还在安徽文工团，现在已是上海作家协会主席。1977年10月《上海文学》复刊，我的第一篇短篇小说发表在11月号上。我的人生轨迹从此改写，师政治部马上把我调到政治部担任师党委秘书。这是一个知道最多机密的岗位，意味着前程无量。

我对父亲的态度开始发生转变，他拉着楼梯扶手一步一步艰难爬楼梯的影子时不时出现在脑际。我感觉到父亲过去那么狠心地用棍棒和巴掌的教育也算是一种父爱的表达方式吧，他只是一个不懂如何教育孩子的父亲，我原谅他了。

凡在部队生活过的人，几乎人人会抽烟，老兵的烟卷飞过来你不能不接，推辞就是不尊重老兵，你不合群就融入不了连队的集体中。有来无往非礼也，作为新兵蛋，马上得拿着六元钱津贴费去小卖部买烟回敬老兵，一来一去慢慢就抽上烟了。回家探亲，坐在凉台上，我与父亲也香烟飞来递去，他很高兴，我也很高兴。抽烟证明我长大了，证明我与父亲平起平坐了。父亲一抽烟话就多了，又说起他的战友和首长。他问我，还记得早已离休在苏州的吴司令吗？我说，记得。七八岁时，常跟着父亲去苏州探望他的老首长，那是个江西闹革命出来的老红军，很能打仗，他只有一条胳膊，父亲与战友们私下亲切地称他"吴独膀子"，这是他的光荣历史。一次战斗中，敌人的手榴弹扔进了红军的战壕里，手榴弹嗞嗞冒烟，眼看就要炸了，他抓起手榴弹举过头，手榴弹朝天炸开，他倒在血泊中，战友们的命保住了，但他从此失去了一条胳膊。我记得当时还住在他们家里呢。他家是带二层楼房子的大院，还有警卫员。印象最深的是他的孩子很多，五个男孩五个女孩，吃饭是一大桌人，好不热闹。父亲说吴司令的大儿子已经是师参谋长了，可最宝贝的小儿子不争气，不学好，在社会上经常仗势欺人干坏事，直到公安局找上门来，气得吴司令要拔枪毙了这个儿子，被警卫人员拉住。吴司令说，免了你死罪，活罪不能免，硬是用木棍打断儿子一条腿。父亲叹了口气说，吴司令五个儿子哪个不调皮？！四个儿子都挨过他的打，唯独最小的儿子舍不得下手，结果害了这个儿子。

爷俩闲聊，说者无心，听者有意，我突然明白了些什么，老家那些"棒打出孝子""不打不成才"的传统文化在这个革命老干部头脑中根深蒂固。父亲说过他小时候上学的事，背书背不出来，私塾先生就用尺条打手心，而且还把手背顶在桌角上打手心，痛得直钻心，那种痛的教训让他记一辈子，读书和做事不能三心二意。这让我领悟了"代代相传"的文化叫"传统文化"。

我1988年从部队转业进了上海市政府办公厅工作，在当时的上海市市长朱镕基身边工作，直到他离开上海。朱市长在电视镜头上出现时，我因工作需要避让不开，也就"沾光"经常出镜，这让父亲备感骄傲。后来我到市政府侨办任新闻文化处长，兼任《上海侨报》总编。父亲抗战参军，革命几十年也就是个处级干部，我那时在市政府还有很大上升空间，父亲对我的个人前程发展非常满意，回到家乡逢人便说："我儿子现在是县团级干部了。"

1999年，我下海到香港瑞安公司参与开创上海新天地，起初他是坚决反对的，说："共产党的处长去给资本家干活，还是香港过来的！"我没理他，我已四十六岁，也早已当父亲了，我知道自己应该如何选择人生的路，他也奈何不了我了。仅仅两年后，上海新天地声名鹊起，我常在电视上露面介绍新天地，报纸上也出现我的名字。加上市领导、国家领导人、外国元首纷纷来参观新天地，而我又是负责公司接待参观的"总管"。父亲的态度来了个一百八十度大转弯，党和政府如此推崇新天地，证明我在人生道路上的选择是完全正确的，而且很大胆，是冒了不怕失败的风险的。他三天两头打电话给我，说有几个老同志慕名要来新天地看看，那是他战友，让我必须好好接待，或者说某某人是他的老首长，我必须亲自接待，小心伺候，从头陪同到底，最好招待首长吃顿饭。新天地成为他的骄傲，经常挂在他嘴上,他成为新天地的义务宣传员。

父亲是2004年4月底去世的,诊断是肺癌晚期,抽了一辈子烟害了他,他硬说是肺里留着的那两颗日本人的子弹作怪。父亲对死亡一点不在乎,他说与那些牺牲在战争年代的战友相比,他多赚了几十年,早已够本了。我和爱人陪他去医院,我爱人看他拖着沉重的脚步抬不起腿,过马路时小碎步走不快就赶紧扶他一把,被他甩开;我上去扶他,也被他甩开,他八十二岁了还是那么硬气,那么倔强,不认命,要自己走。让我永远难忘的是他在临死前的两天,脑子还没糊涂,很郑重地对我说:"我们父子俩都对得起祖宗了。"我一下没回过味来,若干年后我才理解,人在即将告别世界前是有预感的,父亲一定是在回顾和总结自己的一生,恐怕包括他对我的棍棒教育,他认为他做对了,才有他大儿子今天的事业成就。两天后癌细胞转移到脑子,他就糊涂了,半夜里自己拔掉了身上插着的各种管子,突然出现在走廊上,被护士拉住,问他干什么,他说:"公安局让我去抓特务。"

父亲去世后,有件事让我追悔莫及。他2004年春当选为"黄浦区十大杰出人物",选他的理由是父亲十年间坚持用他的"残疾军人"费每年捐献十条棉被给灾区人民。上海电视台对他做了专访报道,记者问他为何这样做,他说当年战争负伤后,失血过多,全身冷得直抖,一位素不相识的老乡把自家唯一的棉被盖在他身上。新中国成立后,他多次去战斗过的地方找那位老乡,一直没找到,他就用捐棉被给灾区的方式表示感恩。黄浦区表彰大会召开的那天,他已住院,医生不同意他去出席这

2017年10月,同济大学陈小龙副校长聘请作者(左)为同济大学浙江学院客座教授。

个活动,我们家属也不同意。一星期后,父亲就去世了。后来,医生有些悔意地对我说,早知这个结果,当时应该让他去参加表彰大会,满足一下他的光荣感倒是正确的选择。

当我自己有了孩子,我发现她也有冬天赖床的毛病,这也许是人的天性。我狠不下心采用棍棒教育法,当然,这一招在独生子女时代基本没用,她会玩"离家出走"来接招儿。

现在回过头看看自己走过来的历程,"有本事别靠老子,自己去闯"这句伤人自尊的话,逼出了我独闯天下的雄心壮志。没有他就没有今天事业有成的我。

父爱如山,表达形式不同而已,只是我年少不懂事,等我嚼过味来，父亲已在另一个世界了。

父亲不在了，但动力依然存在，我的事业还在往上走。每年清明扫墓时我就汇报一次：何时我担任了卢湾区政协委员，何时我出任了上海最著名的淮海路商业街的经济发展促进会（其作用相当于商会）创会会长，何时我出版了三十五万字的著作《新天地·非常道》，何时我被同济大学聘为客座教授，被交通大学聘为客座讲师，我想父亲在天之灵一定得以安息了吧。

后记

　　我年轻时有个当作家的梦想，那时还在军队，还只是二十四岁的年轻空军教官，1977年我在"文革"后刚刚复刊的《上海文学》发表了小说和散文。《上海文学》编辑部要召开一个青年作者座谈会，邀请我参加，把电话打到了原南京军区空军文化部。南京军区所辖范围是江苏、浙江、安徽、江西、福建、上海五省一市，军区文化部满世界找我这个刚刚萌芽的部队作者，最后还是在眼皮底下的驻南京空军某部找到我，军区空军文化部领导把我所在的飞行师政治部文化科王科长狠批了一通："你这个科长怎么当的？"王科长放下电话把我叫去更狠地训了一通："你无组织无纪律，为何这么大的事不报告？！"委屈的是我，发表小说犯了哪一条纪律？军规上可没有这一条。但我就此出名了，很快调令来了，调师政治部担任师党委秘书。有意思的是找我正式谈话的师政治部副主任命令我，从踏入政治部大门起，不准再写小说了，全部精力转向写公文、写师领导讲话稿。因为在知名刊物上发表了一篇小说才调我到师机关工作，也因为发表了文学作品而断送了我刚刚起步的文学创作之路！军人的天职是服从，我的个人命运从此改变，这一改就是几十年。

2013年我退休了，便想起拾回年轻时的梦想，再续作家梦，拿起笔才感觉精力和激情与三十多年前的自己无法比拟。夕阳无限好，毕竟近黄昏，但壮士暮年，雄心不已。

我特别喜爱唐代诗人杜牧的《山行》中的名句，"停车坐爱枫林晚，霜叶红于二月花"。生命是如此短暂，我感觉还有很多事情没做，虽然自然法则不再给我太多的时间了。年轻时，我总觉得我还有明天，很多明天。而现在，我总是催促自己，今天，今天抓紧做，哪怕就抓住一个小时，从指缝中溜走最快的就是时间。

人生最美的收藏，正是往日那些时光。我的生活经历和阅历大多与"奋斗"二字相连。往事依稀浑似梦，都随风雨到心头。我经历了上海浦东开发的大事件，参与了创建闻名中外的上海新天地，我在卢湾区委、区政府支持下创办了淮海路商业街企业协会，成为创会会长，联系法国巴黎圣日耳曼大街与淮海路结为友好街区；因为出版了《新天地·非常道》一书，我被邀请到同济大学、交通大学举办的"中国城市化"和"文化创意导师"专题班讲课，并被同济大学浙江学院聘为客座教授。我这一生做了很多事，小说的形式太费时费力，来不及叙述我内心的珍藏，所以采用纪实文学的形式，把我的经历和一些有意思的故事奉献给读者，也算实现平生一个小小的愿望吧。

此书的出版得到了文汇出版社社长、总编辑周伯军先生，编辑东山的大力支持，感谢江彦懿女士为本书在策划和编辑阶段所做的辛苦工作，感谢上海视觉艺术学院新媒体艺术学院的孙晶副院长和马晓俊老师的帮助。我的好朋友、摄影家陆杰先生提供二十世纪九十年代的历史照片，为本书增色不少，在此一并表示衷心感谢。

周永平

2023 年 8 月

图书在版编目（CIP）数据

　　底色：上海都市崛起亲历 / 周永平著. -- 上海：文汇出版社，2023.12
　　ISBN 978-7-5496-4146-8

　　Ⅰ. ①底… Ⅱ. ①周… Ⅲ. ①城市建设－上海 Ⅳ. ①F299.275.1

中国国家版本馆CIP数据核字(2023)第204147号

底色　上海都市崛起亲历

著　　者 / 周永平

策　　划 / 马晓俊
责任编辑 / 东　山
封面设计 / 张　晋

出版发行 / 文汇出版社
　　　　　上海市威海路755号
　　　　　（邮政编码200041）
经　　销 / 全国新华书店
印刷装订 / 上海颛辉印刷厂有限公司
版　　次 / 2023年12月第1版
印　　次 / 2023年12月第1次印刷
开　　本 / 890×1240　1/32
字　　数 / 220千
印　　张 / 9.75

书　　号 / ISBN 978-7-5496-4146-8
定　　价 / 88.00元